TRAITÉ D'ÉDUCATION

DU

CARDINAL SADOLET.

PARIS. — TYPOGRAPHIE DE HENRI PLON,

IMPRIMEUR DE L'EMPEREUR,

8, RUE GARANCIÈRE.

TRAITÉ D'ÉDUCATION

DU

CARDINAL SADOLET

ET

VIE DE L'AUTEUR

PAR ANTOINE FLOREBELLI

TRADUITS POUR LA PREMIÈRE FOIS

AVEC TEXTE LATIN, NOTES EXPLICATIVES ET JUSTIFICATIVES

PAR P. CHARPENNE

SECRÉTAIRE GÉNÉRAL DE LA PRÉFECTURE DE VAUCLUSE.

PARIS

HENRI PLON, LIBRAIRE-ÉDITEUR

8, RUE GARANCIÈRE

1855

PRÉFACE.

Voici un des plus grands noms de la Renaissance ; voici un homme qui a passé sa vie à bien faire et à bien écrire ; voici un évêque, un cardinal dont la science théologique fit l'admiration des amis et même des ennemis de l'Église. Voici un orateur dont l'éloquence rappelle le plus Cicéron, de l'aveu de tous les écrivains de son temps ; un philosophe dont les idées, dépassant celles d'Aristote, l'élèvent au niveau de Platon ; un chrétien dont la vie fut un acheminement continuel vers la perfection divine, par l'exercice des plus nobles facultés de l'âme, par la pratique de toutes les vertus qu'inspire l'amour de Dieu et des hommes.

Dans un temps de mœurs corrompues, de luxe, de cupidité, de troubles, de dissensions et de haines religieuses, cet homme, Jacques Sadolet, pour ne pas taire plus longtemps son nom, fut un modèle de chasteté, de frugalité, d'intégrité, de désintéressement, de générosité, de douceur et de tolérance. A une époque féconde en savants écrivains, ses écrits furent admirés de ces écrivains eux-mêmes. Mais parce qu'il dédaigna d'écrire en langue vulgaire, parce que la langue de Cicéron et de Virgile servit d'interprète à son génie, parce qu'au lieu de soulever les passions des hommes de son temps, il employa toutes les forces de son âme à les calmer; parce qu'il ne leur prêcha pas la guerre, mais la concorde et la paix ; parce qu'aux honneurs dont on le revêtit malgré lui il préféra toujours les douceurs de ses travaux littéraires, un repos occupé (*otium occupatum*), comme il le dit lui-même, aux nobles labeurs de l'intelligence, faut-il le laisser dans l'oubli ? Ne convient-il pas à notre temps de lui rendre justice ? Et, si en compulsant ses œuvres, on en découvre quelqu'une qui fut un de ses premiers titres de gloire, qui nous montre sa vie dans toute sa pureté, sa haute et vaste intelligence, son âme tout entière dans sa bonté, dans sa beauté, dans sa sérénité, n'est-ce pas de notre devoir de la mettre en lumière ? Cette œuvre si digne de son auteur, admirée du cardinal Pol et de Pierre Bembo[1], nous l'avons trouvée : c'est un traité d'éducation, *De liberis rectè instituendis,* où Sadolet, sous forme de dialogue entre lui et son neveu Paul Sadolet, expose ses idées sur l'éducation de l'enfance et de l'adolescence, ou plutôt l'éducation même de ce fils d'adoption, qu'il avait formé pour être, comme il le devint, son digne successeur à l'évêché de Carpentras. Ce traité n'a jamais eu l'honneur d'une traduction française, regrettable injustice que nous avons cru devoir réparer. Notre tâche a été peut-être au-dessus de nos forces, mais notre bonne volonté mérite toute l'indulgence du lecteur en faveur d'un travail pénible, difficile, où nous n'avons été soutenu que par notre amour du bien public et par notre admiration pour les beautés de ce livre. Cet ouvrage de morale, dont nous donnons le texte latin, parce qu'une traduction ne peut en rendre la valeur que d'une manière incomplète, sera-t-il apprécié des hommes de notre temps comme il le mérite ? Le dix-neuvième siècle est-il tellement plongé dans le

---

[1] Voir les lettres du cardinal Pol et de Pierre Bembo avant les notes, à la fin du volume.

sensualisme, tellement absorbé par la matéria-
lisation de la pensée, par la satisfaction des
besoins du corps, pour qu'il dédaigne ceux de
l'âme ? Cependant, pour nous servir des propres
termes de Sadolet, « ce corps que nos yeux
» voient, cette masse formée d'os, de nerfs en-
» tourés de chair et qu'une peau couvre, ce
» n'est pas nous ; ni même ce visage, principale
» image de nous-mêmes, sur lequel nous avons
» l'habitude d'exprimer nos sentiments inté-
» rieurs et de montrer presque notre âme elle-
» même. Mais ce qui fait que nous savons, que
» nous pensons, que nous avons la raison et
» l'intelligence, voilà notre être à nous autres
» hommes, voilà ce qui est fait à l'image de
» Dieu, son créateur. »

On ne devrait donc pas oublier que ce qui
constitue notre être, que notre âme a des besoins comme notre corps, et que c'est surtout
à les satisfaire que la civilisation doit tendre
sans cesse. Mais quels sont les véritables besoins
de l'âme ? Ce sont des aspirations incessantes à
s'élever, à se perfectionner, à devenir de plus
en plus semblable à Dieu. Or, tout ce qui est
l'œuvre de l'intelligence peut servir au perfec-

tionnement de l'âme, même dans l'application des arts et des sciences à l'industrie, à la matière, lorsque, dans ses créations, le génie de l'homme se propose le bonheur d'autrui, ou l'imitation de l'idéale et souveraine beauté. Ainsi, selon la direction imprimée par l'intelligence à ses travaux matériels, l'âme peut y trouver la satisfaction de ses besoins immatériels. Envisagés sous ce point de vue, les arts industriels eux-mêmes, les sciences appliquées et, à plus forte raison, les sciences pures, les lettres et les beaux-arts peuvent être cultivés, non sans profit, par ceux qui aspirent à la philosophie, c'est-à-dire à cette sagesse suprême qui rapproche le plus l'âme humaine de la Divinité, et qui est comme un rayonnement, une émanation de ses attributs adorables. D'après notre auteur, ces études servent à l'âme *comme de rampes et de degrés pour monter à cette philosophie. On y puise même des forces qui élèvent l'âme et la pensée ; mais ce qui leur donne le plus grand prix, c'est qu'elles détournent l'âme des sens et lui enseignent à considérer, à examiner seule en elle-même, loin du bruit des sensations corporelles, les choses qu'elle doit elle-même observer, ce qui est surtout le propre et constant devoir du philosophe.*

Tel est le point de vue élevé sous lequel Sadolet, dans son traité d'éducation, considère l'étude des lettres, des sciences et des beaux-arts, *artes optimæ*. D'après lui, cette étude est le complément de la religion et de la morale qu'il faut enseigner à l'enfant dès le berceau. Pendant les premières années, c'est par l'exemple et l'imitation que les principes de la morale et de la religion s'inculquent au cœur de l'enfant. Dès qu'il commence à parler, on y ajoute l'enseignement oral des préceptes et des maximes; bientôt après on lui apprend la lecture et l'écriture, les langues latine et grecque, les principes de la grammaire, la prosodie, la rhétorique. Son intelligence et son jugement se forment, se développent par la connaissance des orateurs, des poëtes, des historiens. L'étude des sciences et des beaux-arts, de l'éthique et de la dialectique complète ce cours d'éducation. La raison de l'adolescent étant ainsi formée par de bonnes habitudes, fortifiée et embellie par toutes ces nobles études, Sadolet lui montre la voie qu'il doit suivre seul et sans le secours d'autrui, à savoir, la philosophie qui doit le conduire au *summum bonum*, au souverain bien.

Certes, c'est là un système d'éducation large, complet, qui méritait d'être tiré de l'oubli, surtout quand, depuis plus de trois cents ans, tous les autres systèmes, même ceux de nos jours, se sont enrichis de ses dépouilles. Malheureusement ils ne lui ont pas encore pris ce qu'il a de plus beau, sa morale. En suivant la voie tracée par Sadolet, l'on sait où l'on va, où l'on marche. On doit étudier les lettres, les sciences, comme l'abeille butine le suc des fleurs pour en composer son miel. On doit s'y arrêter un temps convenable, mais ne pas trop y séjourner, car elles conduisent au but et ne sont pas le but lui-même. Il faut aussi quelquefois, dit-il, s'arracher violemment au charme de certaines d'entre elles qui captiveraient votre vie entière, véritables sirènes dont la voix harmonieuse vous entraînerait dans un abîme sans fond.

Ainsi tout est largement conçu dans ce système d'éducation. Les conséquences des principes que l'auteur y pose sont par lui déduites avec une rigoureuse logique. Des pensées neuves, grandes, élevées, s'y développent avec ampleur, noblesse et majesté dans les vastes plis de sa phrase cicéronienne. On est saisi d'admiration en les lisant. On n'est pas moins touché de voir un vénérable vieillard, un illustre prélat descendre aux menus détails des soins et des préceptes qui conviennent à l'enfance ; de voir sa noble et haute intelligence, accoutumée à planer dans les sublimes régions de la raison pure, se pencher tendrement sur un enfant au berceau, sur cet être frêle et chétif qui ne peut encore rien comprendre ; interroger ses besoins, l'entourer d'une affectueuse sollicitude, découvrir dans l'obscurité des sensations du premier âge son âme immortelle, qu'il veut perfectionner par l'éducation, pour la rendre digne de sa destinée. Rien n'échappe à sa prévoyance, car tout est important quand il s'agit de protéger cet âge débile et sans défense. Il parle de l'allaitement maternel et des raisons qui le font préférer à tout autre ; du choix d'une nourrice quand il est nécessaire d'en avoir une ; de sa conduite envers l'enfant ; de celle de la mère, du père, des serviteurs pendant l'enfance et l'adolescence. C'est un ami fidèle et sage du père de famille, qui doit suivre ses conseils, s'il veut le bonheur de son fils, s'il veut le former à l'honneur et à la vertu.

Il n'y a donc presque rien à reprendre dans ce beau livre, que son auteur dédia à Guillaume Dubellay. Et sauf les idées de Sadolet sur la musique, d'où il semble bannir toute harmonie, toute symphonie instrumentale; sauf également les notions nécessairement peu étendues et peu exactes qu'il a de certaines sciences qui ont fait de si grands progrès depuis le seizième siècle, ce qui est la faute de son temps et non la sienne, car il en est l'admirateur passionné, le pompeux et l'éloquent défenseur, on ne sait trop que critiquer dans ce traité de morale, si digne d'être consulté par les maîtres de la jeunesse, et d'être souvent médité par les pères de famille qui désirent avant tout pour leurs enfants une bonne éducation. Pourtant, avec tout le respect que nous devons à son illustre auteur, nous avouerons que nous ne comprenons pas comment, après avoir défendu avec raison qu'on frappe jamais un fils de famille pour le corriger, il le permet à l'égard d'un enfant de la classe ouvrière, et conseille même ce moyen de correction sur un valet qui commettrait la même faute que le fils de la maison, pour que ce dernier comprenne combien sa faute cause de douleur à son père. En vérité, nous ne pouvons admettre avec l'égalité de la faute l'inégalité de la punition. Il nous semble même que l'indulgence dans ce cas envers le valet est plus conforme à la justice, car le manque d'éducation le rend plus excusable que le fils de famille. Nous aurions peut-être encore à critiquer quelques répétitions ; de l'obscurité dans l'expression de certaines idées, une métaphysique parfois trop subtile, difficile à saisir et presque impossible à traduire ; parfois, au contraire, une phraséologie si abondante, que des pensées d'une incontestable beauté s'y délayent et frappent l'esprit avec moins de force que si elles étaient exprimées en moins de mots. Ces longues périodes, qui se déroulent lentement comme les plus amples de Cicéron, manquent de consistance. Plus courtes, elles n'en seraient que plus serrées, le style plus nerveux et la pensée plus forte ou plus éclatante.

Ce n'est pas sans hésitation que nous nous permettons de mêler à nos éloges ces légères critiques. Il faut y regarder à deux fois avant de signaler des défauts dans les œuvres de ces grands écrivains de la renaissance, qui avaient pris les anciens pour modèles et les connaissaient mieux que nous. Comme les peintres de leur temps, ils visaient à la perfection ; comme eux, ils travaillaient pour la postérité. Avant de publier les productions de leur génie, ils confiaient leurs manuscrits à ceux de leurs amis qu'ils savaient capables de leur donner des conseils utiles ; et c'est après les avoir fait passer au crible de l'examen des hommes les plus compétents, après les avoir de nouveau soumis à leurs propres méditations, qu'ils exposaient leurs œuvres au jour de la publicité. Sadolet, par exemple, qui écrivait pourtant avec une facilité merveilleuse ; à qui Pierre Bembo, son ami, et comme lui ancien secrétaire de Léon X, disait dans une lettre qu'il lui adressa à propos de son dialogue sur l'éducation : *Scio quàm facilè, quàmque celeriter soleas conscribere, sed tamen quàm nullus aliorum hominum in scribendo vel labor, vel mora consequi et æquare possit*[1], Sadolet composa ce dialogue en 1532. Avant de le faire imprimer, il le soumet à l'ap-

[1] Voir la lettre de Bembo avant les notes, à la fin du volume.

préciation du cardinal **Pol**, de Pierre Bembo :
ut liber, comme l'écrit ce dernier, *splendidior
et limatior prodeat ;* au jugement du cardinal
Hercule de Gonzague, du second Pic de la
Mirandole, de Lampridius, de Lazare Bonami ;
et c'est après avoir provoqué leurs observations
et leurs critiques, après avoir mis à profit leurs
sages conseils, qu'il le fait paraître à Venise
en 1553.

C'est que la littérature était au seizième siècle un culte, un sacerdoce ; c'est que les écrivains comprenaient alors la grandeur, la dignité
de leur mission, et qu'en respectant le public,
ils se respectaient eux-mêmes. Si donc leurs
œuvres ont des défauts, comme toutes les créations de l'intelligence humaine, puisqu'elles ont
été longuement, savamment, consciencieuse-
ment élaborées, on ne doit pas craindre de
trop les louer, et d'user, en les critiquant, de
trop de circonspection et de réserve.

Après avoir traduit ce traité d'éducation,
nous avons voulu connaître plus intimement
l'homme qui avait écrit de si belles choses, et
nous avons lu sa vie, publiée par Antoine Florebelli. Il nous a semblé d'abord que ce n'était

pas une biographie qu'avait eu l'intention d'é-
crire l'ancien secrétaire de Sadolet, quoique le
style en soit simple et d'une élégance sans pré-
tention, quoique tout y respire un air de can-
deur et de vérité ; mais qu'il s'était proposé de
faire le panégyrique de l'homme qui fut son
protecteur et son ami. Or, comme telle qu'elle
est, cette monographie, toute parfumée d'éloges,
ne laisse pas d'être fort intéressante à lire, nous
avons cru devoir en donner le texte latin et la
traduction. Cependant notre confiance dans la
bonne foi de Florebelli n'allait pas jusqu'à accepter sans contrôle son admiration pour son
ancien bienfaiteur. Nous nous sommes donc
mis, dans l'intérêt de la vérité, à compulser la
nombreuse correspondance de Sadolet, avec
l'intention peu bienveillante de chercher le re-
vers de la médaille et de le montrer au public.
Nous avons consulté le jugement de ses contemporains, beaucoup de documents imprimés
et quelques-uns même inédits, car nous étions
presque, vis-à-vis de ce grand homme, dans
les mêmes dispositions d'esprit que vis-à-vis
d'Aristide, ce paysan d'Athènes qui le condamna
à l'exil parce qu'il était fatigué de l'entendre

appeler le juste. Eh bien ! il résulte de nos investigations et de nos recherches que Florebelli, dans ses éloges de cette noble et sainte vie, est resté en deçà de la vérité.

MÉMOIRE

SUR

LA VIE DE JACQUES SADOLET,

CARDINAL PRÊTRE DE LA SAINTE ÉGLISE ROMAINE,

PAR

ANTOINE FLOREBELLI [1].

Jacques Sadolet naquit à Modène [2], de parents honorables et dans une ville des plus illustres de la Gaule cisalpine. Son père, Jean Sadolet, était si intègre dans sa vie et dans ses mœurs, sa science du

ANTONII FLOREBELLI

DE

VITA JACOBI SADOLETI,

SANCTÆ ROMANÆ ECCLESIÆ PRESBYTERI CARDINALIS,

COMMENTARIUS.

Jacobus Sadoletus Mutinæ natus est, loco honesto, et urbe cisalpinæ Galliæ imprimis nobili. Parens ei Joannes Sadoletus fuit : homo eâ vitæ ac morum inte-

---

[1] Voyez la note (1) à la fin du volume.
[2] En 1477.

droit civil et pontifical était si grande, qu'il serait difficile de prononcer s'il était plus homme de bien ou plus savant. Jouissant de beaucoup d'autorité et de crédit auprès d'Hercule, duc de Ferrare, où il enseignait publiquement le droit civil avec grand profit, et avec encore plus de célébrité et d'honneur, il ne négligea rien pour donner à son fils l'éducation et les connaissances dont on a l'habitude d'orner l'esprit des enfants.

Il y avait alors dans la ville de Ferrare des maîtres et des docteurs distingués dans tous les arts libéraux, et parmi eux Nicolas Léonicène, qui non-seulement excellait dans la connaissance de l'art de la médecine, mais qui enseignait même la philosophie avec beaucoup de succès. Jacques Sadolet, presque encore enfant, l'entendit expliquer publiquement les

gritate, eâque juris civilis ac pontificii scientiâ, ut judicari haud facilè posset, utrùm melior esset, an prudentior. Is cùm Ferrariæ, ubi apud Herculem, ejus civitatis ducem, auctoritate et gratiâ multùm valuit, jus civile magnis præmiis, majore nominis sui celebritate et laude publicè doceret, filium suum iis disciplinis ac litteris, quibus puerilis imbui ætas solet, diligenter instituendum curavit. Erant tùm in eâ urbe omnium liberalium artium magistri ac doctores egregii. In his Nicolaus Leonicenus, qui non scientiâ solùm medicæ artis excelluit, sed philosophiam etiam magnâ cum laude professus est. Eum Jacobus penè etiam puer Aristotelis libros de Moribus publicè interpretantem

livres d'Aristote sur les mœurs. Il fit de tels progrès par la force admirable de son génie, qu'à l'âge où les autres ont coutume d'apprendre les langues, sachant déjà les lettres grecques et latines, il connaissait les préceptes du plus illustre de tous les philosophes.

En le voyant si intelligent et si instruit, son père voulut lui faire embrasser l'étude du droit civil : car il arrive le plus souvent que les parents désirent que leurs enfants se livrent aux mêmes études et aux mêmes arts que ceux auxquels ils se sont livrés eux-mêmes. Cependant il le laissa suivre sa nature et ses goûts. Or ce jeune homme distingué s'était déjà occupé d'études plus grandes et plus graves; car il était enflammé d'amour pour l'éloquence et la philosophie. Aussi bien s'était-il proposé de connaître à

audiit. Tantum enim jam propter admirabilem ingenii vim profecerat, ut quâ ætate cæteri laborare in linguis discendis solent, eâ græcas ipse et latinas litteras egregiè callens, nobilissimi omnium philosophi præcepta cognosceret. Hunc tali ingenio præditum, atque ita institutum, pater complecti juris civilis studium voluisset (plerùmque enim hoc fit, ut parentes quibus ipsi artibus et studiis dediti fuerint, eisdem liberos suos operam dare cupiant) sed tamen naturæ eum, et studiis suis obsequi passus est. Etenim egregius adolescens majorum jam et graviorum artium studio tenebatur : eloquentiæ enim et philosophiæ amore exarserat. Itaque Ciceronem sibi, et Aristotelem penitùs cognoscendos

fond Cicéron et Aristote, afin de puiser chez le prince des philosophes la connaissance des choses, et chez le père de l'éloquence latine l'élégance et l'abondance du discours. Il eut même du goût pour l'art poétique; et plusieurs poëmes qu'il composa pendant son adolescence montrent combien il aurait pu y exceller, s'il eût voulu se livrer entièrement à cette étude. C'est surtout celui qui est intitulé *Curtius* [1] qui peut faire comprendre qu'il serait devenu un grave et, pour ainsi dire, un sublime poëte.

Lorsqu'il fut un peu plus âgé, comme par sa science et sa vertu il était beaucoup plus avancé que son âge, il se rendit à Rome [2], selon la volonté de son père, sous le souverain pontificat d'Alexandre VII.

proposuerat : quorum ex altero philosophorum omnium principe, rerum cognitionem, ex altero latinæ eloquentiæ parente, orationis elegantiam et copiam hauriret. Nec verò non poetices etiam studiosus fuit : in quâ quidem quantùm excellere potuerit, si ei studio penitùs dedere voluisset, complura quæ ab eo adolescente facta sunt poemata declarant. Itaque illud imprimis, quod Curtius inscribitur : ex quo intelligi licet, gravem eum et grandiloquum (ut ita dicam) poetam evasurum fuisse. Is cùm ætate jam aliquantùm processisset, et ipsam ætatem virtute ac doctrinâ longe anteiret, patris voluntate Romam se contulit, Alexandro sexto Pontifice

[1] Voyez la note (2) à la fin du volume.
[2] A l'âge de vingt-deux ans.

Olivier Carrafa, de Naples, était alors, et passait, de l'avis de tous, pour être à la tête du sénat[1] de l'Église romaine par sa vertu et l'estime dont il jouissait. Il fut enchanté de prendre aussitôt Sadolet sous sa protection et de l'avoir chez lui. Ce fut, de la part de ce jeune homme, une première preuve de sagesse de s'être présenté de préférence à un homme qui n'était pas très-considérable par sa fortune et ses richesses, car il y en avait plusieurs de son rang à Rome qui étaient plus riches, plus opulents, dont les maisons lui auraient été toutes ouvertes; mais qui l'emportait sur les autres en prudence, en intégrité et en religion.

Il passa plusieurs années dans cette chaste maison, se livrant assidûment aux plus nobles études, très-estimé de tout le monde et en particulier de cet

Maximo. Amplissimi tùm Romanæ Ecclesiæ ordinis virtute atque existimatione princeps et erat, et omnium judicio habebatur, Oliverius Carafa Neapolitanus : ab eo cupidissimè statìm in fidem et contubernium receptus est : atque hoc primum prudentiæ specimen eâ in urbe dedit, quòd ad eum se potissimùm contulit, non qui opibus et divitiis maximè præstaret (multi enim Romæ tùm ditiores opulentioresque ejus ordinis viri erant, quorum illi omnium domus patuissent) sed qui integritate, qui prudentiâ, qui religione cæteris antecesseret. In ejus castissimâ domo multos annos ita vixit ut et ad optimatum artium studia assiduè incumberet, et cum reliquis omni-

---

homme vénérable, qui lui donna même une honnête charge ecclésiastique dans la ville de Rome.

Il y avait dans ce jeune homme, outre une intelligence supérieure, une incroyable pudeur [1] et une singulière modestie qui non-seulement accompagnait ses paroles, mais qui se montrait même sur son visage et jusque dans ses yeux. Il se recommandait également à ceux qui le connaissaient par une certaine gravité plus grande qu'on ne demanderait à cet âge, tempérée par une rare douceur. Rome était alors remplie de savants, d'hommes éminents dans les sciences et les lettres : il les eut bientôt tous pour amis et pour familiers, ce qui fit connaître son nom, déjà célèbre, aux princes de l'Église, principalement à ceux qui se plaisaient aux mêmes études, et dont

bus, tùm illi gravissimo viro probatissimus esset : à quo etiam honesto in urbe Roma sacerdotio ornatus est. Erat autem in eo juvene præter excellens ingenium, incredibilis quidam pudor, ac singularis modestia : quæ non modò in ejus sermone extabat, sed in vultu etiam ipso et oculis eminebat. Commendabat eum prætereà omnibus iis, qui illum nossent, gravitas quædam, major quam quæ ab illa ætate postulanda esset, eximiâ humanitate temperata. Referta tùm ea urbs erat eruditissimis, et in omni doctrinæ ac litterarum genere præstantissimis hominibus, eos ille omnes celeriter amicitiâ et consuetudine comprehenderat, ex quo celebre jam

[1] Voyez la note (3) à la fin du volume.

en peu de temps il se concilia la faveur et la bienveillance. Il devint surtout le familier de Frédéric
Fregose, évêque de Salerne, homme considérable
tant par la noblesse de sa naissance que par sa
science et sa vertu, qui le prit même dans sa maison après la mort d'Olivier Carrafa, en même temps
que Pierre Bembo, homme très-savant et parfait
homme de bien. L'amitié qui l'unit à ce dernier devint dans la suite célèbre à Rome, car, ayant commencé avec leur adolescence, elle fut très-saintement conservée en avançant en âge et dans les
honneurs, jusqu'à leur extrême vieillesse. Ce qui
avait d'ailleurs établi leur union, c'était leur vertu,
la similitude de leurs études et les solides liens de
leurs caractères.

ejus nomen, et principibus quoque viris, iis præsertim,
qui eisdem studiis delectabantur, notum erat : quorum
brevi tempore omnium gratiam sibi et benevolentiam
conciliavit : imprimis autem Frederico Fregosio Saler-
nitano pontifici familiaris fuit, viro cùm genere ac nobilitate, tùm virtute doctrinàque præstanti; cujus etiam
contubernio aliquandiù post Oliverii Carafæ obitum,
unà cum Petro Bembo optimo et doctissimo viro usus
est. Horum inter se amicitia Romæ posteà maximè illus-
tris fuit. Etenìm jam indè ab eorum adolescentiâ instituta, per omnes ætatis atque honorum gradus, usque
ad summam senectutem sanctissimè conservata est :
erat enim virtute, et studiorum similitudine, firmissi-
mis animorum vinculis, juncta et constituta. Jam quan-

Il est facile de comprendre combien Sadolet brillait déjà par la gloire de son éloquence, puisque Léon X, prince d'un esprit pénétrant et d'un jugement si sévère, aussitôt qu'il fut devenu Souverain Pontife, le choisit, avec Pierre Bembo, de toute une foule de savants hommes, pour mettre à profit leur zèle et leur intelligence en les employant à écrire ses lettres, ce qui est chez les pontifes romains une charge très-honorable. Sadolet exerça cette fonction de manière à satisfaire ce souverain, non-seulement par son intelligence et son talent d'écrire, dans lequel personne de notre temps n'a été regardé comme ayant plus approché des anciens, mais encore par son habileté et sa fidélité. Aussi jouit-il auprès de lui de beaucoup d'autorité et de crédit, ce qui lui donna le moyen de pouvoir augmenter ses honneurs

toperè Sadoletus eo tempore virtutis et eloquentiæ gloriâ floreret, ex eo facilè judicari potest, quòd Leo decimus, acerrimo ingenio, et gravissimo judicio princeps, simul ac creatus est Pontifex Maximus, eum statim, et Petrum Bembum ex omni doctorum hominum copiâ delegit, quorum in conscribendis epistolis opera et ingenio uteretur : quod apud Romanos pontifices munus longè honestissimum est. Is autem eo ità munere functus est, ut non ingenio modò, et scribendi facultate, quâ nemo ætate nostrâ ad illam antiquorum scriptorum laudem propiùs accedere existimatus est : sed industriâ etiam, et fide principi illi maximè satisfaceret. Itaque apud eum auctoritate et gratiâ multùm valuit : et

et sa fortune; mais il avait tant de répugnance
pour cette convoitise ¹, que, ce qui paraîtra, je
pense, à peine croyable, surtout dans notre temps
et dans nos mœurs, jamais il ne demanda pour
lui-même aucune dignité ecclésiastique à un Pontife
aussi libéral et qui lui était si attaché, lorsqu'il
demandait et obtenait beaucoup pour des hommes
probes et capables de ses amis, et même pour des
étrangers.

Tel était son désintéressement qu'il refusait toujours les grands et nombreux présents qu'on lui
envoyait à cause de sa haute position auprès du
souverain. Il mettait son plaisir dans ce désintéressement, comme la plupart des hommes ont coutume
de le mettre dans l'argent, dans les vêtements et les

câ re facillimè augere honestatem et facultates suas
potuit. Verùm usquè eò ab hâc cupiditate remotus atque
abhorrens fuit, ut (quod vix credibile visum iri puto,
his præsertìm temporibus et moribus) nullum sibi
unquàm sacerdotium à liberalissimo, et suî amantissimo
Pontifice petierit : cum tamen amicis suis probis ido-
neisque hominibus, et alienioribus etiam, permulta et
peteret et impetraret. Tanta idem abstinentia fuit, ut
cùm pro loci ejus quem apud principem tenebat auctoritate, munera ei multa et ampla mitti solerent, ea semper repudiarit. Hâc ille continentiâ ita delectabatur, ut
plerique pecuniâ, aut elegantiore veste ac supellectile

---

¹ *Quod in me*, dit-il lui-même dans une lettre à Paul III, *nullam
cupiditatem quæstus atque lucri natura ingenuerat.* Voyez les notes.

mcubles recherchés [1]. Il pensait que le plus beau fruit de l'autorité et du crédit, c'était de négliger ses intérêts pour être utile aux autres.

Il était allé à Notre-Dame-de-Lorette [2] pour l'accomplissement d'un vœu et d'un devoir de piété, lorsque l'évêché de Carpentras, en France, devint vacant. Le Souverain Pontife le lui ayant déféré de son propre mouvement, en son absence, il le refusa pendant quelque temps ; et pourtant Léon X ne l'avait pas accordé à d'autres qui l'avaient instamment demandé. A son retour il ne lui permit pas de refuser plus longtemps. Or, de même que c'était de la grandeur d'âme de repousser une si haute dignité ecclésiastique, offerte de son plein gré par le Souverain Pontife, de même c'était de la modération et d'un esprit chrétien de se soumettre à la volonté de Dieu qui l'appelait à cette fonction.

delectari solent. Sua porrò commoda negligentem, aliorum utilitati inservire, eum auctoritatis et gratiæ fructum esse putabat maximum. Cùm profectus esset, voti et religionis causâ ad Lauretanæ Virginis templum, Carpentoractensis ecclesiæ pontificatus in Galliâ vacavit : eum delatum ultrò sibi absenti a Pontifice Maximo aliquandiù recusavit : cùm intereà eundem Leo flagitantibus aliis denegasset. Ut rediit, diutiùs illi eum recusare non licuit. Itaque ut illud magni animi fuerat, tam honestum sacerdotium ultrò à Pontifice Maximo delatum, à se rejicere ; ita hoc moderati et christiani, vocanti ad

[1] Voyez la note (4) à la fin du volume. — [2] En 1517.

Étant donc revêtu de la dignité épiscopale, il administra l'église qui lui était confiée par des hommes capables, avec le plus de soin qu'il lui fut possible, pendant son absence. Dans la suite, aussitôt après la mort de Léon X, ayant abandonné les affaires de Rome, il partit pour Carpentras, dans l'intention de remplir les devoirs d'un bon évêque envers les peuples confiés à son autorité, de ne plus servir les princes, mais Dieu seul, et de suivre ses nobles inclinations. Le peuple le reçut [1] à son arrivée avec grande joie et réjouissances, si bonne était l'opinion qu'il avait su leur inspirer pendant son absence, si grande était leur attente, à laquelle pourtant dans la suite il répondit si bien. En effet, par sa manière d'exercer le saint ministère, par l'innocence de sa

ejusmodi munus Deo obtemperare. Hoc ille sacerdotium adeptus, primò quanta maxima potuit absens diligentia, commissam sibi ecclesiam per idoneos homines rexit. Pòst cùm ex hâc vitâ Leo excessisset, statim rebus Romanis relictis, Carpentoracte migravit eo consilio, ut populis fidei suæ creditis boni et diligentis episcopi officium præstaret : neque principibus ampliùs, sed Deo uni, et rectissimis studiis suis inserviret. Exceptus est adventus ejus maximâ lætitiâ et gratulatione illorum hominum : tantam illis jam absens de se opinionem, expectationem commoverat : cui tamen expectationi posteà egregiè satisfecit. Nam et rebus divinis procurandis, et vitæ innocentiâ, et admirabili imprimis quâ-

____
[1] En 1523.

vie et surtout par son admirable charité envers eux,
il remplit les devoirs d'un très-bon et très-pieux
évêque. Il vécut dans ce repos et cette tranquillité
pendant la vie du pape Adrien, qui avait succédé à
Léon X. Mais, après la mort d'Adrien, Clément VII,
étant devenu Souverain Pontife, l'appela tout aussitôt et voulut l'avoir auprès de lui. Comme il l'aimait
d'une particulière affection, et qu'il lui avait de
grandes obligations, il ne put s'empêcher d'obéir à
son amical et pressant appel. Il pensa qu'il n'était ni
juste ni permis de refuser son concours à un pontife
qui l'avait tant obligé, et qui paraissait surtout gouverner pour le plus grand bien de la chrétienté.
Aussi, quoiqu'il s'éloignât à regret de son église, il
se rendit auprès de lui [1], mais à la condition de ne

dam in eos homines charitate, optimi et religiosissimi
episcopi munus obiit. Vixit in eâ vitæ quiete ac tranquillitate quoàd Hadrianus Pontifex Maximus, qui Leoni
successerat, vixit. Creato enim post Hadriani mortem
Clemente septimo Pontifice Maximo ab ipso statim evo-
catus, accersitusque est : quem cùm eximiè diligeret,
multisque et magnis ejus officiis obstrictus esset : quìn
ei pareret, tam amanter et tam acriter evocanti, facere
non potuit : neque adeò rectum, neque fas esse existimavit, tam benè merito de se pontifici, præsertim optimum in christianam rempublicam præ se ferenti, operam suam denegare. Itaque etsi invitus fecit, ut ab
ecclesiâ suâ discederet, tamen ad eum se contulit :

[1] En 1524.

rester pas plus de trois ans absent, et d'avoir, après ce temps-là, la liberté de revenir à Carpentras.

Dès son arrivée à Rome, il fut admis dans l'intimité et la familiarité du Pontife. Or, Clément VII, dans l'administration de l'État, n'employa pas seulement l'intelligence de l'homme, mais encore ses conseils. Il l'appelait avec quelques autres amis à délibérer avec lui sur les plus grandes et les plus graves affaires. Il lui communiquait tous ses soucis, toutes ses pensées. Il était si confiant dans sa fidélité et dans sa prudenee, que beaucoup de choses qui regardaient le repos du nom chrétien, la réforme des mœurs et de la commune discipline, il avait coutume de les faire d'après ses avertissements et ses conseils. Plût à Dieu que le Pontife eût poursuivi la fin des projets que, dans un noble mouvement de

verùm eâ lege, ut ne plus triennum abesset : utique eo exacto tempore, remigrare sibi Carpentoracte voluntate ipsius liceret. Romam igitur cùm venisset, versatus est in intimâ ejus Pontificis amicitiâ et familiaritate. Nec verò ingenio hominis solum Clemens, sed consilio etiam in administrandâ republicâ usus est. Ad deliberationes eas, quas habebat de maximis et gravissimis rebus, eum unà cum aliquot aliis amicis adhibebat : curas illi omnes et cogitationes suas impertiebat : tantùm denique ejus fidei, tantùm prudentiæ tribuebat, ut multa quæ ad christiani nominis quietem, et ad morum ac disciplinæ publicæ correctionem pertinebant, ejus potissimùm admonitu et consilio sibi agenda constitue-

son âme, il méditait parfois d'accomplir! Certainement toutes les affaires de la chrétienté et l'Italie
elle-même auraient eu une situation meilleure! Et
toi, Rome, tu aurais évité les calamités dont tu as
été dans la suite affligée et accablée! Car tu n'avais
pas à demander dans ce Pontife, pour gouverner
l'État, plus de rectitude dans le jugement; mais
plutôt plus de constance, plus de persévérance dans
les bonnes entreprises! C'est pourquoi souvent,
lorsqu'il paraissait sur le point de suivre les conseils
de Sadolet, il se laissait ensuite fléchir par les
paroles de certaines personnes qui pouvaient beaucoup plus sur lui.

Sadolet était dans l'intimité du Souverain Pontife;
il avait dans les mains un moyen très-facile d'augmenter sa fortune et ses honneurs. Il était en outre
respecté et grandement considéré de tout le monde;

ret. Atque utinam is Pontifex ea quæ interdùm præclaro
quodam animi impetu agere meditabatur ad exitum
perduxisset! profectò cùm universa christiana respublica
meliore loco esset : tùm ipsa Italia atque urbs Roma,
eas quibus posteà afflicta oppressaque es calamitates
effugisses! Non enim in eo Pontifice rectum in republicâ
sensum requisivisses : constantiam potiùs, et perseve-
rantiam majorem in bonis consiliis desiderasses. Itaque
cùm salutaribus Sadoleti consiliis sæpè usurus esse videretur, flectebatur posteà aliorum quorundam, qui longè
plurimùm apud eum poterant, oratione. Intimus erat
Pontifici illi Maximo Sadoletus : amplificandæ fortunæ

cependant, à cause de son amour du bien public, ne prenant aucun soin de ses intérêts particuliers, il ressentait sans cesse dans son âme une profonde douleur du désordre des temps et des choses. Comprenant enfin qu'on en était venu à cette extrémité que ses avertissements et ses conseils ne pouvaient plus être utiles, il résolut, puisqu'il ne pouvait plus rien pour le bien de l'État, de s'occuper des intérêts et de pourvoir aux besoins de son église. Donc, après s'être employé au service de Clément VII avec la plus grande fidélité et la plus grande intégrité pendant trois ans, quoiqu'il y eût quelque espoir d'accord et de composition entre le Pontife et l'empereur Charles-Quint, et que déjà une trêve eût été convenue entre eux, il n'en persista pas moins dans sa résolution.

ac dignitatis suæ facillimam rationem in manibus habebat : colebatur prætereà, et magno honore afficiebatur ab omnibus : pro suà tamen in rempublicam voluntate, nullam commodorum suorum rationem ducens, ex eà temporum ac rerum perturbatione, maximo animi dolore assiduè tangebatur : qui quidem extremum, cùm rem in eum locum adductam intelligeret, ut nihil benè monendo et suadendo proficere ampliùs posset, statuit, quandò reipublicæ prodesse jam nihil posset, suæ saltem ecclesiæ prospicere atque consulere. Itaque cùm operam suam triennium jam Clementi summâ cum fide et integritate navasset : etsi nonnulla concordia et compositionis spes inter eum Pontificem, et Carolum imperatorem allata erat, jamque inter eos induciæ pactæ

Or, c'était sans le moindre ressentiment qu'il allait s'éloigner de ce Pontife, pour lequel il avait une extrême affection, à cause de son amabilité rare et de sa continuelle bienveillance à son égard. Mais en pensant combien le devoir et la nécessité l'attachaient à son église, comme il ne pouvait pas résister plus longtemps au désir du peuple de Carpentras, et comme il supposait qu'un plus long séjour dans la ville de Rome semblerait avoir pour cause plutôt l'ambition que le devoir, il fut tout à fait décidé à partir, et Clément VII se vit à la fin forcé de céder à sa juste volonté et à ses prières [1].

Certainement Dieu approuva son dessein, lui qui voit les secrets sentiments des hommes, lui qui ne manque jamais de favoriser les justes désirs des

fuerant, tamen in sententiâ permansit. Nec verò non movebatur animo, cùm ab eo Pontifice esset discessurus, quem cùm ob eximiam quamdam ejus humanitatem, tùm ob perpetuam erga se benevolentiam mirificè amabat. Sed cùm cogitaret quanto ecclesiæ suæ officii ac necessitudinis vinculo obstrictus esset, cùmque Carpentoractensis populi desiderium ferre diutiùs non posset, longiorisque in urbe Romanâ commorationis causam ambitionem jam potiùs, quam officium visum iri suspicaretur, omninò sibi abeundum esse statuebat : cujus justæ voluntati, ac precibus, ad extremum Clemens cedere coactus est. Comprobavit ejus consilium is profectò qui intimos hominum sensus perspicit, neque

[1] Il revint à Carpentras en 1527.

gens de bien. En effet, il s'éloigna dans un temps
si opportun, que vingt jours à peine après son départ, Clément VII ayant été trompé, au moyen de
la trêve, par les généraux de Charles-Quint, pendant l'absence de cet empereur, et, comme on le
pense, à son insu, la ville de Rome fut prise et saccagée; de sorte qu'il parut avoir été soustrait à cette
horrible calamité par une singulière faveur de Dieu.
On comprit alors, mais trop tard, avec quelle sagesse Sadolet avait l'habitude de voir les choses, et
combien étaient fidèles les conseils qu'il avait coutume de donner. En effet, dès le principe, il avait
déconseillé la guerre contre Charles-Quint, et dans
la suite il n'avait cessé de conseiller de déposer les
armes et d'accepter la paix à quelque condition que
ce fût, dans un temps où, comme bien souvent

unquam non rectis bonorum voluntatibus favet, Deus.
Etenìm tam opportuno tempore discessit, ut vix dies
viginti ab ejus discessu intercesserint, cùm urbs Roma,
decepto à Caroli ducibus per inducias Clemente, absente
ipso ignaroque (ut opinio fuit) Carolo, capta atque
direpta est : ut is singulari Dei erga se beneficio horri-
bili illi cladi substractus fuisse videatur. Tùm verò
quanquàm serò, intellectum est, quàm et prudenter
sentire Sadoletus, et fideliter monere solitus fuisset.
Ille enim et initio dissuasor belli adversus Carolum,
posteà deponendorum armorum assiduus hortator, pa-
cisque quibusvis conditionibus accipiendæ auctor semper
extiterat, qui quidem cùm sæpè alias, tùm eo tempore,

d'ailleurs, les princes chrétiens étant occupés d'une guerre intestine, le souverain des Turcs avait attaqué la.Hongrie, et faisait courir le plus grand danger à ce royaume, qui avait été jusqu'alors le plus solide boulevard de la chrétienté. Il pensait donc qu'il était très-honorable au Souverain Pontife de parler de la paix et de la faire, en déposant, ou plutôt en jetant les armes; et il n'avait cessé de l'y engager. Mais Dieu irrité et offensé contre nous à cause de nos péchés, avait certainement résolu, pour nous ramener à résipiscence, d'infliger ce fléau à la ville de Rome et à l'ordre du sacerdoce; car il n'inspira point au Pontife la volonté de saisir une si honorable occasion de rétablir la concorde.

Ayant connu cette calamité, Sadolet en ressentit une juste douleur; il fut profondément affligé du

quo christianis principibus intestino bello implicatis, bellum à Turcarum rege Pannoniæ illatum est, cùm regnum illud, quod christianæ reipublicæ firmissimum ad eam diem propugnaculum fuerat, maximo in discrimine versaretur : honestissimè ab ipso Pontifice Maximo pacis mentionem fieri, et de deponendis ac potiùs abjiciendis armis agi posse censuit : idque eum admonere non destitit. Sed nimirùm Deus nobis ob peccata nostra iratus atque infensus, cùm illa urbi Romæ ac sacerdotum ordini infligenda plaga, nos ut resipisceremus, admonere statuisset : eam illi Pontifici mentem minimè dedit, ut tam honestam constituendæ concordiæ occasionem arriperet. Clade hâc cognitâ, Sadoletus eum

pillage et de la dévastation de la plus noble de toutes les villes [1], des divers et graves malheurs de beaucoup d'hommes illustres qui étaient de ses plus chers amis, que cette tempête avait accablés. Ce fut surtout la désastreuse position du Souverain Pontife qui lui causa la plus grande affliction. Cependant il ne s'abandonna pas à la douleur, mais après avoir écrit au Souverain Pontife, ainsi qu'à plusieurs de ses amis, des lettres très-affectueuses et très-prudentes dans de telles circonstances, il demanda à Dieu le soulagement de ses peines; il le demanda aussi à ces études et à ces actions qui sont surtout agréables à Dieu, et même salutaires à l'âme; car il se livra, comme on dit, de tout cœur à l'étude de l'Écriture sainte, qu'il avait sérieusement cultivée pendant

quem parerat, dolorem cepit, cùm urbis longè omnium nobilissimæ direptione et vastitate vehementer doluit, tùm varii et graves multorum clarorum virorum, ac sibi amicissimorum hominum casus, quos tempestas illa oppresserat, imprimìsque ipsius Pontificis Maximi calamitas magnum illi mœrorem attulit. Non tamen angoribus sese dedidit : sed cum Pontifici Maximo, ac multis prætereà amicis tali eorum tempore litteras amicissimè et prudentissimè scriptas misisset : tùm ipse doloris sui levamentum à Deo, et ab iis studiis, iisque actionibus, quæ cum Deo imprimìs gratis, tùm etiam animis salutares sunt, petivit : ad sacrarum enim litterarum studia toto tùm (ut aiunt) pectore incubuit : quæ post aliarum

[1] Voyez la note (5) à la fin du volume.

quelque temps, après avoir acquis la connaissance
des lettres et des arts, mais qu'il avait interrompue,
à cause de ses occupations.

Or, ce ne fut pas seulement par la lecture, mais
encore par des commentaires et des écrits, qu'il
tâcha d'être utile, autant aux autres qu'à lui-
même. En effet, voyant la religion partout grandement troublée par l'impiété de quelques séditieux,
enflammé du désir de la défendre, il expliqua dans
trois livres, avec non moins de piété que d'élégance
et de clarté, l'épître de saint Paul aux Romains, qui
contient les plus grands mystères de notre religion,
et qui abonde en questions les plus obscures. Il gou-
verna les peuples qui lui étaient confiés de manière
à n'éviter pour eux aucune charge d'un évêque
zélé et courageux. Rien ne montra plus combien il

litterarum et artium cognitionem à se vehementer culta
temporibus quibusdam, propter occupationes remiserat.
Nec verò legendo solum, sed commentando etiam et
scribendo, tùm sibi, tùm aliis prodesse conatus est.
Nam cùm religionem videret seditiosorum quorundam
hominum impietate magnoperè ubiquè perturbatam :
tuendæ ejus studio incensus, divi Pauli ad Romanos
epistolam maxima religionis nostræ mysteria continen-
tem et obscurissimis quæstionibus refertam, tribus libris
non minùs piè quàm ornatè et dilucidè explicavit. Com-
missis verò sibi populis ita præfuit, ut nullum in eos
fortis et diligentis episcopi munus prætermiserit : quos
quidem quanti faceret, nullâ re potuit apertiùs decla-

leur était dévoué que de ne pas craindre; lui qui
supportait avec une incroyable tranquillité et presque
trop de patience les injures faites à sa personne;
d'encourir pour eux la sourde inimitié d'un grand
et puissant personnage qui, dans ce temps-là, gou-
vernait, en qualité de légat [1], Avignon et les autres
villes voisines qui sont sur les limites de l'Église
Romaine. Il pensa donc qu'il ne devait nullement
souffrir, à cause de la dignité de ses fonctions, les
nombreuses injures faites à son église, et beaucoup
de choses injustement ordonnées et exécutées, tant
par le légat, que par ses magistrats et ses ministres.
Il tàcha d'abord de le détourner de ses entreprises
par des exhortations et de fréquents conseils amica-
lement donnés; mais comme il n'obtenait rien par
ce moyen-là, et que, malgré son absence de Rome,

rare, quàm quòd eorum causâ, amplissimi et potentis-
simi viri simultatem (qui eo tempore legatus, Avenio-
nem, et finitima illi urbi oppida, quæ in fine Ecclesiæ
Romanæ sunt, regebat) homo in injuriis perferendis
quæ ipsi fierent, incredibili lenitate, ac nimià propè
patientià, suscipere veritus non est. Multas enim ecclesiæ suæ injurias inferri, multa tùm à legato, tùm ab
ejus magistratibus ac ministris iniquè decerni atque agi,
pro munere ac pro personâ quam sustinebat, minimè
sibi ferendum existimavit. Ac primò quidem illum ab
eis institutis, hortando et amicè sæpiùs monendo, de-
terrere conatus est : sed cum nihil hàc ratione profice-

---

[1] Le cardinal de Clermont-Lodève, légat d'Avignon.

il jouissait d'un grand crédit auprès du Souverain
Pontife Clément VII, il parvint en peu de temps à
faire amender le légat et à obtenir qu'il mît dans la
suite à gouverner les peuples soumis à son autorité
beaucoup d'équité et de sollicitude. Quelque temps
après il sut si bon gré à Sadolet de son entremise,
ou plutôt de sa piété, que non-seulement il rentra en
grâce auprès de lui, mais encore qu'il eut pour lui
la plus grande vénération, et qu'il prit même l'habitude de l'appeler son père.

Ayant soulagé par cet acte-là les Carpentratiens
et les autres peuples de la contrée, il en entreprit un
autre non moins pieux, et qui leur fut non moins
agréable et salutaire. Depuis longtemps une multitude de Juifs s'étaient établis chez eux. Ils avaient
coutume de tromper les chrétiens ignorants et sim-

ret, cumque ejus, quamquàm absentis, Romæ magna
apud Clementem Pontificem Maximum esset auctoritas,
brevi tempore perfecit, ut legatus sese colligeret, et
eos quibus præerat populos, magnâ in posterùm equi-
tate et diligentiâ regeret. Quâ in re Sadoleti officium,
ac pietatem potiùs adeò is aliquantò post amavit, ut non
modò cum eo in gratiam redierit, sed ex eo tempore
illum et vereri maximè, et patrem etiam appellare solitus fuerit. Recreatis hâc ejus actione Carpentoractensi-
bus et reliquis illis populis, altera ab eo actio non minùs
pia nec minùs illis grata ac salutaris suscepta est. Maxima
jamdiù Hebræorum multitudo apud eos consederat : ii
christianos homines imperitos et incallidos circumve-

ples, et en leur prêtant de l'argent, de ruiner à la fin toutes les fortunes par de gros intérêts, par une usure renouvelée et multipliée. Il embrassa la cause de ces malheureux, et l'ayant diligemment soutenue par lettres et par procureurs auprès du Souverain Pontife et des magistrats, il parvint finalement à réprimer et à contenir en grande partie l'avarice des Juifs et leurs méfaits [1]. Bien plus, il composa contre eux, en faveur des chrétiens, un discours qui est le plus éloquent de tous ceux qu'il a écrits [2]. Il rendit encore, dans différents temps, beaucoup d'autres bons offices aux Carpentratiens, à l'administration de leurs affaires publiques. Il leur fit bien voir par là que personne n'eut jamais pour un ami

nire, et quibus pecunias credidissent, eos fœnoris gravitate, et renovandis multiplicandisque usuris, ad extremum fortunis omnibus evertere solebant. Eorum quoque avaritiam et fraudes, susceptâ miserorum populorum causâ, eâque diligenter apud Pontificem Maximum et magistratus urbanos per litteras et procuratores actâ, magnâ ex parte repressit tandem ac coercuit. Quin etiam orationem in eos pro christianis composuit, et eam quidem omnium quæ ab eo scriptæ sunt, disertissimam. Alia prætereà multa variis temporibus in Carpentoractenses et rem eorum publicam officia contulit : quibus planè declaravit, numquam unum cuiquam ca-

[1] Voyez la note (6) à la fin du volume.

[2] Ce discours ne se trouve pas dans le recueil des œuvres de Sadolet imprimé à Mayence en 1607.

plus d'affection que lui pour toute son église.
Maintes fois il leur arriva d'avoir besoin d'être
recommandés, soit au Souverain Pontife, soit au
roi de France, soit à ceux qui avaient auprès d'eux
le plus de crédit. On ne saurait dire avec quel empressement, ou plutôt avec quelle sollicitude, il s'en
occupait; c'est au point qu'il paraissait se donner
beaucoup plus de peine pour leurs intérêts que pour
ses propres affaires.

Avant lui, leurs enfants avaient des maîtres peu
capables de les instruire [1]. Pensant qu'il était aussi
de son devoir d'améliorer le plus possible leurs
mœurs et leur instruction, il eut soin qu'on em-
ployât toujours pour les élever les maîtres les plus
distingués. Et pour qu'ils remplissent leurs fonctions

riorem fuisse, quàm ipsi fuerit universa ejus ecclesia.
Usu sæpissimè venit, ut illi aut Pontifici Maximo, aut
Gallorum regi, aut iis qui plurimùm apud eos poterant
commendandi fuerint : non dici potest quo animi studio, ac potiùs quâ sollicitudine id egerit, prorsùs ut
multò vehementiùs, quàm si ipsius ageretur res, laborare eorum causâ videretur. Eorum liberi parùm idoneis
anteà doctoribus usi fuerant : hoc quoque ad officium
suum pertinere existimans, ut illi optimis et moribus et
disciplinis imbuerentur : curavit, ut doctores semper
egregii ad eos instituendos conducerentur, quibus ipse
quò diligentiùs officio fungerentur, præter eam merce-
dem quæ eis publicè dabatur, non exiguam pecuniam

[1] Voyez la note (7) à la fin du volume.

avec plus de zèle, il ajoutait de son argent une somme non médiocre au traitement qu'ils recevaient du trésor public. Mais où il mettait le plus de soin, le plus de sollicitude, c'était, dans ces temps si troublés, à conserver son église dans la foi et dans la vraie religion de Dieu. C'est pourquoi, s'il en voyait quelques-uns, entraînés dans l'erreur, s'écarter du droit chemin, il s'appliquait à les y ramener par des avertissements paternels. Si la foi, si la doctrine de quelque prédicateur lui était suspecte, il prenait garde qu'il ne corrompît personne par des discours dans les assemblées publiques ou par des disputes particulières. Enfin il chargeait de la prédication des hommes dont il avait lui-même examiné et connu la piété, et qu'il écoutait encore avec attention. Mais ce n'était pas tant cette surveillance qui contenait le peuple dans le devoir, que son innocence, son obli-

contulit. In eo verò longè maximam curam ac diligentiam adhibuit : ut tam turbulentis temporibus, ecclesiam suam in fide, et rectâ erga Deum religione contineret. Itaque si quos in errorem impulsos, à recto itinere declinasse cognoverat, paternis eos admonitionibus in viam reducere studebat. Si cujuspiam concionatoris fides et disciplina illi suspecta erat, is ne quem aut publicis concionibus, aut privatis disputationibus corrumpere posset, providebat ; deniquè ejusmodi concionandi munus illis mandabat, quorum pietas explorata ipsi esset et cognita : quos ipsos etiam attentè audiebat. Non continebat tamen illos homines in officio tantoperè hæc ejus diligentia,

geance et sa modération. Non-seulement il ne fit jamais aucune injure à personne, mais il supporta même celles de beaucoup de gens, de manière à s'en faire à la fin des amis par sa patience et sa douceur.

Quand il y avait augmentation dans le prix des vivres, il nourrissait une foule d'indigents. Sa maison était toujours ouverte aux personnes honorables de la province et du voisinage. Pour fournir aux autres charges de son rang et de sa piété, il avait l'habitude d'user de son revenu de manière qu'à la fin de l'année la dépense balançât la recette ; car il ne détestait rien tant que le désir dans les prêtres d'économiser et d'amasser de l'argent. Il n'avait qu'un modeste ou plutôt qu'un mince revenu ; mais il parvenait, par sa frugalité, par son économie dans la dépense de sa table et de sa maison, à le rendre suffisant pour sa libéralité [1].

quàm ipsius innocentia, liberalitas, continentia. Non modò enim neminem ullà unquam affecit injurià, sed multorum ipse injurias ità pertulit, ut eos patientiâ et lenitate suâ ad extremum sibi amicissimos reddiderit. Duriore annonâ magnum hominum egentium numerum alebat. Patebat ejus domus semper honestis illius præfecturæ ac vicinitatis hominibus. In alios prætereà honestos ac pios sumptus, vectigalia sua sic solebat impendere, ut vertente anno par ratio esset accepti et impensi : neque enim quicquam tantoperè detestari solitus erat, quam in sacerdotibus studium cogendæ et

---

[1] Voyez la note (8) à la fin du volume.

Cette manière de vivre et d'accomplir ses devoirs
était cause que ces peuples lui portaient une affection et une vénération incroyables, et qu'ils avaient
en lui, comme en un père, la plus grande confiance
pour toutes leurs affaires. Les élus, c'est ainsi qu'ils
appellent le conseil de la commune, les élus, dis-je,
avaient coutume de s'en référer à lui dans leurs
affaires publiques, de lui demander son avis et de
le suivre; en un mot, ils ne s'appuyaient que sur
ses avertissements et ses conseils.

Or ce n'était pas seulement de ces peuples-là
qu'il était si aimé et si estimé, mais grand était
son nom dans presque toute la France, et grande sa
réputation de vertu et d'intégrité. Aussi, pendant le
séjour que François I⁰ᵉ fit à Lyon, Sadolet l'y étant

coacervandæ pecuniæ. Erant ei omninò modica vel exigua potiùs vectigalia : sed frugalitate et temperantiâ in
victu cultuque domestico, assequebatur, ut ejus libera-
litati sufficerent. Hoc ejus vitæ genere, hisque officiis
fiebat, ut illi eum populi incredibili pietate et cultu pro-
sequerentur, ac summam, uti parenti, fidem rerum
suarum omnium haberent. Delecti quidem (hoc communis eorum consilii nomen est), ad eum de rebus omnibus publicis referre, ejus sententiam imprimìs scisci-
tari, et exquirere solebant : ejus deniquè unius monitis
et consiliis nitebantur. Nec verò illis modò populis tantoperè carus et probatus erat, sed omni ferè Galliâ
magnum ejus erat nomen, magna virtutis et integritatis
opinio. Itaque Franciscus rex cùm Lugdunum quodam

allé visiter par honneur, le roi le reçut avec affabilité et même avec distinction. Il remarqua, dans quelques entretiens, la gravité et la prudence de l'homme, et lui offrit, s'il voulait rester auprès de lui, une très-honorable place dans son amitié et de très-grands avantages. Mais après avoir remercié le roi de tant de bonne volonté à son égard, il lui exposa dans quelle intention il avait quitté les affaires de Rome, et lui demanda de le laisser retourner à son devoir et à ses fonctions. Le roi, ayant fort loué son dessein et ses sentiments, lui donna très-affectueusement congé. Il se retira donc en emportant toute son estime, ainsi que l'affection de plusieurs de ses favoris et des grands de sa cour. Dans la suite il fit, dans diverses occasions, profiter son église de leurs bonnes dispositions et de

tempore venisset : atque ibi officii causâ à Sadoleto conventus fuisset : eum et comiter admodùm atque honorificè excepit, et ex collocutionibus aliquot, gravitate hominis prudentiâque perspectâ, si manere apud se vellet, honestissimum illi in amicitiâ suâ locum, et amplissima præmia detulit. At is cùm regi gratias egisset, de tam propensâ erga se voluntate, exposuit quo consilio res romanas reliquisset, petiitque ab eo, ut se ad officium et munus suum redire pateretur : cujus consilio animoque collaudato, rex eum amantissimè dimisit. Discessit autem illinc cùm regis judicio probatissimus, tùm collectâ multorum ex amicis et purpuratis regis gratiâ, quorum studia et benevolentiam erga se, variis posteà

leur bienveillance, comme, par exemple, lorsque
François Ier faisait la guerre au duc de Savoie. Voici
ce qui se passa : l'armée du roi traversait dans sa
route la campagne de Carpentras (1541). Dans cette
armée se trouvait un certain Guillaume [1], qui avait
amené au roi une troupe nombreuse d'Allemands,
homme irascible et inconsidéré. Il arriva que quelques-uns de ses soldats, étant entrés dans Carpentras, et s'y conduisant avec trop d'arrogance, soule-
vèrent d'abord contre eux quelques ouvriers irrités
de leur insolence et de leurs insultes, et ensuite,
comme c'est l'ordinaire, presque toute la ville. Dans
le tumulte un ou deux soldats de Guillaume furent
tués, et les autres, étant chassés de la ville, se réfu-
gièrent auprès de leur chef. Celui-ci, devenu furieux,

ecclesiæ suæ temporibus expertus est : velut eo tempore, quo Franciscus Allobrogum regulo bellum intulit :
ea autem res ita se habuit : per Carpentoractensem
agrum regis exercitus iter faciebat : in eo exercitu Gu-
lielmus quidam erat, qui magnam Germanorum manum
ad regem adduxerat, homo iracundus et præceps. Accidit, ut cùm aliquot ejus milites Carpentoracte ingressi
petulantiùs sese gererent, eorum contumeliis et inso-
lentiâ accensi commoverentur primò nonnulli opifices,
deinde tota ferè (ut fit) civitas concitaretur : quo in tu-
multu uno alterove ex Gulielmi militibus occiso, reliqui
ex oppido expulsi, se ad ducem suum receperunt. Eam

---

[1] Guillaume de Furstenberg, qui commandait les lansquenets dans
l'armée du roi.

et voulant venger le meurtre de ses soldats, se pré-
para incontinent à attaquer Carpentras avec ses
troupes et quelques pièces de canon. Sadolet, qui
par hasard n'était pas alors dans la ville, ayant
appris cela, se hâta d'accourir, effrayé du péril des
siens, et disposé à subir le même sort qu'eux-
mêmes. On s'assemble auprès de lui; tous le regar-
dent, ne sachant que faire, quel parti prendre, car
on annonce que les bataillons allemands vont arriver. Lui tout aussitôt envoie au gouverneur royal[1],
à cause de la connaissance qui était entre eux, des
messagers et une lettre, lui expose le danger de la
ville, implore son secours. Le gouverneur, gagné par
l'autorité et les prières de l'homme, mande auprès
de lui Guillaume, et l'oblige, non sans regret et à

ille suorum cædem et injuriam ulturus, cùm irâ exar-
cisset, copias suas continuò unà cum aliquot tormentis
bellicis Carpentoracte adducere parabat. Hâc re cognitâ
Sadoletus, cùm fortè tùm extra oppidum esset, suorum periculo exanimatus, paratusque, eandem quam illi
fortunam subire, properè accurrit. Ad eum statìm concursus factus est, illum omnes intuebantur, quid age-
rent, quò se verterent nesciebant : Germanorum enim
cohortes jamjam affuturas esse nuntiabatur. Is nuntios
statim et litteras ad præfectum regium pro eâ quæ inter
eos erat notitia mittit, civitatis periculum exponit, auxilium implorat. Præfectus auctoritate hominis et precibus adductus, Gulielmum accersit, cùm ægrè ac vix

<hr>

peine apaisé, à se désister de son entreprise. C'est ainsi que les Carpentratiens, lorsque déjà ils désespéraient presque de leur salut et de leur fortune, furent délivrés d'un extrême danger par la bonté de leur évêque. Cet événement se passa après la mort de Clément VII, lorsque Paul III lui eut succédé. Par l'ordre de ce dernier Pontife, Sadolet fut encore obligé de revenir à Rome.

Or, Paul III avait, au commencement de son pontificat, merveilleusement excité l'espérance et l'attente de tout le monde, car il avait manifesté l'intention de resserrer les liens relâchés de la discipline ecclésiastique, et en abrogeant celles des institutions des pontifes romains, ses prédécesseurs, qui seraient moins approuvées, de rendre plus sainte l'autorité du souverain pontificat. Pour accomplir ce

placatum, incepto cogit desistere. Ità Carpentoractenses cùm jam propè de salute et fortunis suis desperarent, episcopi sui beneficio ex ingenti periculo erepti sunt. Gesta autem ea res est mortuo jam Clemente Pontifice Maximo cùm Paulus ei tertius successisset. Hujus quoque Pontificis accersitu Romam Sadoletus redire coactus est. Etenìm is sui pontificatûs initio spem atque expectationem omnium mirabìliter erexit : ostendit enim sibi in animo esse, novis legibus solutam sacerdotum disciplinam astringere, et sublatis eis, quæ à superioribus pontificibus romanis instituta, minùs probarentur, sanctiorem gerendi summi pontificatùs rationem instituere. Ejus rei perficiendæ causâ, è longinquis locis accersivit,

dessein, il manda auprès de lui des lieux les plus
éloignés les hommes qu'il savait jouir de la plus
grande réputation de science, d'intégrité et de prudence, afin de leur communiquer, ainsi qu'à quelques autres qu'il devait choisir parmi les cardinaux,
ses projets sur des matières aussi importantes; et de
connaître par leur avis les choses qu'il devait abro-
ger ou confirmer. Ils furent convoqués au nombre
de six, parmi lesquels se trouva Jacques Sadolet,
qui, étant mandé pour un aussi grave motif, obéit,
comme il le devait. La question fut agitée pendant
quelques jours, Sadolet et les autres hommes graves
n'omettant rien de ce qui semblait pouvoir apaiser
la haine contre les prêtres, et surtout contre la
papauté. Sadolet écrivit même quelques discours sur
ce sujet, pour rendre plus ardente la bonne volonté

quos doctrinæ, integritatis, et prudentiæ maximam opinionem habere intelligebat : ut cum eis ; cumque aliis
prætereà quibusdam, quos ex amplissimo ordine adhi-
biturus erat, tantarum rerum consilia communicaret :
eorumque admonitu ea quæ aut abroganda essent, aut
sancienda, cognosceret. Hi autem qui accersiti sunt omninò sex fuerunt, in quibus Jacobus Sadoletus fuit, qui
tam gravem ob causam Pontificis Maximi litteris evoca-
tus, paruit ei, ut debuit. Agitata ea res fuit complures
dies, Sadoleto et reliquis gravissimis viris nihil earum
rerum obticentibus, quæ ad sedendam sacerdotum, im-
primisque summi illius sacerdotii invidiam, pertinere
videbantur : quo quidem tempore Sadoletus etiam eis de

du Souverain Pontife à réaliser un projet si beau, si salutaire au bien public. Mais comme toute cette affaire, à cause de nombreuses et grandes difficultés, et des obstacles qui paraissaient s'y opposer, s'était ou refroidie, ou avait été renvoyée à un autre temps, Sadolet, pensant qu'il ne devait pas rester davantage à Rome, songeait à son retour, lorsqu'il fut tout à coup choisi par le Souverain Pontife, avec quelques autres hommes du plus grand mérite, pour faire partie du sénat de l'Église Romaine [1], à l'unanimité des suffrages des membres de cet ordre, à la grande joie et à la félicitation de tous les gens de bien [2] (1536).

Tournant alors les yeux vers Carpentras, et désirant retourner à son église, comme il se figurait

rebus aliquot orationes scripsit, quò Pontificis Maximi animum ad rem tam præclaram, tamque reipublicæ salutarem, perficiendam acriùs accenderet. Verùm cùm tota ea res posteà ob multas et magnas difficultates, et impedimenta quæ objici videbantur, vel refrixisset, vel dilata in aliud tempus fuisset. Sadoletus non ampliùs Romæ sibi terendum tempus existimans, de reditu cogitabat : cùm repentè unà cum quibusdam optimis et præstantissimis viris in senatum Romanæ Ecclesiæ à Pontifice Maximo cunctis illius ordinis suffragiis, magnâ bonorum omnium lætitiâ et gratulatione delectus est. Tùm is Carpentoracte spectans, et ad ecclesiam suam

---

[1] Du collége des cardinaux.
[2] Voyez la note (9) à la fin du volume.

qu'il serait détourné de son ancien genre de vie par
cet accroissement de grandeur, il forma la résolution de le refuser. Il avait même composé sur ce sujet
une lettre qu'il était dans l'intention d'envoyer au
Souverain Pontife; mais lorsqu'il eut cédé au conseil
et à l'influence de ses amis en acceptant cet honneur, il se conduisit dans l'administration de l'État
comme ne s'étant jamais proposé que le bien de
l'État lui-même et la dignité du siége apostolique,
et comme étant résolu d'émettre son avis avec la
liberté et la'fermeté qui convenaient à son caractère.
Ce fut le jour où pour la première fois il opina dans
le sénat qu'il donna à la chose publique un remarquable gage de cette fermeté d'âme et de cette
liberté. Il manifesta clairement que, pour lui, rien
ne serait jamais plus respectable que la sainte disci-

redire cupiens, cùm pristinam vitæ suæ rationem eâ
dignitatis amplificatione obturbatum iri intelligeret, eum
honorem recusare in animo habuit. Jamque hâc de re
epistolam composuerat, quam ad Pontificem Maximum
mittere cogitabat. Sed cùm in eo accipiendo honore
amicorum consilio auctoritatique cessisset, ita in rempublicam versatus est, ut nihil præter ipsius reipublicæ
commodum, et sedis apostolicæ dignitatem, propositum
unquam habuerit : ac sententiam suam eâ'quæ decuit
libertate et constantiâ semper dixerit. Hujus adeò animi
ac libertatis suæ magnum reipublicæ pignus dedit, quo
primum die sententiam in senatu dixit : planè enim declaravit, nihil sibi unquàm sancta illa majorum nostro-

pline de nos ancêtres, que sa foi et son devoir. Ce jour-là il s'agissait de la considération et des intérêts d'un très-puissant et très-noble personnage. Sadolet n'était pas seulement son nouveau collègue, mais encore son ancien ami. Il ne pouvait donc faire volontiers de l'opposition à un homme qu'il estimait beaucoup pour plusieurs raisons; mais comme il ne pouvait l'appuyer honnêtement de son avis sans enfreindre les plus saintes lois, il se conduisit en bon et digne sénateur; il aima mieux obéir aux lois et à sa conscience. Il n'usa pas moins de la même liberté et de la même fermeté toutes les fois que l'intérêt et même l'honneur du Souverain Pontife furent en cause; mais il avait l'habitude d'user de cette liberté de manière à ne pouvoir raisonnablement blesser personne; car il savait l'adoucir par une certaine

rum disciplina, nihil fide suâ et officio futurum antiquius. Fortè eo die agebatur de amplissimi et nobilissimi cujusdam hominis honore et commodo : erat autem Sadoletus non collega ejus recens solùm, sed vetus etiam amicus. Itaque non poterat non invitus homini, quem multis de causis plurimi faciebat, refragari : tamen cùm causa esset ejusmodi, ut illum honestè, salvis sanctissimis legibus, sententiâ suâ adjuvare non posset : illud quod boni et constantis senatoris fuit, fecit, ut legibus ipsis potiùs, et religioni suæ consuleret. Nec verò non eâdem libertate et constantiâ usus est, quotiescùmque accidit, ut de ipsius Pontificis Maximi commodis, aut etiam honore ageretur. Libertate autem uti sic solebat,

modestie de langage qui obligeait ceux-là mêmes auxquels il était opposé à recevoir en très-bonne part ce qu'il avait dit. De même qu'il ne donnait rien à l'amitié, ni à la faveur, lorsque sa conscience pouvait le moins en souffrir; de même, lorsqu'il était de l'intérêt de l'État que quelqu'un entrât dans l'ordre des cardinaux ou fût revêtu de quelque autre honneur ou dignité, il mettait à le favoriser le plus vif empressement et le plus grand zèle. Aussi recommanda-t-il au Souverain Pontife, tantôt de vive voix, tantôt par lettres, s'il était absent, beaucoup d'hommes remarquables par leur vertu et leur génie, pour les faire entrer dans le sénat ou revêtir d'autres dignités ecclésiastiques, et cela souvent à leur insu; car il ne le faisait pas par ambition, mais par amour du bien public.

ut neminem eo jure posset offendere : leniebat enim illam ejusmodi orationis modestia, quæ cogebat eos ipsos, quibus adversaretur, in optimam partem ea quæ is dixisset, accipere. Sed ut amicitiæ et gratiæ nihil dabat : cùm id fieri ejus fides minimè patiebatur : ità cùm è republicâ esse censebat, quempiam in amplissimum ordinem ascisci, aut alio quopiam ornamento atque honore allici, cupidissimè ei ac studiosissimè favebat. Itaquè complures egregios et virtute ingenioque præstantes viros, quò in senatum legerentur, aut aliis sacerdotiis ornarentur, Pontifici Maximo partìm coràm, partìm absens per litteras commendavit : idque illis sæpè inscientibus : non enim hoc ambitione adductus

Or il ne faut pas passer sous silence les services qu'il rendit à quelques princes d'Allemagne, à la vérité, en considération de leurs propres mérites, mais beaucoup plus encore dans l'intérêt de l'État et de la religion catholique; car il fut toujours profondément affligé de la défection de tant de peuples et de tant de princes d'Allemagne, si déplorable pour l'Église, si pernicieuse pour eux. Il fit toujours des vœux pour qu'une si grande plaie fût guérie par ceux qui le devaient et qui le pouvaient. Mais comme son zèle ne pouvait servir à ceux qui s'étaient alors entièrement séparés de l'Église et du Pontife Romain, il l'employa du moins à faire que, par ses bons offices, ceux qui étaient restés de leur plein gré dans la vraie religion et les amis du siége apostolique, y fussent encore plus solidement attachés.

faciebat, sed studio reipublicæ. Nec verò silendum est de illis officiis, quæ in quosdam Germaniæ principes, ipsorum quidem etiam, sed multò magis reipublicæ et communis religionis causâ contulit; semper enim illâ tot Germaniæ populorum et principum defeçtione, Ecclesiæ luctuosâ, ipsis pestiferâ, gravissimè doluit : semper ut ii, qui et poterant et debebant, tanto illi vulneri mederentur optavit. Sed cùm sedulitate suâ iis qui tum ab Ecclesiâ et Pontifice Romano penitùs alienati erant, prodesse nihil posset, enixè id operam dedit, ut eos saltem qui suâ sponte in rectâ religione permanserant et sedi apostolicæ amici erant, officiisque suis aliquantò etiam amiciores et firmiores redderet. Itaque

C'est ainsi qu'il favorisa surtout de son affection et de son obligeance Georges, duc de Bavière, et Guillaume, duc de Saxe, et qu'en tant que cela dépendit de lui, il les fit combler d'honneurs et de dignités. Dans leurs négociations avec le Souverain Pontife, il aida toujours leurs mandataires et leurs députés de ses soins, de ses conseils et de son crédit. Ils furent si contents de ses services qu'ils prirent l'habitude de lui écrire en termes très-affectueux, de lui en témoigner leur reconnaissance, et d'ordonner à leurs agents d'avoir recours à lui de préférence à tout autre, et de suivre ses conseils.

Dans la suite il tomba gravement malade, et il n'était pas encore entièrement rétabli, lorsqu'il accompagna le Souverain Pontife Paul, qui partait pour réconcilier entre eux Charles, empereur des

Georgium imprimis, et Gulielmum, hunc Bavariæ, illum Saxoniæ ducem, omni suo studio officioque complexus est : quæcumque ab eo proficisci potuerunt ad illos ornandos, et cohonestandos, profecta sunt : in eorum negotiis de quibus cum Pontifice Maximo agendum esset ipsorum procuratores, et legatos, opera, consilio, auctoritate suâ semper adjuvit. Ejus porrò officia adeò grata illis fuerunt, ut et amicissimè ei scribere soliti fuerint, et gratias agere, et procuratoribus suis, ut ejus potissimùm opera et consilio uterentur, præscribere. In gravissimum posteà morbum incidit, ex quo nondùm planè sese confirmaverat, cùm proficiscentem Paulum Pontificem Maximum ad reconciliandos Carolum

Romains, et François, roi de France, lesquels se faisaient une déplorable et longue guerre. Étant arrivé, chemin faisant, à Plaisance, il tomba de nouveau malade. Il resta quelques jours dans cette ville pour se guérir, et dès qu'il fut en convalescence, il se remit en route, faisant diligence, ayant hâte d'aller donner sa coopération à une paix qu'il avait tant désirée. Il ne s'arrêta qu'à Nice (1538), où les princes devaient s'assembler.

Persuadé que le temps était venu où tous les honnêtes gens devaient pousser à la paix, il travailla vigoureusement, pour sa part, à ce qu'on la fît. Lorsque ensuite elle ne put pas être conclue, et qu'une trêve de dix ans étant convenue par les soins du Souverain Pontife, ce dernier revint à Rome, il se retira, avec sa permission, à Carpentras, pour rétablir

Romanorum imperatorem, et Franciscum Gallorum regem, grave inter se et diuturnum bellum gerentes, secutus est : quo in itinere cùm Placentiam venisset, de integro ægrotavit. Ibi cùm aliquot dies curandi sui causâ substitisset, ut primùm convalescere cœpit, festinans prosperansque optatissimæ illi de pace actioni interesse, itineri se commisit, neque destitit, quìn Nicæam quò conventuri illi erant principes, perveniret. Tùm verò tempus illud ratus esse, quo bonos omnes pacem urgere opporteret, uti ea fieret pro suâ parte vehementer enixus est. Deindè cùm eò minimè convenire potuisset, pactis Pontificis Maximi opera decem annorum induciis, cum is Pontifex Romam reverteretur, ipse concessu ejus

et fortifier sa santé, et pour visiter son église. Il y resta, pour mettre complétement en ordre sa maison, quelque temps de plus qu'il n'avait déclaré devoir le faire; mais afin de ne pas cesser pendant ce temps-là de servir les intérêts de l'État, il entreprit un travail très-remarquable et adapté aux circonstances sur l'*Édification de l'Église catholique*, car c'est ainsi qu'il l'avait intitulé. Il dédia cet ouvrage à Jean Salviat, son collègue, autant à cause de leur ancienne amitié, que de sa connaissance supérieure des lettres sacrées et des autres sciences dignes d'un grand homme. Mais à cause de ses voyages et d'autres occupations qui l'en empêchèrent, il ne put mettre la dernière main aux trois premiers livres de cet ouvrage qu'il avait déjà composés, ni com-

Carpentoracte, reficiendi et confirmandi sui, ac revisendæ ecclesiæ causâ se recepit. Commoratus ibi est, ut rem familiarem planè constitueret, aliquantò diutiùs, quàm se facturum ostenderat : ne tamen operam suam intereà reipublicæ navare desineret, opus præclarum sanè et reipublicæ temporibus aptum aggressus est, de extructione catholicæ (ità enim inscribebat) Ecclesiæ : quod opus Joannis Salviato collegæ suæ desponderat, cùm propter veterem eorum inter se necessitudinem, tùm ob excellentem ejus viri in sacris litteris et cæteris disciplinis, quæ magno viro dignæ sunt, scientiam. Verùm propter itinera et occupationes, quæ illum aliæ ex aliis posteà impeditum tenuerunt, nec tres, quos jam confecerat ejus operis libros, perpolire, nec quartum,

mencer le quatrième, qui, dans son esprit, devait y être ajouté, comme le faîte de l'édifice.

Ayant été rappelé à Rome, à peine s'y trouvait-il, que pour certaines raisons la guerre recommença entre Charles-Quint et François Iᵉʳ, et la chrétienté fut de nouveau exposée au plus grand danger par la mésintelligence de ces deux souverains, attendu que la guerre avec les Turcs paraissait une seconde fois imminente. Le Souverain Pontife pensa qu'il devait chercher à les mettre tous les deux d'accord, en leur envoyant des députés à l'un et à l'autre. C'est pourquoi Sadolet fut choisi pour aller auprès du roi de France. Quoique déjà affaibli par l'âge, ne fuyant néanmoins ni la fatigue, ni le péril pour le bien public, il se chargea de cette mission. Il voyagea avec toute la diligence que pouvait lui

quem illi tanquàm fastigium addere in animo habebat, instituere potuit. Revocatus enim Romam, vix dùm ibi constituerat, cùm renovato quibusdam de causis inter Carolum et Franciscum bello, et ob eorum discordias republicâ christianâ iterum in maximum discrimen adductâ, quippè eum turcicum bellum impendere videretur : Paulus Pontifex Maximus per legatos cum utroque eorum de pace agendum esse existimavit. Itaque delectus ipse est, qui legatus ad Galliæ regem iret : qui quanquàm affectâ jam ætate esset, tamen nullum pro republicâ laborem aut periculum recusans, legationem eam suscepit : adhibitâque diligentiâ, quantam maximam ferre senile corpus poterat, maturè in

permettre un corps de vieillard, et il arriva promptement en France (1541). L'événement prouva l'impression que fit sur le roi l'autorité d'un tel homme; car lorsqu'il lui eut exposé l'objet de sa mission et les avertissements du Souverain Pontife, après quelques conférences, quoique le roi fût en armes, et qu'il eût confiance en ses forces, Sadolet le fit pencher vers la paix. Aussi du désespoir de la concorde, on aurait subitement passé à l'espoir d'un arrangement, si la mission du légat envoyé en Espagne auprès de Charles avait été plus heureuse [1]. Or, il ne faut pas passer sous silence son singulier désintéressement dans cette ambassade; car, lorsque les autres légats que les Pontifes romains ont coutume d'envoyer, tant qu'ils sont hors de la ville de

Galliam pervenit. Talis viri auctoritate regem permotum esse res posteà declaravit. Nam cùm ei Sadoletus Pontificis Maximi mandata ac monita exposuisset, post aliquot congressus, animum ejus, quanquàm armati et viribus suis fidentis, ad pacem flexit. Itaque ex magnâ desperatione concordiæ, subitò in spem compositionis ventum erat, si modò alterius legati qui in Hispaniam ad Carolum missus fuerat, felicior fuisset legatio. Non est autem mittenda illa in legatione singularis ejus abstinentia : nam cùm legatorum qui à Romanis Pontificibus mitti solent, quandiù extra urbem Romam sunt, varia et multiplex sit potestas, et eam ob causam facul-

---

[1] Le légat du Pape en Espagne fut le cardinal Contaren, ami tout particulier de Sadolet, comme on peut le voir dans leur correspondance.

Rome, ayant des pouvoirs multiples et variés, ont, pour cette raison, la faculté d'amasser beaucoup d'argent, et cela ne passe pas pour blâmable, tant l'habitude qu'on en a prise est invétérée; lui, au contraire, ne voulut, en aucune manière, abuser de ces pouvoirs pour faire des économies, et n'en usa que pour de graves motifs. Il ne souffrit même pas que ceux de sa suite acceptassent quelque chose de plus que le salaire dû pour leurs écritures ou pour quelque autre service de ce genre, et encore réduisit-il ce salaire.

Après avoir quitté le roi, il vint à Carpentras pour y passer l'hiver, et s'y reposer de ses fatigues incessantes, le Souverain Pontife, qui voulait ménager son âge et sa santé, le lui ayant permis. C'est encore un exemple de l'intégrité de Sadolet que, sur la fin

latem habeant magnæ conficiendæ pecuniæ, neque id propter inveteratam aliorum consuetudinem turpe habeatur : eâ tamen potestate ipse ad quæstum abuti minimè sustinuit, neque nisi gravi ex causâ usus est : ac ne comites quidem suos quicquam, præter mercedes pro scripturâ, aut hujusmodi quapiam opera debitas, quas ipsas etiam imminuit, accipere passus est. Ut à rege autem discessit, Carpentoracte venit, quò reliquam ibi hyemem maneret, seque ex assiduis laboribus reficeret : id enim ei Pontifex Maximus, ætati hominis et valetudini parcens, permiserat. Hoc quoque Sadoleti integritatis exemplum sit, quòd cùm extremo legationis tempore integri mensis sumptum accepisset, atque ante

de son ambassade, ayant reçu son traitement de
légat pour un mois entier, comme il était arrivé à
Carpentras avant le mois écoulé, nonobstant les
conseils de ses amis qui lui reprochaient l'excès de
sa délicatesse, il fit remettre au trésorier du Souverain Pontife la somme de dix jours de traitement;
car c'était le temps qui restait. Dans le même temps
il récompensait de sa bourse, même au delà de ses
moyens, les gens de sa maison dont il avait, pendant son ambassade, éprouvé le zèle et la fidélité.
L'été suivant il se retira en Italie, à la grande douleur des Carpentratiens [1]. Lorsqu'il y fut arrivé, il
assista à une conférence du Souverain Pontife Paul
avec l'empereur Charles, qui eurent une entrevue
dans la campagne de Parme (1544). Charles allait
alors de l'Espagne en Allemagne. L'occasion lui

exactum mensem Carpentoracte pervenisset : decem
dierum sumptum (tot enim dies reliqui fuerant) referri
utiquè ad quæstorem Pontificis Maximi, quanquàm dis-
suadentibus amicis, et nimiam ejus religionem accusan-
tibus, jussit. Eodem tempore clientes domesticos,
quorum opera strenua et fideli in legatione usus fuerat,
alium alio præmio, et quidem supra facultates suas re-
muneratus est. In sequenti æstate in Italia non sine
magno Carpentoractensium dolore discessit. Eò cùm
venisset, interfuit colloquio Pauli Pontificis Maximi et
Caroli Romani imperatoris, qui in agro Parmensi con-
gressi sunt. Iter tum ex Hispaniâ Carolus in Germa-

[1] Voyez la note (10) à la fin du volume.

étant offerte, Sadolet se figura qu'il allait recueillir tout le fruit des fatigues qu'il avait endurées pendant son ambassade, s'il exhortait l'empereur à la paix; car il était revenu de sa mission en France, connaissant le cœur du roi enclin à la concorde, ou plutôt l'y ayant lui-même disposé. Mais Charles-Quint était si outré de douleur et de colère de ce que le roi de France eût recommencé la guerre, que ni le discours châtié de Sadolet, ni l'autorité du Souverain Pontife ne servirent de rien. Toutefois, dans la suite, après avoir vaincu et soumis le duc de Westphalie, qui avait suivi le parti du roi, après s'être emparé de quelques villes de France, sa colère ayant été calmée, il fit la paix avec François Ier.

Sadolet en eut tant de joie, tant de bonheur, qu'il ordonna incontinent à son église d'en rendre un

niam habebat : oblatâ eâ occasione, Sadoletus magnum laborum quos in legatione pertulerat fructum captum iri à se existimavit, si illum quoque ad pacem hortatus esset. Redierat enim ex legatione gallicâ, animumque regis ad concordiam propensum cognoverat, vel ipse potiùs effecerat. Verùm adeò Carolus dolore irâque exarserat, quòd à rege Galliæ bellum renovatum fuisset, ut neque accurata Sadoleti oratio neque ipsius Pontificis Maximi auctoritas quicquam profecerit. Is tamen posteà lenitâ videlicet irâ, post victum et in deditionem acceptum Sicambrorum ducem, qui regis partes secutus fuerat, et expugnata nonnulla Galliæ oppida, pacem cum eo rege fecit : quâ ex re Sadoletus tantùm lætitiæ ac

digne hommage à Dieu, auteur de tous biens, et que lui-même envoya à Charles-Quint un discours· écrit, dans lequel, louant sa sagesse et sa modération, il le remercia en son nom et au nom de tous les chrétiens, et tâcha de l'exciter, de l'enflammer d'ardeur pour ce qui restait à faire en faveur de la religion, de la concorde et de la liberté du nom chrétien. Et ce puissant, ce magnanime empereur répondit alors en grande partie à ses désirs par sa vertu et sa piété.

Sadolet était comme enflammé d'un amour incroyable pour les intérêts du christianisme. Et moi qui, par une longue intimité, ai connu et apprécié ses sentiments, j'ose affirmer qu'il était plus affligé des malheurs publics, et plus heureux au contraire du bien général, qu'il ne se réjouissait de son bon-

voluptatis cepit, ut Deo bonorum omnium auctori, ab ecclesiâ suâ meritum continuò honorem haberi jusserit, et scriptam ipse orationem paulò post Carolum miserit, per quam illius sapientiâ et moderatione laudatâ, gratias ei egit suo et christianorum omnium nomine : et ad ea quæ pro religione, et concordiâ, ac libertate christiani nominis agendâ restabant, eum accendere atque incitare conatus est : cujus optatis magnâ jam ex parte, optimi et fortissimi imperatoris virtus pietasque respondit. Fuit enim hic vir incredibili quodam in rempublicam christianam studio : ut ego quidem, qui pro diuturno contubernio sensus ejus satis cognitos et perspectos habui, hoc de eo affirmare non dubitem, plus illum

heur particulier, ou qu'il ne souffrait de ses propres malheurs. Il avait les mœurs les plus sociables, le cœur franc et ouvert, un naturel trop porté à la colère, mais il avait si bien réussi dans son attention continuelle à le maîtriser, qu'il paraissait plutôt être nonchalant ; et que, si parfois il était un peu trop ému, il avait alors le plus de calme dans la voix et dans la parole. Il avait pour ses amis la plus grande fidélité, et leur rendáit tous les services qu'il pouvait leur rendre. Telle était l'affection qu'il portait aux membres de sa famille, que, tandis qu'il négligeait le plus ses propres intérêts, il s'occupait le plus des leurs. Jeune, il perdit son père ; il était déjà vieux lorsque sa mère mourut presque octogénaire. Tant que tous les deux vécurent, il les aima d'une extrême tendresse et les entoura de respect. Il donna à

doloris semper ex malis hausisse communibus contràque ex publicis commodis gaudii, quàm rebus suis vel secundis lætatus sit, vel adversis doluerit. Item moribus fuit facillimis, animo aperto ac simplici, natura omninò ad iracundiam proclivior, sed ejus comprimendæ assiduá meditatione tantùm profecerat, ut lentus potiùs esse videretur ; ac si quandò paulò esset commotior, tùm maximè sedatâ et voce et oratione uteretur. Amicitias summâ cum fide, et quibuscumque potuit officiis coluit : familiam suam eâ charitate est prosecutus, ut cùm de suis minimùm, de illius commodis plurimùm laboraret. Patrem, juvenis ; matrem, senex ferè octogenariam amisit : ambos quoad vixerunt summâ pietate dilexit et

ses frères, et il en avait plusieurs, sa part de l'héritage paternel, et les combla dans la suite d'autres bienfaits. Lorsqu'il fut devenu vieux, il obtint de Clément VII que Paul Sadolet, son neveu, fils de son frère, fût son coadjuteur pour administrer l'église de Carpentras. Il avait coutume de dire qu'il l'avait demandé non pas tant à cause de sa parenté, que du caractère et de la vertu de ce jeune homme. Il se livrait avec la plus grande application à l'étude des lettres. Pendant l'automne il commençait à travailler de grand matin, mais beaucoup plus tôt encore pendant l'hiver : c'était le temps qu'il consacrait aux plus graves études ou à écrire; il employait le reste du temps tout entier à l'étude des lettres.

Jusqu'à présent nous avons écrit de la vie de Sadolet ce qui nous a semblé devoir être trans-

coluit. Fratribus, qui ei complures fuerunt, partem suam primò paternæ hæreditatis donavit, post aliis quoque eos beneficiis affecit. Adjutor ad regendam Carpentoractensem ecclesiam, cùm jam senex esset, ut sibi Paulus Sadoletus fratris patruelis filius daretur, à Clemente impetravit : idque non tam propinquitati à se datum dicere solitus est, quàm adolescentis ingenio, atque virtuti. In litterarum studiis summâ industriâ versatus est. Lucubrare autumno ineunte benè manè incipiebat, hyeme verò multò etiam maturiùs : id tempus gravioribus studiis aut scriptioni dabat : quod supererat temporis, id totum litterarum studiis reddebat. Hactenùs ea quæ de vitâ ejus memoriæ prodenda esse visa

mis à la postérité, nous écrirons maintenant peu de chose de sa mort, laquelle fut tout à fait conforme à sa vie si intègre et si innocente. Il était allé habiter au delà du Tibre une maison attenante à l'église de Sainte-Marie. Il y fut atteint au commencement de l'automne d'une fièvre qui parut d'abord légère, et devoir presque être négligée ; mais comme elle ne s'en allait pas absolument, la maladie commença à s'aggraver. Il fit aussitôt appeler un prêtre, et quand le prêtre fut venu, il observa les institutions divinement établies pour purifier l'âme et la réconcilier avec Dieu. Il fit ces saintes choses en sa présence, avant de recevoir le corps sacré et salutaire de Notre-Seigneur. Lorsque, soulevé par ses parents, il commença à adorer le Christ, Dieu et notre Sauveur, et à lui adresser une prière suppliante, tout à

sunt, scripsimus : nunc de ejus obitu pauca scribemus : qui quidem vitæ ejus integerrimè atque innocentissimè actæ planè consentaneus fuit. Habitare trans Tyberim cœperat, in ædibus Divæ Mariæ templo adjunctis : ibi autumni initio in febrem incidit, quæ levis primò ac propè contemnenda esse videbatur : sed cùm nunquàm planè decederet, morbus ingravescere cœpit. Tum is statìm accersiri sacerdotem jussit : eo adhibito, rìte et summâ cum religione, omnia quæ divinitùs ad expiandos animos et placandum Deum instituta sunt, servavit : re quidem divinâ coram eo factâ, antequàm sacrum illud et salutare Domini nostri corpus acciperet, cùm Christum Deum ac conservatorem nostrum, sublevatus à

coup il répandit une telle abondance de larmes, qu'il put à peine achever sa prière, à cause de ses pleurs et de ses sanglots. Les recommandations qu'il fit de son église à Paul Sadolet, qui l'assistait avec la plus pieuse affection, furent presque ses derniers ordres et ses dernières paroles. Bientôt après il rendit son âme à Dieu, à la grande affliction de ses parents, au grand regret et à la grande douleur de tous les gens de bien. Sa mort affligea le Souverain Pontife Paul; elle affligea aussi le sénat.

Le premier jour après sa mort que le sénat fut assemblé, Jean-Pierre Carrafa, évêque des Sabins, y prononça son oraison funèbre, à la grande approbation des autres sénateurs et du Souverain Pontife lui-même. Ce discours fut tel, que la vie d'aucun homme ne parut pouvoir mériter plus de louanges,

suis, venerari, et supplici, quâdam oratione affari cœpisset : tantam subitò lacrymarum vim profudit, ut eam precationem præ fletu ac singultibus absolvere vix potuerit : supremis propè vocibus ac mandatis Paulo Sadoleto qui ei summâ pietate assidebat, ecclesiam suam commendavit : ac paulò post magno suorum luctu, magno bonorum omnium mœrore ac desiderio, animam Deo reddidit. Doluit ejus morte Paulus Pontifex Maximus, doluit senatus : à Joanne quidem Petro Carafa Sabinorum episcopo, quo primùm die post ejus obitum senatus habitus est, ea de illo habita est, magno cum assensu cùm reliquorum patrum, tùm ipsius Pontificis Maximi, oratio : ut neque uberiùs cujus quam vita lau-

ni la mort plus de douleur. Jacques Gallus, citoyen romain des plus distingués par sa naissance, fit également son panégyrique dans un magnifique discours qu'il prononça dans l'église de Saint-Laurent, au milieu d'une nombreuse assistance des hommes les plus honorables de tous rangs.

Sadolet mourut à l'âge de soixante-dix ans (1547)[1]. Il fut enseveli sans aucune pompe dans ses funérailles, comme il l'avait lui-même prescrit, dans l'église dédiée à saint Pierre *in Exquiliis*[2], dont il avait eu l'administration[3].

dari, nec mors dolentiùs deplorari potuisse videretur. Laudavit eum item luculentâ oratione, maximâ honestissimorum cujusque ordinis hominum frequentiâ, in æde divi Laurentii Jacobus Gallus, civis romanus imprimìs honestus. Obiit annum agens septuagesimum. Sepultus est sine ullâ funeris pompâ (ita enim ipse præscripserat) in æde quæ curationis ejus fuerat, divo Petro in Exquiliis sacrâ.

[1] Au commencement du mois d'octobre, en 1547.

[2] Le mont Exquilin. Après avoir été nommé par Paul III cardinal prêtre du titre de Saint-Caliste, Sadolet le fut bientôt après du titre de Saint-Pierre aux liens *in Exquiliis.*

[3] Ciaconius raconte que certaines personnes ont soupçonné que Sadolet avait été empoisonné, à cause de son humanité pour les protestants, opinion qu'il combat avec beaucoup de force. Comme nous n'avons trouvé nulle autre part un pareil soupçon, nous avons cru devoir mettre sous les yeux du lecteur le passage suivant du livre de Ciaconius, où Sadolet est apprécié comme il le mérite :

Aliqui in eâ sunt sententiâ, Jacobum postremum obiisse diem non sine dati veneni suspicione, causam tamen plerique tacent, quia ignorant, alii illam somniant, quam uti à veritate alienam rejiciunt ferè omnes. Scribunt enim nonnulli, properatâ morte occubuisse; quia familiaritatem inventus est habuisse cum iis, qui à Romanâ religione discordabant. At hominis dignitatem in rempublicam *christianam* studiosissimi violari, imminui, offendique inique patior; virum hunc maledictis onerare, atque infidelitatis damnare, qui nemini de probitate concessit, bonitateque inter omnes semper excelluit, turpissimum esse judico. Scripsit ille quidem et humanissimè ad lutheranorum aliquos, ut illos ad Christi gregem et ad Ecclesiam Romanam reduceret, ut testatur ipsemet his verbis : « Alterum ego cum experii conatus sim, » litterasque ad eorum nonnullos dederim humanè, ac satis etiam hono- » rificè scriptas, sentio quàm malè sim à multis in istâ Germanicâ na- » tione acceptus, qui me aut scripsisse ad hæreticos homines, aut illo » modo scripsisse arguunt, ac reprehendunt. In quo ego si consilio lap- » sus sum, studio certè, et pietate ergà Deum non sum lapsus : quid » enim aliud ego quæsivi, quàm dùm honorificè, et comiter ad illos » scribo; ut ipsi quoque ad parem moderationem, et quandam etiam » benevolentiam mei inflecterent se, atque adducerentur; quod si essem » adeptus, speravi, majora me multo, et commodiora ad spem concor- » diæ, et rationem publicæ utilitatis esse facturum. »

> *Vitæ et res gestæ Pontificum Romanorum et S. N. E.*
> *cardinalium Alphonsis Ciaconii.*

LIVRE

DE JACQUES SADOLET

SUR LA MANIÈRE

DE BIEN ÉLEVER LES ENFANTS.

---

*Livre de Jacques Sadolet sur la manière de bien élever les enfants,
dédié à Guillaume du Bellay de Langey* [1].

Euripide prétend, je crois que c'est dans Andromaque, qu'un mari n'est pas aussi charmé de la beauté de sa femme que de ses vertus. Mais vous, Guillaume du Bellay, le meilleur de tous les amis,

JACOBI SADOLETI

DE LIBERIS RECTÈ INSTITUENDIS LIBER.

---

*Jacobi Sadoleti ad Gulielmum Bellaium Langæum,
de liberis rectè instituendis liber.*

Euripidis est, in Andromacha opinor, non tàm formam fœminæ, quàm virtutes esse quæ delectent conjugem. Te verò, Gulielme Bellai, optime amicorum omnium,

[1] Voyez la note (11) à la fin du volume.

quel doit être votre bonheur, vous qui avez trouvé dans la femme que vous avez dernièrement épousée la beauté du corps unie aux nobles vertus et qualités de l'âme, et digne de son excellente éducation ! Elle a pu la recevoir, cette excellente éducation, étant née dans une très-noble famille, et élevée dans ces habitudes journalières qui sentent si bien la splendeur et l'élégance d'une haute naissance.

En vérité, et c'est votre sentiment, vous avez eu le bonheur de prendre une épouse telle que vous l'aviez toujours souhaitée. En effet, puisque votre noblesse étant ancienne et vos aïeux illustres, vous avez acquis par votre mérite des honneurs plus nombreux et beaucoup plus grands que ceux que vous avez reçus de la fortune, tout nombreux et grands qu'ils soient, il était de toute justice que la compagne

quanta oportet affici voluptate : qui eam uxorem nuper duxeris, cujus ad egregias animi virtutes atque dotes species ac forma adjuncta sit, digna electissimis moribus : quos habuit quidem illa undè disceret, nata in familia nobilissima, et in eis educta quotidianæ vitæ consuetudinibus, quæ splendorem et elegantiam optimi generis apprimè redolerent. Sed tibi certè contigit ex tui animi sententia, ut talem haberes, qualem semper optasti. Nam cùm etiam tu antiqua nobilitate, et claris majoribus procreatus, plura, ac multò præstantiora ornamenta tibi ex virtute acquisiveris, iis quæ à natura et à fortuna multa ac magna accepisti. Sanè fuit æquum, ut sociam thori, atque vitæ eam tibi adjungeres, cujus ingenium

de votre couche et de votre vie répondît par son esprit et sa vertu à vos aimables qualités.

On doit surtout louer la sagesse de notre roi François Ier et son esprit de prévoyance, digne d'un grand prince, de faire spécialement à l'égard des hommes ce que d'autres font pour les chevaux et pour les chiens, de pourvoir à ce que, tant d'un côté que de l'autre, ceux qui se choisissent pour s'unir par les liens sacrés du mariage prennent en considération la race d'où ils sont issus, afin que de bons parents naissent des enfants qui soient ensuite utiles au roi et à la patrie. Mais il nous semble qu'il faut en outre une certaine discipline domestique, d'après laquelle les enfants et les adolescents doivent être nourris et élevés.

Dernièrement, je ne sais sur quel sujet je voulais vous écrire, lorsque, m'étant occupé de montrer

et virtus tuis humanissimis moribus responderet. Maximè autem in hoc laudanda FRANCISCI regis nostri sapientia est, et consilium summo principe dignum, qui quod cæteri ferè in equis et canibus, ipse præcipuè in viris facit, ut providentiam omnem adhibeat, quò ex spectatis utrìnque generibus electi in hoc sanctum fœdus matrimonii conveniant, ut ex bonis parentibus nascatur progenies, quæ posteà et regi, et patriæ possit esse utilis. Etsi in eo præhibet necessaria esse disciplina quædam videtur, quemadmodùm domi ali atque institui debeant pueri atque adolescentes. Quo de genere nos, cùm nuper nescio quid conscripsissemus, viam patribus,

aux pères la voie et le moyen de bien élever leurs
enfants, j'ai résolu de vous offrir cet ouvrage comme
un témoignage de mon affection, quoique moins que
tout autre vous ayez besoin de tels préceptes. En
effet, quel est celui qui, voulant écrire sur l'éducation des enfants, ne trouverait dans votre maison
des renseignements supérieurs en nombre et en qualité à ceux qu'il pourrait fournir lui-même? Je me
suis souvent pris d'admiration pour le bonheur ou la
vertu de votre père, ou, pour dire plus vrai, pour
l'un et l'autre, lui qui, ayant engendré et élevé
beaucoup d'enfants, les a tous rendus également
remarquables par la beauté de leur instruction et la
distinction de leurs mœurs, au point que, sous le
rapport des formes corporelles et de la dignité morale, tous paraissent être comme sortis ensemble du

et rationem ostendere conati, qua benè atque ingenuè
erudire liberos possent, statuimus tibi deferre hoc munus, quod futurum esset monumentum nostri in te amoris : etsi tu minimè omnium hujus quidem præceptionis
indigeas. Quis enim est, de instituendis rectè liberis
scribere aliquid volens, qui non plura et potiora domi
vestræ hujusce generis documenta reperiat, quam ipse
ad instruendum alios possit afferre? In quo sæpè solitus
sum mirari parentis vestri felicitatem, an virtutem, an
veriùs dicam utrumque : qui cùm plures sustulerit alue-
ritque liberos, sic eos omnes æqualiter artibus optimis,
et præclarissimis moribus expolivit, ut cuncti ex eadem
quasi forma humanitatis, simul ac dignitatis conflati,

même moule, et en quelque sorte frappés au même coin. Et pourtant je n'ai pas pensé que vous refuseriez ce travail de mon esprit, que doit vous rendre agréable votre amitié pour moi, et auquel votre récent mariage donne de l'à-propos. C'est pourquoi je ne cesse de prier Dieu de vous donner des enfants qui portent l'empreinte de la vertu de leur père et de leur aïeul, et la transmettent à toute leur postérité. Mais il est temps d'en venir à traiter de la manière de bien élever les enfants.

Un jour que, me reposant chez moi vers l'heure de midi, je méditais sur je ne sais quelle partie de mes études, je vis venir à moi Paul Sadolet[1], le fils de mon frère, jeune homme doué des meilleures dispositions, que son père m'avait confié, et que j'élevais comme un fils, en tâchant de le former aux

et quodam modo excussi esse videantur. Sed tamen non inacceptum tibi fore hoc animi mei studium sum arbitratus, quod et jucundum amicitia, et opportunum recens tuum conjugium facturum sit : è quo Deum immortalem precari non desino, ut te gignere prolem eam contingat, quæ paternam et avitam virtutis imaginem in omni posteritate possit prorogare. Verùm ut ad ipsum jam sermonem de liberis rectè instituendis veniamus : cùm sederem olìm in meridie domi otiosus, nescio quid tùm de meis studiis cogitans, accessit ad me Paulus Sadoletus, adolescens sanè quàm deditus studiis honestissimis, quem ego fratris filium, traditum mihi à patre, in filii

______
[1] Voyez la note (12) à la fin du volume.

belles-lettres et aux bonnes mœurs, travail que me rendaient facile et agréable son intelligence élevée, sa volonté portée au bien et à la raison par nature et par habitude. Comme il était entré chez moi un peu plus tôt que de coutume, car il avait une heure déterminée pour m'entendre lui expliquer l'*Éthique* d'Aristote, je l'interrogeai en ces termes :

JACQUES SADOLET. — Qu'y a-t-il donc, Paul, pour venir sitôt? Vous seriez-vous trompé d'heure? ou bien venez-vous par hasard m'annoncer quelque chose de nouveau ?

PAUL SADOLET. — Rien absolument, mon oncle, ou plus justement, ô mon père, pour me servir d'un nom qui exprime mon affection pour vous et cette génération morale qui nous unit, non

educans loco, omnibus eum instituere contendebam et litteris bonis, et moribus. Quem tamen laborem levem mihi et jucundum faciebat, cùm summum ejus ingenium, tùm voluntas natura et consuetudine jam ad omnem optimam partem, rationemque propensa. Is tunc cùm introisset ad me aliquantum temporiùs quam solebat (erat enim tempus diei certum constitutum, quo audiebat quotidiè de me Aristotelis Ethica). Sic eum interrogare ingressus sum.

JACOBUS. — Quid est, Paule, quod te hùc tam maturè? num te fefellit hora? aut aliud quid fortè apportas novi?

PAULUS. — Nihil quicquam magnoperè, patrue mi, aut si non tam hujus quæ in corpore fit, quam sanctioris in animo generationis et meæ pietatis erga te proprium

moins sainte que celle du corps. Je suis venu chez vous à dessein un peu de meilleure heure, non pour vous annoncer quelque chose de nouveau, mais bien plutôt pour l'apprendre de vous.

JACQUES. — Et que souhaitez-vous d'apprendre? Voyons, expliquez-vous, car je ne refuserai jamais rien à vos désirs, s'ils sont raisonnables.

PAUL. — Je le sais, mon père, sans que vous ayez besoin de me le dire, l'expérience me l'a prouvé. Mais tout à l'heure votre valet de chambre, que j'interrogeais, m'ayant répondu que vous n'étiez pas occupé, j'ai pensé qu'il ne serait pas mal à propos de vous demander de composer pour moi un recueil des préceptes que vous m'avez souvent donnés çà et là et par fragments sur l'éducation de l'adolescence ; car je veux avoir avec moi une sorte de journal de

nomen quæritur, longè justiùs, mi pater. Sed ego ad te accessi prudens aliquantò maturiùs, non ipse aliquid apportans novi, sed expectans potiùs à te.

JACOBUS. — Quid istuc quod expectas? age, exprome, nihil enim recto studio tuo abnuet unquàm voluntas mea.

PAULUS. — Scio ego istuc, etiam te tacente, mi pater ; facile enim mihi declarat res ipsa. Sed modò percunctanti mihi cùm cubicularius dixisset ocium tibi esse, non inopportunum sum arbitratus petere à te ut de instituenda rectè adolescentia ea mihi in unum præcepta componeres, quæ sparsìm et intercissè sæpè edere es solitus : cupio enim habere mecum tanquam commentarium præ-

ces maximes, qui m'aide à me former à la vertu, afin que je puisse devenir tel que vous voulez que je sois. Toutefois, si cela ne vous ennuie pas, et que vous ne préfériez quelque autre chose.

Jacques. — M'ennuyer! moi, préférer quelque autre chose! y a-t-il rien au monde que je préfère à ce que vous deveniez très-vertueux et très-savant? Car je pense que le motif de votre demande, c'est votre désir que je vous explique tout ce qui regarde les belles-lettres et les bonnes mœurs.

Paul. — C'est bien là ce que je désire.

Jacques. —Eh bien, Paul, si nous voulons traiter un pareil sujet et suivre l'ordre qui lui appartient, il faut commencer dès l'enfance; car il n'y a pas d'adolescent qui puisse être bien élevé, s'il ne l'a

ceptionum hujusmodi, è quo ipse me conformare ad virtutem possim, ut talis fiam, qualem tu me esse vis. Sed hoc nisi molestum est, et si non aliud quid antevertendum putas.

Jacobus. — Mihi molestum? aut aliud quid antevertam? an est quicquam omnium rerum quod malim, quam te et optimum, et doctissimum esse? Sic enim puto te hoc quærere, ut quod et ad bonos mores attinet, et quod ad litteras bonas, totum tibi id à me explicari cupias.

Paulus. — Istud ipsum est quod ego cupio.

Jacobus. — Atqui, Paule, si rem tractare, et ex equi ordine suo volumus, ab ipsa pueritia exordiendum est. Nemo enim institui potest rectè adolescens, qui nequi-

été enfant. De même que la nature et les qualités d'un arbre proviennent de sa racine, de même les mœurs réglées de la jeunesse et sa bonne éducation proviennent de l'enfance.

Rien n'a été prescrit dans nos lois actuelles, aucune précaution n'a été prise pour garantir d'une chute cet âge surtout glissant et chancelant. L'autorité publique ne s'est point occupée de son éducation, lorsque cet âge est l'unique base sur laquelle reposent principalement les bonnes mœurs des citoyens et le salut de l'État. On ne manque pas de lois pour régler les intérêts des citoyens et leurs différends; et, sur un sujet qui comprend tout, pour ainsi dire, sur le choix d'une profession, sur l'éducation des enfants, sur le devoir des parents, sur la vertu, sur les mœurs, sur les arts qu'on doit apprendre, sur

ter fuerit eductus puer : nam ut radix indolem ingeniumque arboris, sic benè moratam et compositam adolescentiam pueritia ipsa producit. Hoc primum tempus ætatis quod imprimis lubricum est, atque anceps, minimè est omnium legibus, his quibus nunc utimur, animadversum atque tractatum, neque adhibita cura, ut id publicè excolatur, cùm maximè in eo uno civium boni mores, et civitatum salus constituta sit. De actionibus et controversiis inter sese civium accuratè jura constituta sunt : in quo autem fermè sunt omnia, de genere vitæ eligendo, de educatione liberorum, de officio parentum, de virtute, de moribus, quas quemque sequi artes, et quas rejicere conveniat, mirum silentium est,

ceux qu'on doit rejeter, il est étonnant que les lois gardent le silence. S'il y a dans le droit ecclésiastique quelques préceptes de vertu et de religion pour l'enseignement de la jeunesse, ils ne concernent qu'une certaine classe d'individus, savoir : ceux qui sont initiés aux choses saintes du sacerdoce; ils ne sont ni mis en ordre, ni à la portée des enfants, de sorte que les plus remarquables paraissent plutôt indiqués que soigneusement exposés.

Les Grecs s'en sont occupés davantage. Ils se sont distingués non pas tant par la pratique et les préceptes de la vertu, gloire dans laquelle les anciens Romains, nos ancêtres, ne le cèdent à aucune nation, ni à aucune race, ce qui est clairement démontré par leurs annales, qu'en conservant et en transmettant à la postérité leurs excellentes institutions. Lorsque chez nous la loi des douze tables, source

præterquam si qua sunt pontificio jure ad doctrinam virtutis ac religionis præcepta juventuti, vel generi potiùs certo, iis videlicet qui sacris initiati sunt, nec tamen ea ordinatim, neque à pueris, ut potiùs innuisse præclara quædam, quam diligenter exposuisse videantur. Græci diligentiores, nec tàm in agendo præcipiendoque ea quæ sunt virtutis (in hac enim laude nulli omninò nationi neque generi prisci illi majores nostri concessere : quod veterum rerum monumenta perspicuè indicant), quàm in conservando et tradendo posteris ea quæ optimè essent statuta. Cùm apud nos et XII tabularum lex totius æquitatis ac juris seminarium, et vetera omnia plebiscita,

de toute équité et de tout droit, les anciens plébis-
cites, les sénatus-consultes, les édits des magistrats
ont été depuis longtemps obscurcis et étouffés par la
fécondité, par l'exubérance infinie des jurisconsultes
modernes; chez les Grecs, au contraire, non-seulement un grand nombre de lois de Dracon et de
Solon, mais encore les oracles de Lycurgue, comme
ils appellent les lois de ce dernier, nous ont été
conservés avec le plus grand soin. Ce qui est d'autant plus étonnant, que ce législateur avait gravé
une bonne partie de ses lois non sur des tables, mais
dans la mémoire et dans le cœur de ses concitoyens,
pour qu'ils les apprissent par l'usage et non par
l'écriture.

Je reviens à Solon, dont les lois ont exactement
et presque curieusement prescrit tout ce qui regarde
l'éducation des enfants, au point que rien absolu-

senatusconsulta, magistratuum edicta, novorum juris-
consultorum infinita quadam ubertate et redundantia
jam diù offusa et obliterata sint. At meherculè apud
Græcos non modò Draconis ac Solonis veteres quam
plurimæ leges, verùm etiam Lycurgi rhetræ, ut illi ap-
pellant, conservatæ perquàm diligenter sunt. Quod eò
est miserabiliùs, quòd ille bonam partem legum suarum, non in tabulis, sed in mentibus atque animis civium suorum inscripserat, ut usu, non scriptura, per-
.discerentur. Redeo ad Solonem, cujus legibus sic ad
unguem et propè curiosè omnia perscripta sunt, quod
ad educationem quidem attinet puerorum, nihil ut om-

ment dans cette matière n'a été omis. Il est scrupu-
leusement entré dans les moindres détails. Il a parlé
des gymnases, des pédagogues, de l'heure du jour,
de quels maîtres les enfants doivent fréquenter
l'école, de leur vêtement, de leur compagnie. Il n'a
pas même oublié de dire que les enfants, s'ils se
produisent en public, doivent tenir les mains sous
leur manteau.

Il est à présumer, je le pense et le conjecture,
que les Romains, nos ancêtres, ne se sont pas moins
occupés des choses qui forment l'éducation de la
jeunesse. Ce qui le prouve, ce sont les exercices du
champ de Mars, le temps prescrit pour la milice,
l'âge déterminé pour porter certains vêtements et
pour en changer; puisqu'il y avait un intervalle
entre la robe prétexte et la simple robe, entre la

ninò, quod ad eam spectet rationem, omissum sit. Est
enim ille quæcumque etiam minima tenuissimè perse-
cutus, qua de gymnasiis, qua de pædagogis, quota diei
hora, quosque ad ludi magistros veniendum esset, quo
etiam vestitu et comitatu incedendum : ac ne illud quidem prætermissum, ut cùm procederent in publico, in-
tra pallium manus continere deberent. His, ut mea opinio et conjectura fert, nequaquàm indiligentiùs majores
nostros illos veteres accuravisse, quæ ad disciplinam
juventutis facerent, existimandum est : nam et illæ in
campo quotidianæ exercitationes hoc declarant, et tempus militiæ præscriptum, et gerendi mutandique vestitus divisa tempora, cùm à prætexta ad togam puram,

simple robe et la robe virile; toutes choses que l'on connaît non par les anciennes lois dont l'écriture a péri, mais qu'on peut lire dans les monuments de leurs annales et de leur histoire. Il est facile d'y voir que la diligente culture des jeunes âmes, comme celle d'un champ nouveau, a fait produire à ces bonnes semences d'éducation ces nombreux fruits de vertus et de bonnes mœurs dont abondait l'ancien temps [1].

Pour nous, nous méprisons ces choses, et nous laissons le soin des enfants à l'entière volonté des parents. Mais combien y en a-t-il qui en soient capables, qui s'appliquent à rendre leurs enfants les meilleurs possible, ou qui, en ayant la volonté,

indè ad togam virilem transitus esset, quæque hujuscemodi multa, non tàm ex antiquis legibus, quarum scriptura interiit, quàm ex annalium monumentis et rerum gestarum historia seligere licet : quibus promptum est cognoscere, ex illis disciplinæ bonæ seminibus, atque illa tanquam novalium agrorum, sic recentium animorum diligente cultura, eas virtutum et morum optimorum fruges fuisse effusas, quibus prisca ætas redundavit. Nos ista contemnimus scilicet, curamque penitùs liberorum parentum permittimus arbitrio. Ast quotusquisque est qui sapiat rectè? et aut liberos studeat effici

---

[1] Il n'est pas absolument vrai que les anciens Grecs aient, en général, réglé par les lois l'éducation des enfants. Aristote lui-même, dans son Éthique, leur en fait un reproche en citant ces paroles d'Homère : Θεμιστεύων παίδων ἢ δ'ἀλόχου. Chacun règne sur sa femme et sur ses enfants. Voyez MONTAIGNE.

connaissent les voies et moyens? N'a-t-il pas fallu que la lumière vînt des lois à l'esprit ignorant de la plupart des hommes, pour qu'ils fussent instruits bon gré, mal gré?

Maintenant, au milieu de ce désordre de la vie et des mœurs, il me vient dans la mémoire un chant usité chez nos ancêtres, après que la gloire des anciens temps fut détruite avec la république et la liberté du peuple romain, chant qui me paraît si bien convenir à notre âge....

PAUL. — Quel est-il?

JACQUES. — « Le temps a rendu nos pères pires » que nos aïeux; nous valons moins que nos pères, » et nos enfants vaudront moins que nous. »

PAUL. — Je me souviens maintenant que c'est dans Horace.

quàm optimos, aut etiam si id velit, noverit tamen modum et viam instituendi? Nonnè ignaris plerumque hominum mentibus lumen à legibus præferri oportuit, quo et volentes docerentur, et cogerentur inviti? Nunc in hac perturbatione vitæ atque morum, mihi venit in mentem canticum illud quod usurpatum olim apud veteres, cùm esset laus jam priscorum temporum unà cum republica et libertate populi Romani profligata, nostra ætate instaurari video.

PAULUS. — Quodnam id est?

JACOBUS. — Ætas parentum pejor avis, tulit nos nequiores, mox daturos progeniem vitiosiorem.

PAULUS. — Jam memini Horatianum.

JACQUES. — Et moi, je pense à la grande obligation imposée par Solon aux pères de faire leur devoir, en soignant leurs enfants selon les prescriptions de la loi. Lorsque, par avarice ou par méchanceté, ils négligeaient de suivre ou violaient ces prescriptions pour l'éducation de leurs enfants, ils encouraient des peines et la sévère justice des tribunaux, devant lesquels chacun pouvait les traduire et les signaler. Le fils était dégagé des obligations dont la loi de la nature et de l'humanité lui fait un devoir envers son père. Il n'était tenu ni de l'honorer, ni de le respecter, ni même de le secourir de son bien, si son père était pauvre ou infirme. En un mot, la loi ne voulait pas sanctionner de son autorité les devoirs de piété et de reconnaissance d'un fils envers celui qui avait manqué aux devoirs d'un bon père.

JACOBUS. — Jam illud maximum vinculum in legibus Solonis, ad continendos patres in officio, atque uti liberorum curam secundum præscriptum legis gererent. Quandoquidèm, si prætermisissent, et vel avaritia vel scelere compulsi violassent sententiam legis in educandis atque instituendis liberis suis, propositæ erant pœnæ, et gravis judicii metus, ad quod eos adduci à quolibet volente, et nomen deferri illius modi patris licebat : legitima quoque illis adempta, quæ naturæ lege quadam atque humanitatis patri debeat filius : nam neque colere illum talem cogebatur, nec revereri, nec sustentare suis opibus egentem aut debilem. Deniquè qui parentis boni officio in filium usus non esset, in eum noluit lex ullum

Elle ne fit qu'une exception aussi convenable qu'humaine : le père étant mort, le fils devait veiller à sa sépulture. Il ne s'agissait plus alors d'un avantage pour son père, mais d'un devoir de piété envers la nature et l'humanité.

Pourquoi tout cela? Pour que vous compreniez, Paul, que les hommes les plus sages ont pensé qu'on devait prendre grand soin de ce premier âge et en régler la conduite, afin qu'il fût, en quelque sorte, le portique de la vie, qu'il indiquât, pour ainsi dire, la forme complète et l'édification des années à venir.

Paul. — Certes, je ne doute pas que ces institutions n'aient été conçues par eux dans un excellent esprit, qu'elles ne soient bonnes en elles-mêmes, et que tout le monde ne doive, ce me semble, en

à filio pietatis et grati animi officium sua auctoritate exstare. Illud unum excepit, sanè quàm humanè, ut defuncto ejusmodi patri, justa tamen filius faceret; cùm in eo non ullum commodum ageretur parentis. Sed illa pietas naturæ, ipsique humanitati debita redderetur. Sed quorsum hæc? Ut intelligas, Paule, magnam hujusce primæ ætatis curam rationemque ducendam esse, à sapientissimis fuisse judicatum : ut quæ vestibulum quodammodo vitæ sit, totamque annorum consequentium quasi formam quandam et ædificationem præferat.

Paulus. — Sanè persuasum mihi habeo optimo hæc ab illis consilio instituta fuisse, quæ et rationem bonam in sese habeant, et egregiam cæteri omnibus utilitatem

retirer un grand profit. Je désire d'autant plus que vous me les expliquiez, et que vous me fassiez considérer comme d'un seul coup d'œil l'enfance et l'adolescence ; car ce ne sera pas seulement avantageux pour moi, mais probablement pour beaucoup d'autres.

Jacques. — Vous augurez bien, Paul. C'est pourquoi nous allons le faire. Et comme les principes de toutes les bonnes choses doivent nous venir de Dieu, prions-le tous deux avec respect de vouloir bien nous être propice, de faire que nos paroles lui soient agréables et utiles à notre prochain.

Paul. — Ainsi soit-il.

Jacques. — Notre système d'éducation se divise en deux parties : l'une concerne les mœurs, l'autre les lettres. Les mœurs doivent tendre à ce que tout

afferre videantur : quò etiam magis cupio explicari mihi ea à te, et sub unum quasi aspectum pueritiam cum adolescentia constitui : non enim mihi hoc soli, sed pluribus fortassè erit emolumento.

Jacobus. — Benè ominaris, Paule, itaque est faciendum : et quoniam omnium rerum bonarum principia à Deo immortali ducenda sunt, ambo eum venerantes obsecremus, ut volens et propitius adsit nobis, sibique grata, et reliquis utilia jubeat à nobis proferri.

Paulus. — Sic agamus.

Jacobus. — Est igitur hujus nostræ præceptionis ratio in duas divisa partes. Altera in moribus pars, altera in litteris tota consistit. Mores pertinent eò ut quodcumque

ce qu'on fait et tout ce qu'on dit ait en soi une certaine modestie, quelque chose de convenable et de bien ordonné, dont la beauté ne charme pas seulement l'esprit des hommes instruits, mais les yeux même des ignorants, et provoque nécessairement l'admiration. Mais tel est le pouvoir naturel des lettres et de ce que nous appelons les beaux-arts, que la principale partie de nous-mêmes, celle qui nous fait véritablement et proprement ce que nous sommes, la nature l'ayant comme grossièrement ébauchée, il lui donne une dignité suprême et une beauté semblable à celle de Dieu.

PAUL. — Certes, les deux parties sont admirables, si l'une fait vraiment que nous soyons semblables à Dieu, et l'autre que nous le paraissions.

fiet diceturve, habeat in sese modestiam quandam, ordinemque agendi aptum et convenientem, in quo splendeat decorum illud, quod non animos modò prudentium, sed imperitorum etiam oculos delectet, moveatque necessariò in admirationem sui. Litterarum verò et artium earum, quas vocamus optimas, ea vis est, eaque natura, ut quod caput in nobis est, atque adeò quod verè et propriè sumus ipsi, id tanquam inchoatum et rude acceptum à natura, ad summam ipsa dignitatem perpoliant exprimantque in eo formam divinæ illi similem.

PAULUS. — Par est præclarum, medius Fidius, mi pater, siquidem altera ex parte facit ut similes Deo simus, ex altera ut videamur.

JACQUES. — Or, vous devez surtout remarquer, retenir et bien comprendre, Paul, que ce corps que voient nos yeux, que cette masse formée d'os, de nerfs, entourée de chairs et qu'une peau couvre, ce n'est pas nous, ni même ce visage, principale image de nous-mêmes, sur lequel nous avons l'habitude d'exprimer nos sentiments intérieurs, et de montrer presque notre âme elle-même; mais ce qui fait que nous savons, que nous pensons, que nous avons la raison et l'intelligence, voilà notre être, à nous autres hommes, voilà ce qui est fait à l'image de Dieu, son créateur. Mais cet être est obscur et languissant par lui-même, à moins que les sciences et les lettres ne l'enflamment de leur lumière.

Nous venons de dire qu'une bonne éducation doit être divisée en deux parties, l'une pour les mœurs,

JACOBUS. —Atqui, Paule, hoc tibi imprimìs et maximè animadvertendum est, hoc penitùs tenendum et comprehendendum, non esse nos quod oculis cernitur hoc corpus, et hanc compactam ex ossibus et nervis molem carnibus contectam, cute vestitam : neque hunc vultum nostri primam imaginem, in quo notare signa interiorum sensuum solemus, atque animum penè ipsum in eo noscere. Sed quo sapimus intùs, et cogitamus, undè omnis est nobis ratio atque consilium, hoc nos homines esse, factum ipsum quidem ad imaginem effectoris sui Dei. Sed obscurum per se et languens, nisi scientiæ et litterarum lumen accendat. Jam quod dicebamus rectam educationem in litteras et in mores distributam esse,

l'autre pour les lettres. Il faut admettre une subdivision, en tant qu'il s'agit des mœurs. Dans les lettres, on passe d'un degré à un degré supérieur par une course continue; les mœurs au contraire sont divisées par la raison et par le temps.

PAUL. — Comment cela?

JACQUES. — Les mœurs ne sont pas d'une seule espèce, et la manière d'en traiter n'est pas une chose simple. Certainement autre chose est, dans les mœurs, ce qui est imprimé en nous par les soins et la raison d'autrui, autre chose ce que nous apprenons nous-mêmes par la pensée et la réflexion.

PAUL. — Pourquoi diviser le temps de ces deux choses? Est-ce que la raison n'est pas une et la même pour toutes les deux?

JACQUES. — L'une de ces deux choses ayant avec

rursùs alia divisione secandum est, quatenùs quidem pertinet ad mores : nam litteræ continenti ferè cursu gradus habent suos, quorum ex alio ad alium transitus fiat : mores divisi nec ratione solum, verùm etiam tempore.

PAULUS. — Quo pacto?

JACOBUS. — Non est eorum unum genus, neque simplex tractatio : aliud enim in moribus profectò est, quod aliena cura et ratione imprimitur in nobis. Aliud quod à domestica mente atque consilio nobis ipsi consciscimus.

PAULUS. — Quid amborum ut divisa tempora sint, nonne una ac eadem est ratio?

JACOBUS. — Quorum alterum cum ratione est, alte-

elle la raison, et l'autre en étant complétement privée, elles ne peuvent donc avoir une seule et même raison.

Paul. — Je désire que cela soit plus clair pour moi.

Jacques. — Je tâcherai de vous le rendre le plus clair possible. Je vais vous faire une comparaison qui sera l'image de mon raisonnement. Dites-moi, avez-vous vu l'Apollon qui est sur le cours, près des jardins du Vatican, l'ornement de la promenade qui est devant lui, et de tout le rond-point de verdure, non loin du Laocoon, deux statues dont, sous le rapport de l'art, tout le monde connaît la beauté et la renommée?

Paul. — Vous voulez parler de cette grande et haute statue dont la face auguste est un peu plus

rum nullam continet rationem, non potest amborum una atque eadem ratio esse.

Paulus. — Cupio mihi hoc fieri planiùs.

Jacobus. — Conabor equidem, quod meliùs ut possim, simile tibi proponam in quo intueri imaginem meæ rationis possis. Dic ergo tu mihi, vidistine Romæ Apollinem illum, qui in xysto positus ad hortos Vaticanos, anteriorem illam ambulationem, et omnem gyrum viridiorum exornat, cui proximum est Laocoontis simulacrum, ea quæ scimus omnes artis præstantia et nobilitate?

Paulus. — Amplum illud signum dicis et procerum, facie augusta hominis plus paulò quàm adolescentis?

celle d'un homme que d'un adolescent? Comme si de son arc il venait de lancer une flèche, il a le bras tendu, et semble regarder s'il a frappé le but qu'il visait. La douceur dans les efforts et les mouvements du corps, la suprême beauté du visage manifestent le génie de l'artiste et la gloire de son œuvre.

JACQUES. — C'est celle-là même.

PAUL. — Je l'ai vue et je l'ai contemplée bien souvent.

JACQUES. — Je suppose que c'est là l'image d'Apollon, fils de Jupiter; que ce marbre rend les traits de son corps et de son visage, sa démarche, ses mouvements; bien plus, le son même de sa voix, de ses paroles, de manière que rien ne lui ressemble davantage; mais qu'il y ait au dedans absence complète d'intelligence et de pensées, je vous le demande,

quod tanquàm sagittam emiserit ex arcu, diducto gestu brachiorum, videtur expectare, an quò intentum fuit telum eò perveniat : in quo lenes illi conatus motusque corporis, atque oris eximia pulchritudo, summam et opificis artem, et operis gloriam demonstrant.

JACOBUS. — Illud ipsum.

PAULUS. — Et vidi sæpenumerò et contemplatus sum.

JACOBUS. — Quæro ergo ex te, si ipse Jovis Apollo filius illa prorsùs facie sit, ab eoque in lapidem omnia descripta sint, oris, et corporis lineamenta, gressus quoque et motus, necnon voces, sonique verborum, ità ut nihil fieri possit similiùs, mentis verò et cogita-

direz-vous qu'il y a dans le dieu Apollon une seule et même raison que dans ce marbre?

Paul. — Je connais le mot, ὁμώνυμον (homonyme). Je pense en même temps à cette ombre légère et sans force, image ressemblante d'Énée, que firent avec un vaporeux nuage non pas tant les mains de Junon, que les vers du plus grand des poëtes.

Jacques. — En vérité, c'est parfait, et cette comparaison convient encore mieux à ce que nous venons de dire. Si je m'en étais souvenu, je n'aurais pas eu besoin de lutter en quelque sorte avec Polyclète, en m'efforçant d'ajouter à la beauté de son art de sculpteur, attendu que ce même Polyclète, avec beaucoup plus de génie, en embellissant par son art et rendant parfaite l'image que nous cherchions, ne produirait qu'une image, c'est-à-dire

tionis nihil omninò intùs sit, dixerisne tu unam eamdemque rationem Apollinis in deo et marmore esse.

Paulus. — Agnosco ὁμώνυμον et simul venit in mentem imaginis illius, quam nube cava tenuem sine viribus umbram in faciem Æneæ finxit, non tàm Juno suis manibus, quàm carmine maximus omnium poeta.

Jacobus. — Optimum isthuc quidem, et ad id quod dicebamus etiam appositiùs : cujus ego in memoriam si rediissem, non habuissem necesse certare cum Polycleto, et tanquàm addere conari quæ ipsius statuariæ arti deessent ornamenta : cùm multò præstantior ille Polycletus simulacrum cujusmodi quærebamus, omnibus absolutum et perfectum artis ornamentis, nobis

qu'elle ne pourrait se mouvoir par son intelligence et sa volonté propre, mais seulement par une certaine imitation. Je pense que vous ne regarderez pas ce simulacre d'Énée comme ayant le même mode et le même genre d'existence que le véritable Énée.

PAUL. — Point du tout. Et maintenant je crois apercevoir quelle est la distance qui sépare ces deux habitudes : l'une nous vient du dehors par la raison d'autrui, manquant de sa raison propre, étant comme l'image inanimée de la véritable, comme son portrait peint sur un tableau; l'autre est engendrée et formée par sa propre raison, qui, agissant avec réflexion, connaissant ses droits, ses devoirs, la contient en elle-même, ce qui n'arrive pas dans la première. Aussi la dernière est la

effinxisset, sed simulacrum duntaxat, hoc est, quod non mente et voluntate sua, sed imitatione quadam solum moveatur : quod ego te arbitror non ejusdem modi neque unius generis cum vero ipso Ænea existimaturum esse.

PAULUS. — Minimè verò existimem : jamque intueri mihi videor, quæ sit utriusque moris distantia, alter enim extrinsecùs inductus est, et aliena ratione impressus, suæ expers rationis, tanquàm inanimatus mos, veri moris simulacrum, et quædam quasi penicillo in aliena tabula ducta similitudo. Alter quem sua et propria ratio gignit formatque, consultò istud agens, gnara muneris sui atque officii eademque continet, quod in priore illo

vérité, la première n'est que l'imitation de la vérité.

Jacques. — Je vois que vous sentez, que vous comprenez la véritable raison de leur différence; car l'imitation d'une habitude, introduite du dehors dans l'esprit d'un enfant ou d'un homme semblable à un enfant qui manquerait d'intelligence et de jugement, n'a pas la force d'un ordre constant, et ne s'appelle pas vertu.

Paul. — C'est mon sentiment.

Jacques. — Bien plus, je vois qu'on a distingué ces deux choses par des noms différents. On appelle discipline cette habitude qui nous vient du dehors, et vertu celle qui est à nous, qui nous est propre.

Paul. — Pourquoi cela?

genere non accidit : ità hoc veritas est, illud veritatis adumbratio.

Jacobus. — Nunc mihi tu sapis, et veram insistis rationem, non enim in puero, neque homine pueri simili, qui sit mentis suæ et consilii inops, illa extrinsecùs inducta moris imitatio, aut certi ordinis vim, aut virtutis proprium nomen habet.

Paulus. — Assentior.

Jacobus. — Quin et vocabulis quoque ac nominibus rem distinctam esse video, quod extraneum illum morem disciplinam vocamus, proprium autem et nostrum, virtutem.

Paulus. — Quid ità?

Jacques. — La discipline consiste à nous accoutumer à l'empire de la vertu d'autrui, la vertu à l'empire de notre propre vertu.

Paul. — Je comprends maintenant. Mais qu'est-il besoin de cette habitude, et pourquoi ne pas regarder la propre raison de l'homme comme capable de le former dans les meilleures mœurs?

Jacques. — Vous touchez à un sujet, Paul, difficile à connaître, surtout pour les jeunes gens, auxquels le temps, l'usage et la connaissance étendue des choses n'ont pas appris quelle est la force de l'habitude, combien elle est invincible. Voilà pourquoi l'exacte et subtile notion de la vertu ne peut convenir à cet âge, quand ceux qui parviennent à l'acquérir, même dans un âge avancé, sont avec justice appelés heureux. Mais il convient de trans-

Jacobus. — Disciplina est assuescere ad alienæ virtutis imperium : virtus, ad suæ.

Paulus. — Jam intelligo. Sed quid tandem isto more opus, ac non sua potiùs ratio ad informandum optimis moribus hominem in unoquoque expectatur?

Jacobus.—Rem jacis, Paule, difficilem cognitu, juvenibus præsertìm, quos nondùm dies, et usus, et rerum multa cognitio edocuit, quanta sit consuetudinis, et quàm propè ineluctabilis vis, quo etiam non convenit, neque potest cadere in ætatem istam exacta illa et subtilis virtutis notio, quam etiam senecta ætate qui consequuntur, beati jure appellantur. Sed vobis pueris vel etiam adolescentibus scientiæ et cognitionis loco persuasio quædam

mettre aux enfants, et même à vous, jeunes gens, au lieu de cette science, de cette connaissance, une certaine persuasion qui vous fait croire et obéir à ceux qui sont vos aînés par l'âge, et que vous savez jouir de l'estime et de la considération publique ; car rien de contraire à la justice et à la vérité ne reste longtemps en honneur parmi les hommes, et ne conserve leur bonne opinion. Quant au secours qu'apporte à la vertu la force de l'habitude, on le voit évidemment même en ce que la partie de la philosophie qui traite de la vertu, ne tire son nom, ni de la prudence (*consilii*), ni de la science (*scientiæ*) ; mais elle est appelée morale, de *more*, habitude. En effet, un corps tendre est moins facile à prendre les formes que la main lui donne en le façonnant, qu'une âme jeune et pure à prendre les habitudes que lui donne l'éducation. Les esprits sont comme

tradenda est, ut credatis et pareatis majoribus natu, quos tamen existimatione hominum probari intelligitis : nihil enim in laude hominum, bonaque opinione versari diù potest, quod abhorreat ab æquo atque vero. Quantùm autem afferat ad virtutem consuetudo, vel ex eo patet, quòd quæ de virtute philosophia pertractat, ea non à consilio, neque à scientia, sed ex more ipso appellata est moralis : non enim magis corpus tenerum in membris manu fingitur, atque componitur, quàm animus purus atque recens in eum discedit morem, in quo instituitur. Quemadmodùm enim in stirpibus, sic in hominum animis, quamdiù molles hi sunt, atque tractabiles, quæ-

les arbres : tant qu'ils sont tendres et maniables, on les plie facilement comme on veut; mais la forme qu'on leur a donnée, ayant durci par l'usage et le temps, devient presque immuable.

Puisque nous tenons de la nature cet inconvénient, que les passions devancent la raison dans notre âme, nous ne devons rien négliger pour les forcer d'obéir à une raison étrangère, jusqu'à ce que nous arrive notre propre raison, à l'empire de laquelle elles se soumettront plus volontiers, comme étant celui de leur légitime souveraine. Car si, pendant son absence, on néglige le soin de les contraindre, et qu'elles aient cherché à revendiquer pour elles l'empire de notre cœur, et à tout gouverner à leur fantaisie, ce sera bien en vain que réclamera la raison, et qu'elle s'efforcera de les combattre.

Quoique vous soyez encore presque un enfant,

vis facilè inducitur forma : quæ si posteà usu et die callum obduxerit, fit propè immutabilis. Cum autem illud incommodè natura paratum esse videatur, ut tantò antè in animis nostris cupiditates rationem anteveniant, omni ope curandum est, ut extraneæ intereà cogantur obedire rationi, dùm sua et domestica adventet ratio, cujus tanquàm legitimæ dominæ imperia libentiùs deindè exequantur : nam si quoad illa abest, nullius cura coercitæ, regnum sibi in animo vindicare conatæ fuerint, et quæ libuerit omnia ad voluntatem gerere, næ frustrà post reclamabit, et adversùs illas nequicquàm contendet ratio. Ac ut tibi, quanquam adhuc penè puero (annum

ayant à peine atteint votre dix-neuvième année, je vais, puisque tel est votre désir, et que la bonté de votre caractère m'y engage, je vais vous découvrir quelque chose de l'œuvre et de la sagesse de la nature dans l'homme.

Voici : l'esprit de l'homme a deux parties dissemblables et presque opposées, la raison et la passion. L'une de ces deux parties, la raison, est clairvoyante par elle-même ; elle a la lumière en partage, et l'œil de l'intelligence pour voir très-clairement, très-distinctement toutes choses. La passion est aveugle et manque complétement de lumière. Or l'une et l'autre ont leurs deux conseillers, l'une pour les persuader, l'autre pour les dissuader. Les conseillers de la raison et de l'intelligence sont l'honneur et la honte ; ceux de la passion, le plaisir et la douleur. Comme tous les quatre vivent en com-

enim modò ætatis undevigesimum attigisti) aliquid tamen aperiam de opere ipso, consilioque naturæ, quandò studium me tuum et ingenii bonitas invitat. Sic habeto, duas in homine esse animi partes, dissimiles natura inter se, et fermè repugnantes : unam rationis, alteram cupiditatis : harum partium ratio perspicax ex sese est, et luminis particeps, mentisque habet oculum cernentem clarissimè atque acutissimè omnia : ex eâ, et luminis penitùs expers est cupiditas. Porrò harum partium utrique consiliarii sui adsunt bini : in suadendo unus, in dissuadendo alter. Rationi quidem ipsi atque menti honestum et turpe : cupiditati, jucundum et molestum.

pagnie et demeurent ensemble sous le même toit, si,
au lieu d'être d'accord et de s'entendre, ils sont
dans le trouble et la discorde, quelles rixes, quels
combats, quels mouvements désordonnés, quels flots
de séditions ne doit-il pas y avoir, lorsque la raison
repousse comme honteux ce que la passion recherche comme agréable, ou bien quand la raison trouve
honorable ce qui déplaît à la passion? Ce sont alors
au dedans de nous clameurs continuelles, tumultes
et batailles. Quelle est donc la véritable manière de
vivre en homme de bien? Certainement c'est que la
passion ne domine pas la raison, et s'accorde avec
elle; qu'elle cimente et construise son plaisir avec
ce qui est honorable pour la raison, et sa peine,
avec ce qui est honteux; chose facile à faire, surtout quand on en a pris l'habitude; car rien ne

Hi cuncti numero quatuor, cùm contubernales sint, et
in unis commorentur ædibus, si non consentiant et con-
gruant inter se, sed sint turbulenti atque discordes,
quas tu ibi rixas atque pugnas, quos perturbationum
motus, quantos fluctus seditionum inesse putas, cùm
aut tanquam turpe repellit ratio, quod sibi jucundum
cupiditas adsciscit : aut cupiditati molestum est, quod
ratio judicat honestum? Clamores intùs assidui scilicet,
tumultus, prælia. Quæ est igitur vera ratio benè vivendi?
Hæc nimirùm, ut sese exæquet cupiditas, et componat
rationi, suumque jucundum cum illius honesto, et cum
turpi molestum coagmentet et construat : quod assues-
cendo maximè, et agendo, commodè fit : nihil enim

peut être si agréable que ce à quoi on est accoutumé.

Vous pouvez facilement vous en faire une idée, Paul, par vos amis et vos camarades, par les lieux où vous avez été élevé, par les études auxquelles vous vous livrez. Si l'on vous en arrachait et qu'on vous forçât à contracter d'autres liaisons, à vous livrer à d'autres études, cette obligation, vous ne l'accepteriez pas sans peine, et, comme elle serait pour vous insolite et inusitée, vous la regarderiez comme odieuse. Au contraire, c'est avec bonheur que vous vous laissez aller aux choses accoutumées.

Telle est la force de l'habitude et de la *déshabitude,* que l'une est une cause de plaisir, l'autre une cause de peine. Puisqu'il en est ainsi, les parents ne doivent rien négliger pour que leurs enfants se forment dès leur bas âge à de bonnes habitudes; car, quoi-

tàm jucundum, quàm illud in quo assueveris, esse potest : hoc tu in tuis sodalibus ac sociis, necnon in eis locis in quibus es alitus, studiisque quæ pertractas facilè per te potes, Paule, existimare, à quibus si quis te avellat convertatque ad familiaritates alias, et ad alia studia, molestè accipias, quod insolitum et inusitatum morem odiosum ducas : ad consuetum verò cum voluptate delabare. Quod tantùm habet consuetudo et inconsuetudo virium, ut altera effectrix jucundi sit, molesti altera. Cùm itaque se sic habeat res, contendendum est omni studio parentibus, ut liberos à teneris rectè doceant assuescere. Quanquam enim mos iste aliena cura

7

que ces bonnes habitudes, imprimées en eux par le soin d'autrui, ne soient pas la vraie vertu, mais une image et une imitation de la vertu, cependant, comme la fable le raconte de la statue de Pygmalion, il arrive qu'avec le temps et par quelque faveur des dieux, cette image peut s'animer de l'esprit et de la vie de la vertu véritable.

PAUL. — Si je ne vous avais pas d'abord interrogé sur un autre sujet, je passerais volontiers tout le jour à vous entendre sur celui-là, tant elles sont belles, les choses que vous dites, tant elles me sont agréables !

JACQUES. — Elles seront pour vous beaucoup plus agréables encore, Paul, lorsque vous les connaîtrez par l'expérience, lorsque les choses que vous concevez maintenant par l'ouïe et la pensée, vous en aurez la perception par l'usage et l'intelligence : ce dont

impressus, non vera virtus est, sed simulacrum imitatioque virtutis : tamen, quemadmodùm de Pygmalionis muliebri statua in fabulis traditum est, processu temporis evenit, ut deorum aliquo beneficio, in spiritum et vitam veræ virtutis transeat.

PAULUS. — Ni te à primo aliud percontatus essem, libenter paterer te hunc diem totum in his sermonibus ponere : ità cùm perpulchra sunt ista quæ narras, tùm mihi quidem vehementer jucunda.

JACOBUS. — Atqui jucundiora multò tibi erunt, Paule, cùm reipsa experieris ità esse, et quæ nunc auribus et cogitatione tua concipis, etiam usu intelligentiaque per-

votre esprit est plus rapproché que votre âge ; car la nature vous a fait propre à l'étude de la vertu ; la sollicitude de votre père y a encore ajouté, ensuite la nôtre. Les fondements de votre adolescence étant donc jetés d'une manière si remarquable, vous avez à répondre par l'étude, la diligence et toute vertu à notre espérance, à notre labeur et à l'attente des autres, qui a été grandement excitée à votre endroit.

Paul. — J'en brûle de désir, ô mon père, y étant porté et par ma propre volonté, et surtout par vos exhortations et vos conseils. Mon ardeur en est encore quelque peu plus vive depuis que vous m'avez initié à la connaissance de la langue grecque et à l'étude de la philosophie, choses dans lesquelles on ne pourrait dire combien mon esprit trouve de plaisir.

cipies, à quibus tamen ingenium tuum jàm propiùs abest, quàm ætas : finxit enim te natura ad studia virtutis aptum. Cura etiam accessit patris tui primùm, deindè nostra. Proindè jactis præclarè adolescentiæ tuæ fundamentis, tua reliqua est contentio, ut spei laborique nostro, aliorum quoque expectationi, quæ multa de te excitata est, studio et diligentia et omni virtute respondeas.

Paulus. — Incensus amore sum, mi pater, cùm sponte mea, tùm tuis imprimìs monitis et hortationibus incitatus, ac magis etiam aliquantùm, postquàm sum à te in græcæ linguæ cognitionem, et philosophiæ studio inductus, ex quibus quidem dici non potest, quot et quantæ ad animum meum perveniant voluptates.

JACQUES. — Allons! il n'est pas difficile de bien élever de telles âmes ; mais, comme si tout le monde avait de pareilles dispositions, entreprenons l'éducation de l'enfance d'abord, ensuite celle de l'adolescence.

PAUL. — Hé quoi! si les autres y apportent un naturel moins facile et moins bien disposé?

JACQUES. — Vous vous rappelez, je pense, ce que votre poëte favori a dit du travail ?

PAUL. — Vous voulez sans doute parler du passage où il affirme qu'un travail opiniâtre vient à bout de tout?

JACQUES. — Je le dis aussi, et j'ajoute, d'après un proverbe bien connu, que l'habitude devient une seconde nature.

JACOBUS. — Macte virtute, tales enim animos haud est difficile rectè instituere, tanquàm autem si omnes cæteri eodem animo sint, sic nos ad educationem pueritiæ priùs, ac deinceps adolescentiæ aggrediamur.

PAULUS. — Quid si non sint eodem, pater, et naturam difficilem minùsque aptam afferant?

JACOBUS. — Meministi, opinor, quod à tuo poëta de labore est dictum?

PAULUS. — Quò ille labore improbo vinci omnia affirmat, id fortasse dicis?

JACOBUS. — Dico enim verò ; verum et illud quoque quod in communi proverbio fertur, usum fieri alteram naturam.

Paul. — En effet, c'est ce qu'on dit, et c'est encore mieux.

Jacques. — Pourtant retenez ceci : quoique avec du travail et des soins on puisse, à la vérité, vaincre la résistance du caractère le moins facile, au point qu'un individu, quel qu'il soit, s'il est soumis à une bonne discipline, devienne moins dangereux, et ne soit noté d'infamie pour rien d'extraordinaire; personne ne peut acquérir la beauté, l'ornement d'une rare vertu, s'il n'en a reçu les principes de la nature, s'il n'en a en lui comme les semences naturelles. Puisqu'il en est ainsi, et que nous devons souhaiter à l'enfant dans lequel domine le pouvoir de la nature et non le nôtre, un bon caractère, qui nous empêche de désirer qu'il l'ait excellent? Il faut en dire de même de la naissance, de la

Paulus. — Fertur quidem, atque imprimis.

Jacobus. — Verumtamen sic habeto, si natura minùs idonea sit, posse quidem evinci labore atque industria, ut is quicumque ille fuerit, sub disciplinam bonam datus, minùs incommodus evadat, nulla insigni re ad turpitudinem notatus : præclaram autem illam speciem decusque eximiæ virtutis, nemo potest omninò sine initiis naturæ, et naturalibus quasi seminibus acquirere. Quæ cùm ità sint, nobisque id optandum sit in puero, in quo naturæ est potestas, non nostra, ingenium bonum videlicet, quid obstat ut non id optemus quod sit commodissimum, quod item de genere, et fortuna, et conditione ejus quem instituri sumus est dicendum,

fortune et de la condition de celui que nous devons élever : qu'il ait une naissance distinguée, des parents honnêtes, une famille riche ; qu'il soit né d'un légitime mariage, non parce que le chemin de la vertu est interdit à ceux qui sont privés de tous ces avantages, mais parce qu'il est plus libre, plus facile pour ceux qui partent de ces principes. Aussi un poëte grec dit-il sagement que, si la base de la naissance est mal établie, la lignée est déshonorée. En effet, ce qu'il y a dans notre âme d'élevé, de fier et de libre se contracte et s'abaisse, lorsqu'il est noté d'infamie dans les auteurs mêmes de notre naissance.

Donc l'enfant étant né, car tant qu'il est dans le sein de la mère, quoiqu'il puisse être donné d'utiles conseils sur les exercices qu'elle doit faire, sur le

---

ut sit honesto genere, bonis parentibus, locuplete familia, legitimo conjugio procreatus : non quòd cæteris, quibus cuncta ista non adsunt, sit interdicta ad virtutem via : sed quoniam his certè qui à talibus principiis proficiscuntur, magis expedita sit et planior. Prudenter enim græcus poëta, cùm crepido generis non benè statuta sit, fermè progeniem inhonoratam prædicat sequi : et reverà illud altum et fidens et liberum in animo, contrahat sese et minùs audeat necesse est, cùm est generis sui probris in parentibus ipsis notatum. Nato igitur puero, nam quoad materna alvo continetur infans, etsi quædam de exercitatione corporum, ac de quotidiani victus disciplina matribus præcipi non inutilia possunt,

régime alimentaire qu'elle doit suivre; cependant, comme la grossesse n'est pas la même pour toutes les femmes, que les unes sont plus faibles que d'autres, c'est à la nature qu'il faut laisser le soin de ce temps, plutôt qu'au père; donc l'enfant étant né, le père doit veiller à ce qu'il soit allaité par la mère, tant à cause des liens du sang, que de la vive affection qui en est le résultat; car plus elle souffre en commençant, plus, quand la chose est faite, elle l'aime. Mais si, par quelque accident, on a besoin d'une nourrice, il faut n'en prendre qu'une, qui soit de mœurs chastes et prévoyante par caractère. Car de même que nous voyons non-seulement notre corps, mais encore notre esprit subir l'influence de la nourriture que nous prenons chaque jour, de même le lait puisé à un corps que gouverne un

tamen quoniam ventrem non omnes æqualiter ferunt, suntque aliæ aliis magis imbecilles, naturæ illius temporis sit cura potiùs, quàm patris. Natum quidem infantem curare protinùs debet pater, ut uberibus mater præcipuè suis alat, et propter cognationem sanguinis, et quòd ea res non mediocre vinculum adjungit amori : in quo enim plùs laboratur, id cùm perfectum fuerit, plùs etiam diligitur. Verùm si aliquo casu nutrix fuerit adhibenda, deligere oportet unam quæ sit moribus casta, ingenio providens : ut enim affici animum etiam nostrum, non corpus solum, eis cibis cernimus, quæ à nobis quotidiè sumuntur; sic lac ex eo corpore haustum, quod temperato regitur animo, animi ipsas illas

esprit modéré, apporte dans le naturel de l'enfant
les qualités mêmes de cet esprit. Mais il faut prendre
garde que, dans sa conduite envers l'enfant, la
nourrice ne soit ni trop sévère ni trop complaisante;
car l'habitude qui provient d'un usage non-seulement de chaque jour, mais encore presque de chaque heure, de chaque instant, s'insinue dans le
naturel de l'enfant, au point d'abattre son âme ef-
frayée par la sévérité, et de lui faire contracter une
timidité servile; ou bien, s'il est corrompu par trop
de complaisance, de l'empêcher d'avoir dans la suite
la moindre consistance dans la volonté.

Mais comme, dès le commencement même de la
vie, nous sommes tous nés pour les pleurs et les
vagissements, la nature nous présageant en quelque
sorte le sort de la condition humaine qui est pleine

qualitates in infantis naturam non minimùm defert. Pro-
videre autem oportet, ne aut asperior in puero tractando
nutrix sit, neve rursùs quàm fuerit æquum, blandior.
Obrepit enim mos ex illo usu non quotidiano solùm,
sed singularum penè horarum et punctorum etiam temporis, in naturam pueri, ut vel asperitate perterritus
demittat animum, atque illiberalem quandam timiditatem contrahat : vel si blandimentis nimiis fuerit corruptus, non queat deindè diutiùs in una voluntate consi-
stere. Sed cùm omnes ipso initio vitæ protinùs nati ad
fletum et vagitum simus quasi præsagiente natura fortunam humanæ conditionis, quæ miseriarum plena est,
non dubium est per oculos et aures infantium, tanquàm

de misères, il n'y a pas de doute que, par les yeux
et les oreilles qui ignorent, pour ainsi dire, toutes
choses, et ne sont habitués absolument à rien, il
n'arrive à l'esprit de l'enfant, même pendant le
sommeil, des sensations qui l'agitent et l'épouvan-
tent; parce que, comme nous l'avons dit, tout ce
qui n'est pas dans nos habitudes nous est presque
toujours désagréable. De là leurs pleurs continuels.
Le remède à cela, c'est que les nourrices les portent,
les promènent, leur chantent et les habituent aux
visages et aux paroles des personnes de la maison.
La promenade principalement est sous tous les rapports salutaire. Elle fortifie le corps de l'enfant, dé-
livre son esprit de ces spectres qui l'effrayent; car le
mouvement externe dissipe les émotions intérieures,
amortit l'impulsion des sens. C'est pour cette raison
qu'on inventa le berceau, la nature indiquant en

rudes rerum omnium, et penitùs insuetos, sensiones
adlabi ad animum etiam in somnis, quæ eum concu-
tiant et terreant : quod, ut jam diximus, omne inusitatum fermè molestum accidit, atque indè illis assidui
fletus excitentur : cui rei remedio est assidua vectatio,
et nutricum cantus, atque ut in vultibus et in affatibus
familiarium infans assuescat. Ac vectatio quidem maximè
in omnem partem est salubris : nam et confirmat corpus, et animum illis terriculamentis liberat : motu enim
externo interiorem illum motum, umbratilemque vin-
cente ac dissipante, sensionum impulsiones illæ hebe-
tantur : ob eamque causam et cunæ repertæ sunt, quasi

quelque sorte elle-même ce qu'il convenait de faire, et qu'on prît l'habitude de porter les enfants dans les bras. Il faut donc avoir soin, autant que cela se peut, que les femmes qui nourrissent les enfants, les fassent, pour ainsi dire, naviguer sans cesse. D'un autre côté, telle est la force du chant, que non-seulement elle apaise les esprits troublés, mais souvent encore la fureur, comme le prouve l'exemple des Corybantes.

Lorsque l'âge sera venu où l'enfant commence déjà à comprendre les paroles, et à écouter plus attentivement la conversation de ceux qui parlent près de lui, le père devra surtout alors prendre garde, et faire observer dans sa famille que rien de honteux ou d'impie envers la Divinité n'arrive aux oreilles de l'enfant, et qu'aucun geste indécent ne frappe ses regards. Ce soin regarde aussi principalement

natura ipsa commonstrante quid conveniat agi, et gestatio in ulnis puerorum assidua. Quarè danda opera est, quoad ejus fieri potest, ut quæ pueros fœminæ alunt, habitent tanquàm semper navigantes. Cantus verò eam vim habet, ut non modò turbatos sedet animos, sed sæpè etiam furentes, sicut in Corybantibus fit manifestum. Jàm cùm ad id ætatis fuerit ventum, ut puer concipere jàm verba, et auscultare attentiùs loquentium sermones incipiat, tunc maximè patrem attendere oportet, et circumspicere familiæ disciplinam, ne quod turpe verbum, aut impium erga Deum ad aures pueri allabatur, neve quis gestus obscenior in oculos incurrat. Ac matris tùm

la mère; car l'enfant se colle sans cesse à son sein et à son visage, et c'est d'elle qu'il apprend à marcher et à parler. C'est pourquoi elle devra elle-même le conduire et le porter aux églises, aux divines cérémonies, à ses entretiens, à ses entrevues avec les dames de sa famille, afin que l'enfant apprenne à connaître et à aimer ses parents et ses alliés, et qu'il puisse les distinguer non-seulement à leurs visages, mais même à leurs noms. Et cependant elle ne doit l'introduire dans aucune maison où ne règne pas une chaste et grave discipline; car de même que l'air est sain qui vient des lieux salubres de toutes parts, de même des mœurs, sous tous les rapports, intègres et saintes, devra s'insinuer dans l'esprit de l'enfant le souffle d'une bonne discipline.

Cependant les années avancent, l'enfant devient

quidem etiam præcipua est curatio, illi enim in sinu, atque in vultu præcipuè hæret infans, ingredique ab eâ et fari discit. Quapropter ductare eum ipsa, ac gestare debet, ad templa, ad res divinas, ad familiarium matronarum colloquia atque conspectus, ut cognatos affinesque diligere jàm puer, et eos discernere, atque distinguere non de facie solùm, sed ipsis nominibus queat : nec eum tamen ullam in domum introduxerit, in qua non casta, et gravis sit disciplina, undiquè enim tanquàm à locis circumcircà salubribus salutares auræ, sic ab integris et sanctis ex omni parte moribus, afflatu bonæ disciplinæ in animum pueri influendus est. Procedunt anni, fitque in dies puer et animo et corpore vege-

de jour en jour assez vigoureux d'esprit et de corps
pour qu'on puisse jeter en lui quelque semence,
comme dans un champ propre à la recevoir. Il n'y
en a pas de préférable, de plus belle, qui pro-
duise des fruits plus abondants et plus utiles pour
le bonheur de la vie, que d'introduire dans les sentiments intimes de son âme le nom et la pensée
d'un Dieu tout-puissant, pour qu'il commence à
l'aimer et à le vénérer, en entendant dire chaque
jour que par lui toutes choses lui arrivent et lui sont
données : ce qui est un devoir commun au père et
à la mère. En les voyant eux-mêmes l'adorer et le
remercier de ses bienfaits, implorer son secours et
sa protection, avec un visage et une posture de sup-
pliants, dans les choses fâcheuses qui leur arrivent, il
concevra que Dieu est un être beaucoup plus grand,
par sa puissance et par sa nature, que les hommes

tior, ut tanquàm idoneo in solo jàm seri aliquid possit :
nullumque semen est aut priùs aut præstantiùs, nec quòd
uberiores ex sese fruges, aut utiliores ad beatam vitam
efferat, quàm injicere illi in intimos animi sensus et nomen et cogitationem præpotentis Dei : ut eum incipiat
et amare, et revereri, à quo sibi omnia dari atque do-
nari quotidiè audiat, quod commune jàm est utriusque
parentis officium : quem enim ipsos viderit adorantes,
et cui agentes pro benefactis gratias, ejusque opem atque auxilium in rebus dubiis implorantes supplici vultu
atque gestu, de eo jàm ipse eam opinionem concipiet
tanquàm quiddam sit, hominum, quos ipse novit, et

qu'il connaît. Il le concevra surtout si, quand il désirera quelque chose qu'il demandera avec importunité, comme c'est l'ordinaire, par exemple, une bulle, une robe prétexte, ou tout autre objet semblable concernant le vêtement qui indique la condition et la noblesse de la famille, si toutes les fois qu'on le lui donnera, on lui inculque dans l'esprit que ce présent lui vient de Dieu ; afin que, dès le principe, il apprenne à aimer Celui qu'il est nécessaire aussi de craindre, non d'une crainte servile, car celle-là n'est ni agréable à Dieu ni profitable à l'innocence et à la véritable vertu ; mais de cette crainte si intimement unie à l'amour, qu'on ne puisse l'en séparer, et dont il est si divinement dit dans les saintes Écritures : « La crainte du Seigneur est le commencement de toute sagesse. » Et vérita-

potestate et natura multò majus : præsertim si, ut fit, cùm quid puer appetiverit quod sibi flagitet dari, aut bullam, aut prætextam, aut quippiam simile, quod ad ingenuitatis et familiaris nobilitatis pertineat cultum, quotienscumquè dabitur, totiens Dei illud esse donum atque munus puero inculcetur, ut de principio amare condiscat, quem necesse est etiam timere, non timore illo servili, is enim neque gratus Deo esse potest, neque ad innocentiam, veramque virtutem quicquam proficit. Sed ipso eo, qui cum amore ità conjunctus est, ut nequeat avelli : de quo divinitùs scriptum est in sacris Litteris : Timorem Domini omnis sapientiæ initium esse. Et verè cujus in animo insederit iste Dei sive amor, seu

blement celui dont le cœur est occupé par l'amour
de Dieu, ou bien par la crainte de Dieu, puisque
nous disons que l'un et l'autre sont unis et mêlés
ensemble, on ne doit jamais avoir peur que celui-
là, quel qu'il soit, se livre entièrement à de mauvaises habitudes. On doit principalement s'efforcer
que cette bonne racine, qui doit fructifier pour
le bonheur de la vie, se développe le plus tôt et le
plus solidement possible dans l'âme de l'enfant,
tant que la place est vide, et que sa jeune et neuve
intelligence n'est pas occupée par des pensées étrangères, ou même contraires. Lorsque ces semences y
ont été tout d'abord largement répandues, elles s'y
enracinent solidement, et ne sont pas encore forcées
de se resserrer par une forêt d'autres plantes.

Telle est, à la vérité, la nature humaine, qu'on
ne peut l'empêcher d'errer et de tomber quelquefois;

timor, quandò utrumque in utroque mixtum et copula-
tum esse dicimus, de eo nunquàm extimescendum est,
quòd ad malas vitæ rationes, quisquis ille est, penitùs
se dedat : quòd in puero potissimùm conandum est, ut
hæc bona radix ad beatam vitam fruticans, in ejus animo
quàm maturissimè, et quàm solidissimè pangatur, dùm
vacuus locus est, neque alienis aut etiam contrariis
animi conceptionibus propter novitatem naturæ, atque
ortus, mens etiam nunc occupata : cùmque primò et
spatiosè deposita sunt semina firmiter comprehendunt,
nec stirpium adhuc multarum sylva in angustum cogun-
tur. Atque humana quidem ejusmodi sunt, ut errare et

cependant, si cette piété envers Dieu, si cette religion sainte a grandi comme un arbre dans le cœur de l'homme, de même qu'il arrive que, dans les lieux ombragés, la mauvaise herbe naît peut-être et parfois grandit, mais ne mûrit certainement pas, et porte difficilement du fruit, de même tous les vices qui seraient capitaux finiront par périr à cette ombre, en quelque sorte, de la religion.

On devra donc avoir soin d'abord, et avant toute chose, que ce que nous venons de dire de Dieu et de la religion envers Dieu, l'enfant le comprenne comme ne devant concerner rien moins que la vie entière; car certainement toute vertu, toute dignité, toute espérance d'une vie douce et heureuse reposent principalement sur notre unique désir de ne jamais cesser d'aimer et de craindre Dieu.

labi quandòque sit necesse : verumtamen si ista pietatis erga Deum puræque religionis tanquàm arbos intùs adoleverit, sicut inutiles herbas umbrosis in locis nasci fortassè et virere contingit aliquandiù, maturescere quidem certè, et frugem ferre commodè non contingit : sic omnia vitia quæ capitalia fuerint, hac demùm religionis velut umbra necabuntur. Atque hoc quod de Deo, et de religione in Deum dictum à nobis hoc loco est, sic primùm est in puero et antè omnia curandum, ut nihilominùs intelligatur in omnem id vitam pertinere debere : omnis enim profectò virtus, omnis dignitas, omnis vitæ jucundæ ac beatæ spes, in hoc uno studio præcipuè posita est, ut Deum et amare et vereri non desinamus.

Vient ensuite un autre soin pour cultiver cette âme enfantine, à la vérité, postérieur à celui dont nous venons de parler, mais devant de beaucoup précéder tous les autres : c'est que le père qui désire que l'éducation fasse de son fils un homme de bien par excellence, doit se montrer à lui tel qu'il veut que son fils devienne. Il n'y a pas de discipline supérieure à celle-là. Ce n'est pas à dire pour cela qu'on doive négliger d'ajouter chaque jour à l'éducation des enfants beaucoup de choses qui font l'ornement de la vie, et que le père ignore peut-être ; comme, par exemple, l'étude et la connaissance des lettres, et de ce que nous appelons les beaux-arts ; la science du droit civil et pontifical, et, à l'occasion, les exercices des armes et de la guerre ; car il peut arriver que le père, par la faute

Sequitur altera puerilis animi cultio, posterior ea quidem illa quam modò diximus, sed cæteris longè antecedentior, ut pater qui filium suum alere atque educere ad laudem excellentis viri cupiat, talem illi sese ostendat ipse, qualem eum effici vult : non enim ulla hac esse potest præstantior disciplina. Neque hoc eò dico, quò non multa sint quotidiè vitæ ornamenta adaugenda in pueris, quæ in patre fortassè non sunt : ut litterarum, verbi causa, atque artium illarum quæ optimæ nominantur studium atque cognitio, aut juris civilis, pontificiive scientia, belli quoque et militiæ ; si id ità contingat, exercitatio atque usus, fieri enim potest ut pater horum omnium expers parentum suorum culpa, vel

de ses parents, ou même de la fortune, n'ait pas toutes ces connaissances, qui doivent pourtant être données à son fils. Or la nature a mis, pour l'ordinaire, dans le cœur de tous les parents le désir de rendre leurs enfants meilleurs et plus distingués qu'ils ne sont eux-mêmes; ce qui provient de cet amour naturel qu'on a non pas tant pour un fils que pour soi-même, à cause du besoin intime et inné que nous sentons de prolonger notre vie, besoin qui nous entraîne au désir de l'immortalité. En effet, il semble à un père qu'il vit dans son fils, et qu'il se transmet lui-même dans sa propre image.

Mais quoique nous laissions en partie de côté les choses qu'il n'est pas encore temps d'exposer davantage, cependant elles ont toutes pour base l'habitude du bien et de la justice, et une discipline constante et grave dans la maison, ce dont nous

etiam fortunæ existat ipse, quæ tamen in filio procuranda sunt : commune enim est et à natura inditum, in omnium animis parentum desiderium, ut filios relinquant meliores et clariores se, quod evenit amore quodam naturali, neque magis filii, quàm sui ipsius in uno quoque, propter insitum et innatum studium perpetuandæ vitæ, quo ad cupiditatem rapimur immortalitatis : pater enim in filio ipse vivere, et transferre semetipsum in suam imaginem sibi videtur. Sed ut aliqua in parte desint, ad quæ non ampliùs jam illa est ætas, fundamentum tamen omnium in ipso est, bonus rectusque mos videlicet, et constans ac gravis domi disciplina, de

devons sommairement parler. Et c'est ici le lieu d'en faire la matière d'un discours suivi, puisque, d'après l'ordre que nous venons d'adopter, nous devons traiter en second lieu de ce qui regarde les lettres et les autres connaissances libérales.

PAUL. — En vérité, c'est juste; car il sera facile de revenir aux premières années de l'enfance s'il en est besoin. Quant à moi, j'aime beaucoup cette peinture de la vertu des parents, et celle de la vertu des enfants qui en est comme le portrait, soit parce que la chose est par elle-même belle et digne d'attention, soit parce que ceux dont j'ai reçu l'éducation et la naissance m'en ont fait faire en grande partie l'expérience en moi-même.

JACQUES. — Que ce soit donc là la première loi que suivront les parents à l'égard des enfants aux-

qua summatìm nobis dicendum est, et hic locus totus continenti oratione breviter comprehendendus : quandoquidem quæ ad litteras et ingenuas disciplinas attinent ordine paulò antè proposito, in secundum locum dicendi rejecta sunt.

PAULUS. — Et rectè quidem, non enim difficile posteà fuerit reverti ad annos et pueritiæ primordia, si sic fuerit opus : et ego nunc quidem hac parentum virtutis, et quasi quadam in filiis delineatione valdè delector. Sive quod est egregia et digna animadversione ista res, sive quòd horum maximam partem ego quoque in memet à vobis, qui me aluistis, ac produxistis, expertus sum.

JACOBUS. — Sit igitur hæc prima parentibus proposita

quels ils veulent faire produire les plus excellents
fruits de vertu : qu'ils se montrent aux enfants tels
qu'ils désirent que les enfants deviennent. Et ce
précepte que nous donnons là n'est pas encore si
facile à suivre, parce que celui qui en a la volonté
doit connaître et tenir dans les choses un juste milieu, dont l'usage a toujours été très-difficile, mais
le résultat excellent. Que si un père n'est pas suffisamment propre à diriger lui-même son fils, et qu'il
désire cependant en faire un homme distingué, qu'il
cherche un maître plus capable que lui pour lui
confier son éducation; car il vaut mieux que son fils
soit bien élevé par les habitudes qui lui viennent du
dehors, que dégénéré par celles de la maison. Nous
n'avons pas seulement lu, mais encore vérifié que
de très-grands hommes en ont agi de la sorte; à

lex erga eos liberos, quos ipsi volunt ad virtutis optimam frugem producere, ut quales eos effici student,
tales ipsi eis videantur. Neque hoc tamen quod præci-
pitur à nobis facile factu admodùm est : quod ei qui
velit assequi, noscenda et tenenda est in rebus mediocritas : cujus usus difficillimus, fructus præclarissimus
semper fuit. Verùm si quis fortè fuerit pater, qui minùs
ipse regendo filio idoneus, illum tamen cupiat in virum
magnum adolescere, requirat magistrum aptiorem, cujus
in disciplinam filium suum committat : satiùs est enim
externis moribus probum, quàm domesticis degenerem
filium educari. Et hoc tamen factitatum sæpè à summis
viris non legimus solùm, sed perspeximus ipsi : nisi fortè

8.

moins qu'on ne trouve répréhensible la sagesse de
Philippe, roi de Macédoine, qui, ayant conçu du
caractère de son fils Alexandre l'espoir d'une très-
grande vertu que ses actions confirmèrent, en confia
l'éducation, dès son enfance, au célèbre philosophe
Aristote.

Mais supposons un père capable d'élever et d'instruire son fils, parce qu'il arrive souvent, par une
certaine ardeur de la volonté, que, n'ayant même
pas assez réfléchi à la gravité, à la modération qui
conviennent à ce genre de vie, un père se livre tout
entier à l'éducation de son fils. Il doit donc, comme
nous l'avons dit, observer ce juste milieu, hors duquel rien ne peut avoir la *forme* de la beauté, ou
bien, dans la pratique, être véritablement agréable.
Quoique la philosophie donne seule la pleine et en-

Philippi regis Macedonum consilium reprehendendum
est, qui cùm Alexandrum filium haberet ea spe atque
indole maximæ virtutis, quam res deindè ab illo gestæ
comprobaverunt. Tradidit eum puero summo philosophorum Aristoteli instituendum. Sed nos quidem sic
nunc ponamus, tanquàm parens ipse ad puerum instituendum atque erudiendum aptus sit, quod et sæpè
animi ardore quodam efficitur, ut etiam si anteà minùs
cogitaverit quæ ad ejusmodi vitam moderatam atque
gravem pertineant, amore filii incensus in eam curam
totum se conferat. Adhibenda igitur, ut diximus, est
mediocritas, sine qua nihil vel specie præclarum, vel
usu jucundum verè esse potest · cujus etsi integram

tière connaissance de cette vertu, cependant lorsque, doué d'une bonne nature et d'un bon esprit, on s'est efforcé d'en acquérir la gloire, même sans la philosophie, on peut graver en soi les nobles traits de cette modération, souveraine maîtresse de toutes les vertus. Que le père soit de ce genre d'hommes, modéré par caractère, brûlant d'amour pour la vertu et pour l'honneur, afin qu'il cherche à s'insinuer tout entier, par les yeux et les oreilles de son enfant, dans son esprit et dans son cœur. En effet, aussitôt que l'enfant commence à pouvoir penser, il jette les yeux sur le père de famille, et il examine avec trop d'attention ce qu'il dit et ce qu'il fait pour qu'il ne faille pas grandement prendre garde de corrompre, par quelque défaut venant de nous, celui que nous désirons façonner et former à toute

plenamque notionem sola philosophia præbet, attamen qui natura bona præditi, atque ingenio bono, laudem sibi adipisci ex virtute contenderunt, etiam absque philosophia aliquam aliquandò in se imaginem hujus omnium virtutem dominæ mediocritatis haud ignobilem expressere. Hoc ex genere hominum sit pater : natura moderatus, virtutis ac dignitatis studio præcipuè flagrans, qui se totum in animum ingeniumque pueri per oculos et aures illius infundere studeat. Statim enim conjicit oculos puer in patremfamiliæ, ut primùm valere cogitatione incipit : attentiùsque omnia illius dicta et facta intuetur, ut magnoperè sit providendum, ne quem fingere ipsi atque formare ad omne virtutis decus cupi-

la beauté de la vertu. Et parce que le sens de la vue précède celui de l'ouïe, qu'il use le premier de la force que la nature lui a donnée, le père doit se présenter aux yeux de l'enfant sous les apparences d'un homme grave, dans les vêtements, dans tous les mouvements du corps et de l'âme, ainsi que dans tout ce qui se fait chaque jour dans la maison. Il doit avoir l'habitude de s'habiller comme d'ordinaire fait le peuple, de manière à ne se montrer ni trop recherché dans sa mise, ce qui est d'un homme léger, ni négligé ou sordide, ce qu'on attribue quelquefois à un manque de soin, et le plus souvent à l'avarice.

Quant aux émotions et aux emportements qui proviennent de la colère, de quelque chagrin, de l'amour, de la haine, de l'espérance, d'un plaisir

mus, aliquo ex nobis eum de honestamento potiùs inficiamus. Quoniàm verò sensus oculorum sensum audiendi anteit, priorque adhibet vim sibi à natura traditam, ponenda primùm ante oculos filii species in patre est gravis viri, quæ in amictu, et omni motu corporis animique consistit, inque his rebus omnibus quæ domi geruntur quotidiè, in quibus pater servare vestitus consuetudinem eam debet, qua populus maximè utitur, ità uti neque nimis vestimentis lautus, quod levitatis : neque rursùs plebeius sit, aut sordidus, quod aliquando negligentiæ, sæpiùs autem adscribitur avaritiæ : motus verò animi sui atque impetus, qui ab iracundiâ, ab aliquâ molestiâ, ab amore, ab odio, à spe, ab inopinato gaudio,

soudain, de la crainte de quelque mal, de quelque
calamité, des nouvelles inattendues d'événements
malheureux, de toutes les sensations qui ébranlent
notre âme par des impulsions intérieures et s'effor-
cent de la faire sortir de son assiette, qu'il les sup-
porte et les gouverne de manière à montrer à l'enfant
qui le regarde que ces émotions, quoique excitées
et rapides, sont néanmoins soumises à l'empire de
la raison, et n'osent sortir de son âme qu'alors seulement et tout autant que la raison le commande.
Il n'est rien dans la nature de plus divin qu'un semblable spectacle. Quoi de si admirable, en effet,
de si magnifique, de si éminent en beauté et en
dignité, que de contempler la vertu d'une âme maîtresse de ses mouvements et de ses passions, et les
dirigeant selon la règle de la raison ? Si dès le prin-

ab alicujus mali et calamitatis metu, à subitis tristium
rerum nunciis, à cæteris cujusque modi affectibus, in-
testinisque pulsionibus feriunt animos et quatiunt, et de
statu eos demovere conantur, ità sustentet et regat, ut
appareat intuenti, motus illos animi quamvis incitatos
et celeres, expectare tamen et morari rationis imperium :
nec excurrere audere, nisi cùm, et quoad illa præsti-
terit : quo spectaculo quidem nihil cerni in rerum natura potest diviniùs. Quid enim oculis hominum tàm
præclarum, tàmque magnificum, atque in omni pulchri-
tudinis dignitate tàm eminens accidere potest, quàm
virtutem animi intueri moderantis motus, et cupiditates
suas, easque ad rationis normam aptè dirigentis : qua

cipe l'enfant s'est façonné à cette habitude dans son père, certainement il aura dans son cœur la semence de la plus belle des vertus.

Mais une certaine gravité dans la démarche et dans les gestes accompagne cette modestie et cette modération de l'âme. Ce n'est ni lourdeur ni nonchalance, car ce serait alors le produit de la négligence et de la paresse, ou plutôt parfois de la stupidité et de la sottise; mais elle concorde avec cette gravité intérieure de l'âme qui lui lâche ou retient les mêmes rênes qu'à elle-même, de manière que, lorsque arrive parfois le besoin d'agir plus vivement et de faire de plus vigoureux efforts, il semble que la nature ne nous interdit ni la promptitude dans les mouvements des mains, des pieds, du visage, ni la vivacité de la voix, mais que tout cela

consuetudine si à primo imbutus puer in parente ipso fuerit, næ ille egregiam sementem in animo conceperit futuræ in se præstantissimæ virtutis. Sed hanc modestiam et temperationem animi sequitur corporis in omni motu ac gestu quædam quasi tarditas : non ponderis illa neque lentitudinis, id enim plerùmque ignaviæ, et desidiæ potiùs est, aut etiam stultitiæ interdùm, et stoliditatis. Sed quæ se ad illam interiorem gravitatem incommodet, eisdemque et adstringatur habenis, et laxetur, quibus regitur animus, ut cùm eveniat interdùm ut acriùs aliquid agendum contendendumque sit, manuum, pedumque celeritas, et vultûs vocisque acrimonia, non interdicta nobis à natura, sed ab ratione

a été réservé intérieurement par la raison et la réflexion pour des usages nécessaires. Cette faculté,
l'ornement de la vie elle-même, qui la décore et
l'embellit, et qui consiste à connaître dans chaque
chose ce qui convient, le temps et la mesure de ce
qui convient, c'est surtout la philosophie, qui, comme
je l'ai dit, s'en occupe et la perfectionne, qui seule
fait qu'elle soit dans toutes ses parties, et pendant
toute la vie, d'accord avec elle-même. Mais l'âge et
une grande expérience des choses lui viennent puis-
samment en aide, ainsi que l'observation attentive
de ce qui s'est passé et se passe le plus souvent dans
les événements humains. Cette observation fournit
à la philosophie elle-même la matière et l'instrument;
elle peut même toute seule donner à un homme
d'une nature intelligente et bonne, l'apparence d'un

intùs atque consilio ad usus necessarios reservata fuisse
videatur. Hoc, ut dixi, quod est ipsius vitæ quasi decorum quoddam, ornans illam totam atque illustrans nosse
quid quacumque in re deceat, et quandò et quatenùs,
maximè quidem comprehenditur et perficitur ex philosophia : quæ una facit, ut sit ipsum sibi undiquè et in
omnem vitam semper consentiens : sed plurimùm etiam
ætas, et rerum multarum usus affert, et in humanis
eventibus quid plerumque acciderit, et accidat, diligens
animi adversio, quæ et philosophiæ ipsi materiam instru-
mentumque suppeditat, et sola sine philosophia in
homine acuto natura, atque probo, speciem potest effin-
gere viri sapientis : plenam autem ac perfectam sapien-

homme sage, mais nullement la sagesse dans toute sa plénitude et sa perfection.

Or le père de famille doit d'autant plus être toujours maître de lui, que, s'il lui arrive en présence de son fils, quelque chose dont il semble devoir être ému, il se souviendra d'appeler le conseil de la raison, de faire non-seulement ce qui convient, mais encore avec une certaine dignité, afin que ces nobles formes s'insinuent le plus possible dans l'âme de l'enfant. Dès qu'elles y auront fixé leur demeure, obtenu l'usage et le droit de domicile, elles ne souffriront en aucune manière que d'autres formes viles et dégradantes s'en approchent, ou y séjournent trop longtemps. Que le père, ayant ce genre de vie convenu, soit pieux et honorant Dieu ; qu'il soit poli avec ses égaux, sans flatterie pour les grands, et sans ostentation pour lui-

tiam nequaquàm potest. Debet autem paterfamiliæ cùm semper animum suum habere in potestate, tùm verò cum præsente filio aliquid ejusmodi contingit, in quo videatur debere commoveri, advocare meminerit consilium rationis : neque solùm quod conveniat, agere id atque exequi ; sed cùm quadam etiam dignitate, ut quàm maximè fieri potest, in animo pueri illæ præclaræ species insinuentur, et insideant, quæ ubi sedem sibi, locumque in eo constituerint, usumque et auctoritatem domicilii fuerint nactæ, nullæ posteà modò passuræ sunt dedecorosas alias, deformeisque species propè se accedere, aut diutiùs considere. Sit itaque pater ab hoc vitæ instituto pius ac reverens erga Deum immortalem,

même; plutôt doux que sévère envers ses serviteurs et domestiques. Mais pour garder la gravité du commandement, et se faire obéir en tout, qu'il parle peu dans sa maison; que sa voix ait de la douceur et du calme, et ses paroles de la force; qu'il ne recherche pas trop souvent les approches et les entretiens de ses serviteurs. Quand ils viennent à lui, et lui demandent quelque chose, qu'il les reçoive avec affabilité, et leur réponde brèvement ce qui est juste et convenable.

Pour qu'ils soient d'accord entre eux et vivent en paix, qu'aucune injure ne soit faite à personne; qu'il secoure lui-même ceux qui souffrent de besoin, ou même ceux qu'accable la maladie, avec une certaine sollicitude, en leur témoignant sa bienveillance par des paroles et même quelquefois aussi par des

cum æqualibus comis, majorum absque assentatione et venditatione suî observator: in servos verò ac domesticos mitis potiùs quàm asper; verùm ut retineat gravitatem imperii, sibique ad nutum omnis præstò esse instituat, utaturque domi breviloquio, voce quidem leni, atque placata, sed verbis valentibus: neque servorum congressus et colloquia nimis sæpè appetat, adeuntibus tamen et aliquid expostulantibus, semper sit comis, respondeatque summatìm quod sit æquum et bonum. Ut autem ipsi inter se sint concordes et pacem colant, neminique fiat injuria: atque uti inopia laborantibus, vel etiam morbo oppressis ipse subveniat cùm quadam cura, significationeque benevolentiæ, verbis quoque et factis ali-

actes d'une bienfaisance plus effective. Certes ce soin-là ne doit pas être des derniers pour le père de famille qui veut conserver l'affection de ses serviteurs, et les maintenir dans une grande crainte de perdre ses bonnes grâces, qui leur seront, s'il les traite de la sorte, souvent plus chères que la vie. Et cependant il y a dans toute cette manière de faire une certaine gravité, une certaine autorité de commandement, donnant la preuve d'une rare dignité, qui servira à augmenter la grandeur dans les âmes. Or cette élévation et cette droiture qu'il faut faire naître dans l'âme et le caractère des enfants, qui empêchent de manquer de gravité en honorant ses supérieurs, et de mansuétude en commandant à ses inférieurs, si la pratique en est très-belle, elle est aussi très-difficile. Et cependant par l'imitation de

quandò benignioribus : hoc patri utiquè familias non in ultimis habendum est, si eos continere in amore sui, et in magno metu suæ amittendæ familiaritatis velit, quàm illi sic tractati, sæpenumerò vita sua habent cariorem : et inest tamen in hoc toto genere gravitas quædam et auctoritas imperii, specimen dignitatis eximium demonstrans, quæ ad magnificentiam animorum exaggerandam pertineat : ingenerandum est enim in animo naturaque pueri excelsum illud et rectum, quod nec in potentioribus observandis gravitate careat, ueque in regendis humilioribus mansuetudinem deponat, cujus uti pulcherrima, sic difficillima est tractatio : et tamen ejus prima lineamenta ducere in animo filii, sui imita-

son exemple, le père doit en graver les premiers traits dans le cœur de son fils ; l'âge ensuite les embellira, l'expérience les affermira, et la philosophie leur donnera la perfection.

Nous avons, dans notre entretien, parcouru ce sujet, non pour former l'éducation du père de famille, ce qui serait une plus grande affaire et exigerait plus de soin, mais pour montrer combien de bonnes habitudes peuvent émaner de lui vers son fils par cette imitation d'une certaine image de la vertu et de la dignité, encore qu'on les représente et qu'on les trace comme avec un léger pinceau dans une âme neuve et tendre, pour que, pareille aux lettres gravées sur l'écorce encore molle d'un arbrisseau, cette image de la vertu augmente enfin, s'affermisse et se durcisse avec le temps.

PAUL. — En vérité, c'est très-bien ; car, à mon

tione debet pater quæ posteà in eo ætas illustret, usus confirmet, philosophia perpoliat. Atque hæc nos sermone percurrimus, non ut instituamus familiæ patrem, majus enim id negotium et majoris operæ sit : sed quantùm ex eo manare ad filium boni moris quadam specie virtutis ac dignitatis imitanda potest, id ut quasi penicillo levi ducamus, et describamus in animo recente et tenero, quo tanquam in arbuscularum molli adhuc cortice incisæ litteræ : sic hæc virtutis in puero descriptio, tempore demum aucta et confirmata obcalleat.

PAULUS. — Optime istuc quidem, nam nec difficile

avis, ce ne doit pas être difficile qu'avec de tels parents les enfants soient bons et sages.

Jacques. — C'est juste. Mais je veux, Paul, que vous soyez persuadé que, puisque toute la science de la vertu consiste en exemples et en préceptes, c'est-à-dire que l'esprit la conçoit par les yeux ou par les oreilles, les choses qu'on semble faire comme en passant, et sans application, et qui frappent seulement les regards des enfants par l'exemple, ont presque plus de force pour former leur âme à la vertu, que celles qui tendent ouvertement à cette fin; car cette admiration de la vertu du père, qui brille dans les habitudes de chaque jour, excite dans ces jeunes cœurs la volonté de l'imiter, et les invite, par ce beau spectacle, à désirer de devenir semblables à lui, surtout lorsqu'ils voient ceux qui les

fuerit, meo quidem animo, ubi tales parentes extiterint, filios probos et prudentes existere.

Jacobus. — Rectè sanè : sed ego illud abs te existimari, Paule, volo, cum virtutis omnis doctrina aut in exemplis constituta sit, aut in præceptis : hoc est, ut vel oculis, vel auribus in animo concipiatur, majorem propè habere vim, hæc quæ quasi prætereundo, et non dedita opera fieri videntur, tantùmque exemplo movent oculos ad informandas puerorum ad virtutem mentes, quàm quæ ad hunc eum ipsum finem palàm intenta sunt : movet enim illa admiratio paternæ virtutis, quæ in quotidianis moribus elucet, pueriles animos ad voluntatem imitandi, præclaroque spectaculo invitat, ut fieri cupiant similes :

entourent exécuter en silence et avec respect les
ordres du père de famille. En effet, ce qui est honorable, ce qui est beau, ce qui seulement par soi-
même et sans autre secours mérite d'être vu, est
observé par eux devant leurs yeux, se glisse dans
leurs sens intimes, non-seulement quand ils sont
éveillés, mais surtout pendant leur sommeil. La faculté de voir et d'admirer est facile à exercer, et le
partage de tout le monde. La science, au contraire,
n'appartient qu'à un petit nombre ; et dans ce genre
même, l'éloquence muette du père, celle qui parle
par les actes, est plus profitable à l'éducation de son
fils que celle de ses paroles ; car agir en paroles et
lui donner, pour sa conduite, des préceptes qu'il ne
suivrait pas lui-même, c'est comme de lui promettre
d'être son guide pour aller vers un lieu d'où il

cum præsertìm videant eos qui circùm sunt, cum silentio et veneratione patrisfamiliæ imperia exequi : obser-
vatur enim illis ante oculos, et in intimos sensus obrepit,
nec vigilantibus solùm, sed sæpè etiam in somno, decorum et pulchrum illud, quod est solum per se, suaque
sponte spectabile : cujus aspectus et admiratio prompta
est, eaque omnium communis. Scientia verò paucis concessa, atque in hoc quidem genere tacita magis, quàm
vocalis patris eloquentia ad instituendum filium proficit,
ea videlicet quæ ipsis factis loquitur : nam verbis agere,
et dare ea vitæ præcepta filio, quæ pater ipse sibi non
sumpserit, idem est ac profiteri se itineris ducem esse

s'éloignerait lui-même en marchant en sens contraire. Que si un père de famille n'a pas reçu de la nature le pouvoir remplir ce rôle, et que, par l'étude et la méditation, il n'en puisse venir à bout, qu'il cherche, comme nous l'avons déjà dit, un homme auquel il puisse confier l'éducation de son fils. Quant à nous, tenons-nous-en, comme nous sommes convenus, au père, tel qu'il doit être, ou qu'il faut certainement désirer qu'il soit; qui ait le pouvoir de conduire son fils dans le chemin de la vertu, en l'y précédant lui-même. Il nous reste à dire là-dessus quelque chose de très-important, et de très-éloigné de l'usage et de l'opinion des hommes.

Paul. — Qu'est-ce donc, je vous prie? Certes ce doit être, en effet, très-important pour qu'il puisse

in eum locum, à quo ipse longè diversus abscedat. Quòd si talem ut queat genere personam, aut à natura non accepit pater, aut sibi ipse studio et meditatione fingere non potuit : eum, ut jam diximus, hominem requirat, cui rectè in disciplinam filium possit tradere. Verùm nos, ut cœpimus, in patre insistamus, qui aut esse talis debet, aut ut sit, optandum certè est, qui præeundo filium possit ipse in iter rectum ad virtutem deducere. De quo nondùm à nobis dictum est, quod est maximum, et ab hominum usu fortassis atque opinionibus longè remotissimum.

Paulus. — Quodnam, quæso, istud est? magnum enim esse profectò, quidquid sit, necesse est, quod ad tot

ajouter à tant de belles choses que vous venez de parcourir sommairement dans votre discours.

Jacques.—C'est ce qui, comme l'écueil de l'erreur, brise ordinairement la vie des hommes, parce qu'ils pensent presque tous que les richesses et beaucoup d'argent sont le plus grand secours et le plus bel ornement pour vivre dans le bonheur et la magnificence. Et ce n'est pas peut-être toujours absolument faux; car l'argent qu'on a amassé et un riche patrimoine procurent des avantages et des secours non-seulement pour vivre, mais même pour l'usage et l'exercice de la vertu. Mais si, exagérant cette opinion et cette maxime, on ne sait s'arrêter ni se borner, tant pour acquérir que même pour dépenser, je ne pense pas que le genre humain ait eu à souffrir une peste

res, tàm præclaras, quot jàm strictim oratione percursæ sunt, aliquam accessionem queat afferre.

Jacobus. — Hoc nimirum est, in quo vita communis, tanquam in scopulo erroris alliditur, quod omnes penè homines divitias putant et maguitudinem pecuniæ ad vitam benè ac lautè agendam, maximum simul adjumentum, ornamentumque existere. Atque hoc fortassè non usquequaque falsum est, magna enim commoda, atque adjumenta hominibus, non ad vitam solùm, sed ad usum etiam exercitationemque virtutis, à pecunia parata atque à domesticis opibus sunt. Sed hac opinione et sententia longiùs ductos, nescire sibi constituere finem, et modum ignorare tàm quærendi quidem, quàm etiam utendi : nullam hac ego statuo pestem in humano genere perni-

plus pernicieuse. Par elle, la chose est claire et évidente, la société et la bonne foi parmi les hommes ont été presque détruites et exterminées. Eh bien, moi, je soutiens qu'une maison qui regorge de richesses et d'argent, manque nécessairement de toute bonne habitude, et que pour ce motif la vie n'y est ni tranquille ni agréable. Ce n'est pas à dire pour cela que je pense qu'on doive rechercher la pauvreté et l'indigence ; car je partage volontiers le sentiment de ce roi très-sage qui demandait à Dieu de ne lui donner ni la richesse ni la pauvreté, mais seulement les choses nécessaires pour vivre ; maxime qu'approuve également notre Platon, ce père des philosophes. Mais comme les vices et les crimes des hommes sont, les uns plus grands, les autres moindres, on

ciosiorem, incidere potuisse : per quam quod patet scilicet, et perspicuum est, hominum inter se societas et fides jàm pridem sublata penè, et de vita tota exterminata est. Ast ego contrà contendo, domum eam quæ divitiis, pecuniaque redundet, necessariò omnis recti moris, et propter eam causam vitæ quoque pacatæ ac jucundæ expertem esse. Neque ideò dico, quòd paupertatem et inopiam è contrariò adsciscendam putem : facilè enim assentior regi sapientissimo Deum obsecranti, ut nec divitias sibi, nec paupertatem, sed tantùm ad degendam vitam donet necessaria : quam item sententiam, pater ille philosophorum, noster Plato comprobat. Sed cùm flagitia hominum et scelera majora quædam sint, alia minora, suscipiendum est, majoribus

doit admettre que l'excès des richesses est la source, l'origine des plus grands, et la misère, des plus petits. Pour moi, j'aimerais mieux que notre élève, enfant et adolescent, appartînt à une famille qui, par l'économie domestique et la position de fortune, permît au maître de la maison de ne faire aucun négoce, de se contenter des revenus de son bien, provenant surtout des fruits de ses domaines, lesquels suffiraient aux besoins et à l'entretien de chaque jour, non-seulement avec aisance, mais même avec libéralité. Mais il faut de l'économie dans la dépense des revenus; car je pense qu'on doit fuir, comme les poisons de la vie, le luxe, l'opulence, la variété des meubles, la multiplicité des ornements de la maison et des vêtements. En effet, cette délicatesse, cette variété de meubles, de pierreries, de tableaux, de

nimiam rerum copiam fontem originemque esse, minoribus inopiam causam afferre. Ego verò malim ejus familiæ, è qua ingenuum puerum, adolescentemque instituimus, sic opes domi, et fortunas esse constitutas, ut dominus quæstum nullum faciat, sicque domesticis vectigalibus contentus, quæ potissimùm consistant in fructibus prædiorum, ea porrò suppeditent ad usum cultumque quotidianum, non modò commodè, verùm etiam liberaliter; sed quibus dispensandis frugalitas adhibeatur : nam luxum, et opulentiam, et varietatem supellectilis, multiplicesque domi ornatus, atque cultus, tanquam vitæ venena imprimìs fugienda esse duco : frangit enim, et conterit vim totam virtutis, animamque

riches vêtements, brise et détruit la force de la vertu, corrompt l'âme et la retient dans une vaine admiration de soi-même ; de sorte que les hommes livrés aux goûts les plus futiles ne peuvent plus appliquer l'activité de leur esprit et de leur raison aux choses dignes d'hommes de cœur. Ils le peuvent encore moins, s'ils dépensent toute leur vie et leur fortune dans des festins journaliers et dans ce qui suit les festins, dans le jeu, les amusements, les chants, dans les joyeuses et plaisantes conversations. Avec un pareil genre de vie, au milieu de ces délices continuelles de la maison, de cette abondance de vin et de nourriture, de cette débauche en quelque sorte quotidienne ; lorsque les jours, les heures, les instants se passent dans quelque volupté, les jeunes gens deviennent non-seulement orgueilleux, hai-

prorsùs dissipat illa abacorum, mancipiorum, gemmarum, tabularum pictarum, vestisque stragulæ elegantia, ac varietas, suîque inani in admiratione detinet : ut vanissimis studiis homines occupati, ad ea quæ sunt virorum industriæ nervos et continentiæ nequeant intendere : ac tunc minimè, si in quotidianis epulis, et iis quæ epulas sequuntur, ludis, jocis, cantibus, festivis, lepidisque dictis, omnis et vitæ et pecuniæ fructus reponatur. Hoc enim ex genere vitæ et assiduis domi deliciis, vini, cibique affluentia, ac quotidianis quodammodo lustris, cùm dies, et horæ, et tempora in aliqua semper voluptate consumantur, non modò feroces, et infesti, et arrogantes animi adolescentium fiunt, sed immoderati etiam,

neux, arrogants; mais encore immodérés, effrénés, cruels et dépravés de toute manière. C'est au point que leur naturel et leur esprit tournent à la tyrannie; qu'ils ne trouvent bien que ce qui leur plaît; qu'ils estiment que les autres hommes doivent les servir comme le bétail et les bêtes de somme. Il faut bien avouer que la maison, et même la cité où règnent de pareilles mœurs, renferment la semence de tous les maux, de toutes les calamités; qu'il ne peut se faire que l'État soit longtemps en repos, et que toutes ses parties aient une longue durée. Le vulgaire appelle libérale cette manière de vivre, ce qui est certainement faux, comme son jugement sur beaucoup d'autres choses, puisque c'est surtout de ces habitudes, de ces dépenses prodigues et fastueuses, que naît nécessairement l'avarice : je dis

et effrenati, et crudeles, atque in omni genere depravati : ut in naturam mentemque tyrannicam evadant, nihilque judicent rectum, nisi ipsis quod libuerit : cæteros autem homines pecudum ac jumentorum instar sibi servire statuant oportere : ut confitendum planè sit, qua in domo, atque adeò qua in civitate hujuscemodi vigeant mores, sementem in ea omnium malorum et calamitatum esse jactam, nec fieri posse, ut status illius reipublicæ, aut diù quietus, aut in universum diuturnus sit. Atqui hanc vulgus liberalem vitam appellat; falsò istud quidem, ut alia multa; quippè cùm ex hac potissimùm consuetudine vivendi, his profusis et luxuriosis sumptibus, avaritiam existere necesse

cette avarice violente et rapace, par laquelle les nations et les villes périssent. Mais comme il n'y a pas lieu pour le moment de traiter plus à fond un pareil sujet, contentons-nous de prescrire au père de famille, à celui toutefois qui désire que ses enfants deviennent des hommes de cœur et d'intelligence, d'observer dans sa maison la frugalité, la tempérance, et dans toute sa manière de vivre une certaine économie qui cependant s'éloigne de l'avarice, et ne porte point l'indice d'un esprit étroit et minutieux. Il y parviendra si, dans l'apprêt quotidien et presque invariable de son ordinaire, sa table se distingue plutôt par la propreté que par la richesse; si les mets n'y sont pas servis avec parcimonie, mais qu'il en bannisse la recherche et la variété. C'est dans ce genre de vie modéré que paraît se trouver

sit, illam violentam et rapacem dico, per quam nationes urbesque evertuntur. Sed quoniàm de his rebus subtiliùs disserendi non est in præsentia locus, sic patrifamilias præscribamus (sit modò is qui liberos cupiat in viros fortes, industriosque evadere) frugalitatem domi, et temperantiam, ac in omni cultu victuque parcimoniam illi retinendam esse : quæ tamen absit à sorde, nec minuti angustique animi indicium præ se ferat : quod fiet, si quotidiano et penè stato apparatu, mensis mundis potiùs quàm locupletibus, non obsonium parcè præbitum, sed conquisitio et varietas fuerit repudiata : videtur enim in hac moderatione vitæ ratio inesse splendida et liberalis, vitium in utramque partem devitans,

la règle de la splendeur et de la libéralité, évitant les deux extrêmes, et digne, parce qu'elle concerne l'éducation des enfants, d'être particulièrement pratiquée par le père de famille. Les mères et toutes les femmes sont pour l'ordinaire trop indulgentes. Aussi bien, en leur donnant et procurant tout ce qu'ils demandent, elles corrompent les mœurs des enfants. Elles-mêmes ne font rien, ou elles ne disent et ne souffrent qu'on dise rien pour résister à leur volonté. Il n'en faut pas davantage pour entretenir avant tout dans leur âme le règne des passions et leur tyrannie elle-même.

Avez-vous remarqué, Paul, ces jours derniers, en lisant l'histoire des Perses, car je vous ai fait traduire du grec le Cyrus de Xénophon et les histoires d'Hérodote, combien, par la différence de la manière de vivre et de l'éducation de leur enfance, les rois

digna sapiente patrefamilias, cujus quod ad liberos educandos pertinet, in hac parte quidem peculiaris curatio est : nam matres ferè et fœminæ omnes indulgentiores sunt, itaque infarciendo et suggerendo quodcumque expetitum fuerit, corrumpunt mores puerorum, neque adversus eorum voluntatem, vel ipsæ quicquam moliuntur, aut dicunt, vel alios patiuntur loqui : quo uno maximè regnum in anima cupiditatum, et tyrannis ipsa alitur. An non attendisti his diebus, Paule, cùm Persarum res gestas legeres (me enim auctore et Cyrum Xenophontis, et Herodoti historias græcè amplexus es) quantùm ex diverso cultu institutioneque puerili, di-

de Perse ont différé entre eux de mœurs et de caractères? Ce Cyrus, qui était né d'un père illustre et surtout célèbre parmi les Perses, mais élevé dans ces mœurs où la nourriture était du pain et de l'eau, l'assaisonnement, du cresson, et où, s'ils voulaient manger de la viande, ils étaient obligés de poursuivre dans les bois les bêtes fauves, non sans travail et sans sueur, et quelquefois au péril de leur vie; ce Cyrus, dis-je, fut un grand roi, né pour gouverner. Il eut en vue surtout et uniquement l'honneur et la gloire en agrandissant son empire. Par son affabilité, par son équité envers les peuples, par sa clémence envers les nations vaincues, par sa justice, il se fit aimer non-seulement de ses concitoyens qui le chérirent toujours, mais encore des peuples qu'il avait vaincus, qui auparavant lui étaient gravement

versæ regum illorum naturæ, et contrarii inter se mores extiterint? Cyrus ex patre nobili ille quidem et imprimis claro apud Persas, sed tamen in illis moribus educto, quibus panis et aqua cibus, obsonium autem nasturtium herba, aut si carnibus vellent vesci, illæ erant labore et sudore, nec sine vitæ interdùm periculo in sylvis et à feris expetendæ, magnus extitit rex, natus ad res gerendas, laudem et gloriam in imperio amplificando unam præcipuè spectans : cujus erga populares comitas atque æqualitas, in bello victas nationes clementia, atque justitia effecit, ut non magis eum carum haberent cives sui, qui semper amaverant, quàm devicti hostes, qui anteà illi graviter offensi fuerant : no-

hostiles. Certes son nom est illustre, et il a acquis dans la postérité une gloire éternelle pour sa vertu. Son fils Cambyse devait être l'héritier de son nom et de son empire; mais étant lui-même occupé d'autres affaires, il laissa aux femmes le soin de son éducation; car cette force de la vertu, cette haute raison que donne la philosophie qui seule fait que la vertu est en tout d'accord avec elle-même, il ne l'avait reçue que de la nature. C'est pourquoi il recueillit dans son fils le fruit de cette éducation efféminée; car, élevé dans toutes les délices et les flatteries des femmes, et accoutumé dès l'enfance à ne trouver nul obstacle à ses passions, Cambyse étant ensuite appelé au trône, fit de tels progrès vers le déréglement et la démence, qu'il ne pouvait plus se contenter de ce que permettait l'usage, ni se complaire

men quidem illustre est et sempiternam laudem virtutis ad posteritatem consecutus. Hic Cambysem filium, quem hæredem nominis atque imperii relicturus erat, aliis ipse videlicet negotiis occupatus, alendum mulieribus permisit : non enim virtutis vim, neque rationem è philosophia, quæ una facit, ut illa sit sibi in omnem partem consentiens, sed à natura tantum acceperat : ergo dignum invenit in progenie sua muliebris disciplinæ fructum : omnibus enim in deliciis et mulierum blandimentis educatus Cambyses, et assuefactus à puero, nihil offendere quod esset suis cupiditatibus obvium, posteà rex appellatus, ad eam intemperiem animi amentiamque progressus est, nihil ut eum neque saturare, quod

dans ce qui était légitime. C'est ainsi que, après avoir été poussé par une sorte de folie furieuse à commettre plusieurs meurtres, entre autres celui de son frère, tandis qu'il se jouait même de la puissance des dieux immortels, se tuant enfin de sa propre main, il fit périr avec lui toute la maison de Cyrus.

Après lui l'empire passa aux mains de Darius, d'une noblesse considérable parmi les Perses, mais qui avait été, par les habitudes et la fortune de sa maison, éloigné des délices de la cour. Darius n'apporta pas peut-être dans le gouvernement la même grandeur d'âme que Cyrus, mais il montra la même justice et la même humanité. C'est pourquoi il agrandit aussi l'empire des Perses. Son fils Xerxès, dont l'éducation avait été, par la négligence de son père,

usitatum esset, neque quod legitimum delectare posset : ita ad cædes multorum, et in his fratris sui germani, furore quodam amentiaque inductus, cùm etiam deorum immortalium numini illuderet, ad extremum sibi manibus allatis, et semetipsum unà et totam Cyri domum pessundedit. Delatum est posteà ad Darium Persarum regnum, spectatæ nobilitatis inter Persas, sed cujus tamen domi cultus atque fortuna longè à regalibus deliciis abfuisset. Is porrò ad imperandum non eandem fortassè animi magnitudinem quam Cyrus, parem quidem justitiam atque humanitatem attulit : quare ejus quoque opera regnum Persarum majus effectum est : è quo genitus Xerxes ab eadem atque Cambyses educatione

confiée aux femmes, comme celle de Cambyse, plongea les Perses, avant lui comblés d'honneur et de gloire, dans une grande honte et dans beaucoup de calamités.

Si je vous ai rappelé ces choses, Paul, c'est pour vous montrer ce qu'il a été nécessaire de vous expliquer longuement, à savoir, qu'il n'y a point de plus grand obstacle à l'acquisition de la vertu que les délices de la maison, et cette somptuosité plus luxueuse que ne le demande une raisonnable modération. Avec des goûts pareils, un père serait incapable de rien faire pour laisser après lui un fils courageux, énergique et propre aux grandes choses. Qu'est-ce à dire? C'est que je veux dans la maison une sévère et chaste discipline, point chagrine cependant, mais assaisonnée d'une affabilité libérale, de manière que les domestiques n'y manquent de

muliebri, paternaque negligentia, Persas honore et laude cumulatos, gravi ipse dedecore et calamitatibus plurimis affecit. Atque hæc idcircò memorata sunt à me tibi, Paule, ut appareat quod pluribus verbis fuit necesse dici, nullum esse obicem ad virtutem adipiscendam majorem, quàm delicias domi et conquisitiores, quam moderata ratio postulet, rerum apparatus : quorum studio si captus fuerit parens, nil est quod contendat fortem et strenuum, et idoneum magnis rebus post se filium relinquere. Quid ergo est? Placet mihi severam et castam domi esse disciplinam : neque eam tetricam tamen, sed conditam liberali quadam comitate, ut do-

rien, et que les amis et les hôtes la fréquentent volontiers ; que le père de famille fasse en sorte que, pour les arrivants et les invités, la table soit servie avec un peu plus de luxe, que les visages et la conversation aient un peu plus de gaieté que l'ordinaire de chaque jour ; qu'il les reçoive avec plus de délicatesse et d'élégance, mais non avec une somptueuse prodigalité que nous voulons toujours absente d'une maison bien ordonnée.

Bien plus, dans les festins mêmes et les libations des convives, il pourra tacitement examiner et observer comment son fils s'y conduit ; si, se souvenant de l'enseignement paternel, de son habituelle tempérance, il garde pendant le repas sa pudeur et sa modestie, et s'il sait en buvant se rendre maître de lui. Platon pense que c'est là un moyen d'éducation

mestici nullius rei indigeant, amici autem et hospites intrò libenter commeent : ad quorum adventus, invitationesque paterfamilias splendorem convivii, et hilaritatem vultus ac sermonis majorem aliquantò illa quotidiana adhibeat : lautiùs quoque accipiat, et elegantiùs, nec tamen profusis sumptibus (hos enim semper abesse à benè constituta domo volumus). Quin in ipsis epulis et vino tacita poterit inesse exploratio et observantia quædam, quo se nam pacto filius gerat : num patriæ disciplinæ ac moderati usus memor, pudorem in convivio modestiamque retineat, noveritque sibi ipse in poculis temperare : hoc enim documentum capi in pueris atque adolescentibus imprimìs conducere censet Plato,

pour les enfants et les adolescents, dont il faut surtout se servir pour connaître le caractère de chacun.
Nous sommes loin de le repousser, car il est sans
danger et non sans utilité. Si la conduite de l'adolescent y est satisfaisante, s'il mesure son plaisir
plutôt à la gaieté et aux honnêtes propos du festin
qu'à son palais et à son gosier, rien n'empêchera le
père d'espérer que son fils devienne tel qu'il le
désire.

Mais pour résumer nos préceptes sur ce sujet, le
père de famille qui veut donner à ses enfants une
éducation honnête et libérale, et les rendre en même
temps chastes et modérés, doit régler les dépenses
quotidiennes de sa maison de manière à savoir
observer une économie sans avarice, et faire preuve,
au besoin, de magnificence et de libéralité, sans

ad speculandum quæ sit natura cujusque : neque id nos
repudiamus, etenim consilium est periculo vacuum,
præditum utilitate, in quo si satisfecerit adolescens,
lætitiamque convivii hilaritate potiùs et sermone liberali, quàm palato et gutture metiendam sibi duxerit,
næ de eo non nequicquam sperare licitum fuerit, talem
eum fore, qualem quisque debet unus suum optare
filium ut sit pater. Sed ut nostræ in hoc genere præceptionis summam faciamus : debet is paterfamilias, qui in
ingenua disciplina ac liberali, eademque casta et moderata alere liberos suos vult, sic habere constitutam domi
quotidianæ impensæ rationem, ut et parcimoniam sciat
tenere sine sorde, et splendorem ac liberalitatem adhi-

prodigalité ni luxe. Qu'il évite toute pensée mes-
quine, étroite, de s'occuper de tout, même des
moindres détails, ce qui éloigne de l'âme toute noblesse et affaiblit le caractère de la vertu. C'est le
moyen de rendre les hommes moroses, difficiles,
désagréables; non-seulement ennemis des autres,
mais encore d'eux-mêmes; désespérant presque de
tout, fuyant la lumière, timides, ridicules quand ils
se montrent en public, et ne pouvant, étant comme
placés dans un coin, comprendre rien de large ni
de libre. Qu'y a-t-il de plus opposé à la vertu, à la
gravité, à la dignité, à la grandeur d'âme, que d'a-
voir l'esprit absorbé par ces occupations sordides,
par toutes ces minuties? Mais, pour quitter enfin ce
sujet, vous avez, Paul, dans votre père un beau
modèle, une image de cette dignité que je voudrais

beat, cùm venit usus, sine profusione et luxuria; ab
omni quidem parva et concisa cogitatione rei cujuscumque vel minimæ curandæ prorsùs refugiat, qua omnis
planè ejicitur ex animo ingenuitas, et virtutis indoles
obsolescit : hoc enim ex genere morosi, et difficiles, et
molesti homines efficiuntur, nec cæteris solùm, sed sibi
infesti, omnia quasi semper desperantes, iidem lucifugi
pusilli, ubì in cœtus se dedêre, ridiculi, siti propè in
angulis, nihil latum et liberum in animo comprehen-
dentes : oppleti mentem sordibus, et minutissimis occu-
pationibus, quo quid virtuti, gravitati, dignitati, altitudini
animi fieri potest inimiciùs? Sed, ut ab hoc aliquandò
genere abeamus, habes, Paule, in patre formam ejus

proposer à la vue et à la contemplation du fils qu'on élèverait pour de grandes espérances, comme un exemple à suivre et à imiter, pour qu'il eût cette image gravée dans le sens des yeux, dont parfois l'observation muette ne profite pas moins à la vertu que l'ouïe de la voix par les oreilles, organes dont il faudra faire désormais l'objet de notre entretien.

En effet, ce dernier sens est celui de l'enseignement et de la science, le sens propre et particulier de toute sagesse, comme étant le seul qui pénètre dans l'âme que les yeux ne peuvent voir. C'est pourquoi l'on dit que Socrate, le plus sage de la Grèce, comme le déclara l'oracle de Delphes, ayant contemplé longtemps un jeune homme d'une noble et belle figure, comme celui-ci restait silencieux devant lui : « Parle, jeune homme, s'écria-t-il, pour que je

exempli, effigiemque dignitatis, cujus ego aspectum et contemplationem propositam velim filio ei, qui ad magnas spes alatur, ad imitandum atque assequendum : quæ quidem in oculorum sensu posita sit, quorum interdùm muta speculatio non minùs proficit ad virtutem, quàm aurium auditus vocalis, de quo ipso posthàc dicendum nobis est : hic enim sensus disciplinæ est, et doctrinæ et omnis sapientiæ peculiaris ac proprius, ut qui animum solus cernat, quem nequeunt oculi intueri. Itaque Socrates ille Græciæ sapientissimus, oraculo quoque delphico sic judicatus, cum adolescentem quendam facie honesta ac liberali diutiàs contemplaretur, illeque adstaret tacitus, dixisse fertur :

te voie enfin. » Ainsi, selon Socrate, c'est l'âme qui
est l'homme ; et il attribuait la connaissance, la perception de l'âme non aux yeux, mais aux oreilles.
Et ce n'est pas à tort, car les oreilles reçoivent la
voix que forme et varie le discours, lequel étant
l'image de la pensée et de l'intelligence, le véhicule
des sentiments intérieurs, se fait un chemin d'une
âme à une autre, transporte les méditations et les
inventions de l'intelligence d'où il est parti, vers
une autre intelligence par le canal des oreilles,
remplit une mission si opportune, si utile, que les
choses qui autrement resteraient cachées dans les
mystérieux arcanes des esprits, il les communique,
par l'ouïe et le ministère de la voix, à toute la très-
noble et très-intelligente nation des âmes humaines.

Tandem ut te videam aliquid loquere, adolescens : videlicet ille hominem esse ipsum animum, animi autem
cognitionem et perspicientiam non oculis, sed auribus
attribuebat : neque id injuria, hauriunt enim aures vocem, quam format et distinguit oratio, quæ cùm sit
simulacrum cogitationis atque mentis, vehiculum sensuum intestinorum, ex animo ad alium animum viam
sibi faciens, perfert meditationes et commenta illius
mentis, undè ipsa profecta est, per aurium meatus ad
alteram mentem, legationeque opportunissima et maximè
utili fungitur, ut quæ in arcanis mentium penetralibus
occulta alioquìn laterent et abdita, hæc auditûs vocisque ministerio, cum tota humanorum animorum nobilissima atque acutissima gente communicentur.

PAUL. — Quoique les choses que vous avez dites sur le sens des yeux, en tant que par eux une certaine forme grave et magnifique est transmise à notre âme, qui en devient plus belle par l'exemple et l'imitation, m'ait fait beaucoup de plaisir, je n'en attends pas moins du sens des oreilles, puisque, par leur secours, les choses mêmes que vous avez dites sur les yeux sont arrivées à mon âme si douces et si agréables. En effet, pour embellir et faire valoir cet organe lui-même, vous vous êtes servi de paroles telles, qu'en vous .écoutant, grande est devenue mon attente.

JACQUES. — Nous ferons ici, Paul, ce que vous avez dit tout à l'heure qu'il serait besoin de faire, si l'occasion s'en présentait : nous ramènerons notre discours vers les premières années que notre entre-

PAULUS. — Etsi quæ de visione oculorum dicta à te sunt, quatenùs per eos species quædam magnifica atque gravis transmittitur animo, cujus ille exemplo et imitatione sit ornatior, summoperè me delectaverunt : tamen expecto non minorem ex aurium sensu voluptatem : quippè cum earum ope, illa ipsa quoque quæ de oculis dicta sunt, ad animum meum grata jucundaque pervenerint. Namque et tu ad hunc ipsum sensum ornandum ac commendandum iis verbis usus es, ut non mediocris mihi sit in te audiendo facta expectatio.

JACOBUS. — Agemus hoc loco, Paule, id quod tu paulò antè dixisti facto opus fore, si acciderit usus, ut revocemus orationem ad priores annos, quos noster

tien avait dépassées, étant parvenu à une certaine
limite, c'est-à-dire, à la fin de cet âge que nous entendons fixer à vingt-trois ans et demi; car, dans ce
genre d'éducation qui orne la vie de l'imitation de
la vertu, par la contemplation des exemples et des
mœurs des parents, nous avons compris tantôt toute
l'adolescence. Mais puisqu'il faut que nous parlions
des choses qui doivent être le sujet des préceptes,
des avertissements et du langage habituel des parents envers leurs enfants, afin que la vertu elle-
même leur soit non-seulement proposée, mais encore
exposée, que notre point de départ pour cela soit la
cinquième année. En effet, si l'on considère la grandeur du corps, l'enfant atteint à cet âge la moitié de
la taille que lui donneront les vingt ans suivants,
et, dans le courant de la cinquième année, l'enfant,

sermo erat prætergressus, perveneratque ad quandam
metam, hoc est ad terminum ejus ætatis, quam nos
tribus septenniis, et quarti dimidio admodùm intendi-
mus definire : illo enim institutionis genere, quod
exemplis et moribus majorum intuendis vitam virtutis
imitatione exornat, tota modò à nobis adolescentia com-
prehensa est. Cùm verò ad ea referri orationem opor-
teat, quæ in præceptis et monitis, assiduisque parentum
vocibus erga filios posita sunt, quò illis non solùm pro-
ponatur, sed exponatur etiam ipsa virtus, principium
fuerit nobis ad hoc quintus ætatis annus : nam et is di-
midium ferè staturæ conficit, quod ad mensuram corporis pertinet, quantum alterum tantum videlicet,

qui jusque-là a été sous la puissance des femmes seulement, se trouve confié en grande partie aux soins de son père; car il peut déjà exprimer facilement tout ce que son esprit conçoit, et comprendre sans peine ceux qui lui parlent.

Que notre discours parte donc de nouveau de ce principe, qu'il s'élève sur cette base que nous avons auparavant construite pour notre édifice; qu'il ait, dis-je, pour fondements la religion, l'amour et le culte du Dieu immortel; car si chaque jour nous sommes heureux de voir se lever et revenir le soleil, pour l'excellence et la clarté de ce grand astre qui réjouit tout de sa splendeur et de sa lumière, notre âme ne doit pas éprouver moins de bonheur d'entendre souvent dire de Dieu les mêmes choses; elle doit même en éprouver davantage, puisque toute la

auctionis et incrementi viginti cæteri anni addunt consequentes : et eo vertente anno, primum puer qui in potestate mulierum totus anteà fuit, ad curam patris bona ex parte traducitur : jàm enim et proloqui expeditè quæ ipse intùs concepit omnia, et planè intelligere alios loquenteis potest. Ergo ab eodem initio et fundamento, quo priùs omnem nostræ ædificationis substructionem de integro coagmentantes, ab religione, inquam, et ab Dei immortalis amore atque cultu, principia iterum nostræ ducamus orationis : non enim si solem quotidiè oriri et reverti jucundè cernimus, propter excellentiam claritatemque maximi syderis, cujus splendore et lumine exhilarescunt omnia, minus debet ad animum volupta-

beauté, l'éclat, la variété des astres célestes découlent de l'infinie beauté du Dieu très-haut, comme par de minces ruisseaux. Le père devra donc d'abord et avant tout tâcher d'imprimer dans le cœur de son fils cette crainte de Dieu, dont nous avons parlé précédemment, cette crainte qui seule constitue et raffermit le plus une force d'âme invincible contre tous les malheurs de la vie humaine. Il y parviendra, s'il explique à son fils la puissance de Dieu, sa présence partout et son immense majesté, non pas tant par des raisons que l'âge de son fils ne peut pas encore comprendre, que par des exemples et par des récits des choses merveilleuses qui sont arrivées par la volonté divine ; s'il s'applique assidûment aussi à lui rappeler les bienfaits que ce même Dieu a répandus sur

tis accidere, cùm de Deo sæpiùs eadem repetimus, atque adeò multò plùs, quandò omnis pulchritudo, et fulgor, et varietas cœlestium astrorum, ab ejus ipsius summi Dei infinita pulchritudine, tanquam exiguis rivis deducta est. Primùm igitur et ante omnia curare debet pater, ut animum pueri illo timore Dei imbuat, de quo antè dictum est, qui timor solus ad invictam fortitudinem animi adversus humanos omnes casus firmandam et constituendam maximè facit : quod erit si vim illius, et ubìque præsentiam, immensamque majestatem, non tàm rationibus quidem, quas nondum capere potest filii ætas, quàm exemplis, et narrationibus rerum earum quæ divinitùs miræ acciderunt, exposuerit filio :

lui-même en particulier, et sur tout le genre humain : ce qui comprend les mystères de notre religion qui doivent lui être enseignés et complétement gravés dans la mémoire; et il ne doit rien avoir plus à cœur que de former ainsi son fils à la piété et à la religion. Le père y réussira parfaitement, s'il ne se contente pas de l'instruire pieusement et saintement des choses divines, mais s'il les met en outre en pratique par ses actions et par ses œuvres. Mais il lui enseignera qu'après Dieu et tous ces êtres divins qui ont été au commencement élevés au ciel par la bonté divine, ou dans la suite pour leurs glorieux mérites et leur très-vertueuse vie, et qui, pour leur insigne honneur et leur gloire immortelle, doivent être vénérés des mortels, il lui enseignera, dis-je, qu'après eux chacun doit surtout honorer ses pa-

in beneficiis quoque ejusdem Dei commemorandis, quibus et privatìm ipse ab illo, et omne genus humanum communiter affectum est, et assiduus fuerit et diligens : in quo mysteria nostræ religionis continentur, quæ sunt tradenda et insinuanda penitùs, neque hac in formatione filii ad pietatem et religionem, quicquam habendum est antiquiùs. Quod præclarè fiet, si quæ sanctè et piè filio de rebus divinis monstraverit pater, ea non verbis tantum, sed factis et operibus usurpabit. Secundùm Deum autem divosque omnes, quos aut bonitas Dei statìm ab initio, aut post præclara ipsorum in terris merita, et honestissimè acti dies in cœlum sustulerunt, quorum utique debet præcipuus vigere honos, et immortalis

rents, puisqu'on leur est presque redevable de toute chose. En effet, notre naissance, notre vie, cette lumière diurne que nous respirons, que nous voyons, que nous sentons, dont tout notre corps subit le contact, l'influence, avec plaisir, avec délices, ayant reçu tout cela d'eux, c'est à eux que nous le devons. Et ces travaux endurés pour nous, travaux pleins de soucis, de sollicitude, que non-seulement ils sont loin de fuir, mais qu'ils recherchent même et poursuivent pour nous produire et nous soutenir honorablement dans la société de nos concitoyens et de nos égaux, méritent certainement que les enfants aient pour leurs parents toute sorte de reconnaissance, qu'ils doivent surtout leur témoigner par leur piété filiale et le culte d'une particulière vénération. De là notre obligation de prendre soin

apud mortales gloria, parentes suos cuique maximè docebit esse honorandos, et reverà cum ferè omnia parentibus debeantur, ortus enim noster et vita, lux quoque ipsa hæc diurna, quam ore, oculis, naribus, totius deniquè corporis contactu volutatuque libenter et jucundè percipimus, ipsis accepta referenda est : tum autem labores ab eis causa nostra suscepti, pleni curarum et sollicitudinis, quos illi ut alant nos, et producant, sistantque honestè in cœtu civium, atque æqualium-nostrorum, non modò non refugiunt, sed appetunt ultrò, et consectantur : digni profectò sunt, ut illis omnis à liberis gratia debeatur, quæ pietate potissimùm, et cultu eximiæ cujusdam venerationis reddenda est : quam sequitur

de leur vie et de leur santé, d'éloigner d'eux, par notre travail et notre diligence, les besoins et les incommodités, de secourir leur indigence, de soutenir leur faiblesse, d'écarter d'eux tous les chagrins, à la maison comme au dehors, et d'où qu'ils viennent.

En effet, si Hésiode a raison d'ordonner de rendre le service qu'on a reçu d'un étranger avec une égale mesure, et même au delà, si l'on peut, comment payer notre dette envers nos parents, dont aucune reconnaissance ne peut égaler les bienfaits?

Or, même quoique infirmes, décrépits et ruinés, les parents ne sont jamais inutiles à leurs enfants. Mais de même que nous honorons les images et les statues des saints, en souvenir et pour la bonté de ceux dont on a voulu nous représenter le visage, et

procuratio illorum vitæ ac salutis, et ut eorum necessitates atque incommoda, labore, ac diligentia nostra depellamus : suppeditemus egestati, infirmitatem sustineamus, omnes domi forisque molestias, quæ undecùmque inferantur, ab illis propulsemus. Etenim si benè Hesiodus qui jubet pari mensura reddere beneficium, quod ab alieno acceperis, aut cumulatiore etiam, si queas, quantum tandem erit parentibus impendendum, quorum beneficiis par nulla est gratia quæ possit reperiri? Nec verò etiam quamvis infirmi, decrepiti, depositi, unquam inutiles filiis parentes sunt. Sed ut divorum imagines, et simulacra colimus, ob memoriam benevolentiamque eorum, quorum vultibus assimulandis illa

parce que nous pensons que ces saints eux-mêmes n'en seront que plus disposés à nous être favorables ; de même il ne peut y avoir une plus belle image du Dieu immortel que dans notre père et notre mère. Voici la manière de former le tendre cœur d'un enfant au culte et à l'honneur qu'il doit à ses parents : il apprendra du père à chérir et honorer la mère, de la mère, le père, et l'un et l'autre, des domestiques et des personnes de la famille. Et cette vénération de la part des enfants ne doit pas s'arrêter au père et à la mère. Elle doit s'élever aux aïeux et aux autres grands parents, s'ils vivent encore, puisque l'origine de tout ce que nous avons reçu de notre père et de notre mère semble être en eux encore plus vénérable. Or, de cette vénération envers les pères et les aïeux, de cet honneur pieux et

efficta sunt, et quòd arbitramur ipsos illos divos proptereà ad benignè nobis faciendum propensiores fore : sic nullum Dei immortalis simulacrum apud nos quam in patre et matre potest esse præstantiùs. Atque his ita erudiendus est tener animus filii in honore cultuque parentum, ut pater matrem filio, mater patrem, utrumque autem domestici ac familiares, colendum ac venerandum puero proponant. Neque in solis tamen parentibus hic à liberis honos insistere : sed ad avos, reliquosque majores, si fortè superstites adhuc sint, progredi etiam debet : cùm in illis omnium quæ à parentibus accepimus causa videatur etiam esse antiquior. Porro ab hac in patres avosque reverentia, hocque honore pio ac

dû, se déverse, comme d'un vase plein de pudeur et de probité, cet autre honneur et ce commun culte qu'on rend aux vieillards, aux hommes chargés et accablés d'années. Et cet honneur est juste, et convient à cet âge qui revendique, non sans raison, le nom de père; car au commencement ceux que les enfants ne peuvent encore distinguer avec précision et exactitude aux traits du visage, avertis par cet air de vieillesse, ils les appellent tous leurs pères; et dans la suite l'habitude de vivre presque fraternelle des enfants, et leurs amicales relations avec leurs égaux, mettent les pères en participation mutuelle de ce nom. Certes un homme de cet âge-là peut bien, quel qu'il soit, devenir un père pour l'enfant et l'adolescent, sinon par le sang, du moins par le conseil.

C'est pour cela qu'avec grande raison Romulus ou

debito, reliquus quoque iste honor et communis cultus, qui senibus, et gravibus, et ætate affectis hominibus impenditur, tanquam ex alveo pleno pudoris et probitatis exuberat : justus ille quidem, neque illi ætati non congruens, quæ sibi patrium non immeritò nomen vindicat : nam et de principio pueri quos nondùm subtiliter et exquisitè ex oris vultusque lineamentis possunt discernere, illo aspectu senili admoniti, cunctos vocant patres : et deindè posteà cum æqualibus consuetudo propè fraterna conjunctioque amoris præbet in patribus ejus nominis communionem. Jam illa ætate quicumque est, si non generatione, at consiliis potest puero atque adolescenti fieri pater. Quam ob rem rectissimè Romulus,

Numa, dont l'un fut le fondateur de Rome et l'autre
de ses lois et de sa religion, prenant en considération cette parenté de la vieillesse avec le nom de
père, appela sénat le conseil suprême de la ville, et
pères les sénateurs eux-mêmes. Il ordonna aux
jeunes gens de céder le pas aux vieillards, de se
découvrir la tête et de se lever à leur arrivée; ce
que les anciens écrits racontent avoir été principalement et très-exactement observé à Lacédémone.
En effet, c'est une chose admirable en quel honneur
fut la vieillesse dans cette cité. On connaît là-dessus
l'adroite et spirituelle leçon que fit aux Athéniens
un homme de Sparte. Un jour que des députés des
Lacédémoniens, pendant les jeux publics d'Athènes,
étaient assis sur les degrés de l'orchestre, à la place
d'honneur, peu de temps après il entra dans le

sive ille Numa extitit, quorum alter urbis, alter juris et
religionis Romanæ fuit parens, hac senectutis cum nomine paterno cognatione adductus, summum consilium
civitatis senatum, ipsos autem senatores patres nomi-
navit : statuitque senioribus decedi de via, caput nudari,
et assurgi advenientibus ab junioribus debere : quod
maximè ac diligentissimè Lacedæmone observatum
fuisse litteris traditum est : mirum enim quanto in honore habita fuerit semper in illa civitate provectior
ætas. Ex quo extat illud : ab homine Spartano salsè ac
doctè Atheniensibus exprobratum. Ludis enim Athenis
cùm Lacedæmoniorum legati in gradibus orchestræ honorifico sanè loco assedissent, postque aliquantùm pleno

théâtre, déjà plein de monde, un vieillard appuyé sur son bâton ; c'était un homme du bas peuple. Comme il tournait çà et là, cherchant à s'asseoir, et que personne ne lui faisait place, il vint auprès des députés lacédémoniens, qui, se levant aussitôt en témoignage de respect pour son âge, lui donnèrent la place d'honneur. Cette action leur ayant attiré les plus grands applaudissements de tout le théâtre, l'un d'eux dit, non sans à propos : « Les Athéniens savent très-bien ce qu'il convient de faire, mais ils négligent de le faire eux-mêmes. »

L'enfant doit donc être formé par les préceptes et les soins de ses parents à savoir honorer les vieillards et les personnes d'un certain âge, et à les considérer presque comme ses parents. Ce respect, ce culte rendu à l'âge avancé profite, surtout chez les

jàm theatro ingressus senex innixus baculo, homo sanè haud magni pretii, circumiret quærens locum, neque eum sessum reciperet quisquam : ut venit ad Lacedæmoniorum legatos, illi confestìm ob ætatis reverentiam honorificè assurgentes superiore illi subsellio concessère : propter quod eis cùm esset maximo plausu ab universo theatro gratulatio facta, unus eorum non illepide : Ergo probè, inquit, norunt Athenienses quid facere rectum sit, sed id facere ipsi negligunt. Formandus itaque parentum præceptis et diligentia est puer, ut honorem senibus et majoribus natu habere condiscat, habeatque eos penè in parentum loco : proficit enim hujusmodi observatio cultusque majorum ad omnem

adolescents, à la modestie dans leur conduite, parce qu'il fait naître dans leur âme la pudeur, et leur donne de nombreux témoins de leurs actes et de leurs paroles ; de sorte qu'ils n'osent en rien s'écarter de ce qui est honorable et juste. Or, tant qu'ils redoutent la magistrature, pour ainsi dire, de ceux qu'ils respectent et honorent, et la mauvaise opinion qu'on aurait d'eux, ils ont plus difficilement le moyen de faillir, et rougissent d'être repris. De *vereri*, avoir une crainte mêlée de respect, est venu le mot *verecundia*, qui est l'action même d'avoir honte et de rougir, peignant la faute sur le visage et l'honorable peine du péché commis. C'est là pourtant le gage d'un bon caractère et de la vertu qu'on attend dans un enfant, si bien que ce proverbe nous paraît fort juste : *erubuit, salva res est,* il a rougi, tout est sauvé. En effet, la pudeur se charge elle-

vitæ modestiam adolescentibus plurimùm quod et pudorem in animis eorum ingenerat, et multos illi actorum dictorumque suorum constituit testes, ut nullam in partem ipsi audeant extra honestum et rectum se commovere. Dùm enim quos verentur et colunt eorum magisterium (ut ita loquar) et malam de se reformidant opinionem, difficilem habent magis rationem peccandi, deprehensique erubescunt : undè à verendo dicta est verecundia, quæ est actus ipse pudendi atque erubescendi, in vultu peccatum pingens, et liberalem ferens criminis commissi mulctam : vadem boni ingenii tamen, et expectatæ in puero virtutis, ut sanè appositè videatur

même d'empêcher et de prendre garde que rien n'arrive dont on ait à rougir. Elle convient à la vérité à tout âge ; mais elle est le principal ornement de l'adolescence. Que si nous l'appelions la protectrice contre les vices, et le rempart de la continence et de la vertu, certainement nous ne lui donnerions pas un faux nom.

Je conseillerai donc aux parents qui auront quelque confiance en notre autorité, de ne pas manquer de cultiver eux-mêmes de tout leur pouvoir, et de propager dans les enfants cette plante de la pudeur que la nature a semée dans les nobles âmes; ils sont assurés de recueillir des fruits abondants de leurs peines. Quoique la pudeur ne soit pas la même chose que la vertu, elle en est cependant le principal appui, car elle est la crainte de la mauvaise opinion

dictum, erubuit, salva, res est. Nam pudor ipse habitus est cavendi et providendi, ne quid tale contingat ut sit erubescendum, omni quidem ætati congruens, sed ornamentum præcipuum adolescentiæ : quem si amotorem flagitiorum, et propugnaculum continentiæ virtutisque dixerimus, haud sanè falsò eum appellaverimus nomine. De quo suaserim equidem parentibus, quibus nostra non levis futura est auctoritas, ut hanc pudoris stirpem in ingenuis animis satam à natura, omni ipsi ope fovere ac propagare in liberis non postmittant : fructus ex ea uberes suorum laborum percepturi. Quamvis enim non sit pudor idem planè quod virtus, firmamentum est tamen præcipuum virtutis : malæ enim de se opinionis

et de l'infamie, et cette crainte est la gardienne sévère et diligente de la vertu. Aussi bien ceux qui ont appelé la pudeur une crainte divine, semblent avoir le mieux caractérisé la force de cette affection de l'âme. En effet, elle seule nous fait craindre de perdre l'unique chose presque divine que l'honneur et la dignité nous donnent, à savoir : la considération et l'honnêteté.

Quant aux autres craintes, épouvantes et terreurs de la mort et des périls, qui abattent l'âme et sont près de l'anéantir, nous pensons qu'elles sont toujours, et avec raison, honteuses ; d'autant qu'elles sont le plus souvent vaines et inutiles ; l'apparence même en est malséante et indigne d'une âme bien née. Une pâleur livide couvre le visage et le défigure ; le tremblement agite les membres du corps ;

atque infamiæ est timor, in quo severa est et diligens virtutis custodia. Itaque qui pudorem divinum timorem esse dixerunt, hujus vim affectionis meliùs denotasse sunt visi. Solus enim pertimescit ne id amittatur à nobis quod unum obtinemus honore ac dignitate propemodùm divinum, decus atque honestatem videlicet. Ac cæteros mortis et periculorum pavores, metus, formidines, qui animos abjiciunt ac propè exterminant, cùm plerumquè vanos atque inutiles, tùm semper turpes esse meritò existimamus, quorum etiam species ipsa indecora et illiberalis sit, nam et lurido pallore os, et tremoribus membra concutiunt atque deformant : quod accidit animo refugiente ad arcem vitæ quæ in corde est,

ce qui arrive par la fuite de l'âme vers la citadelle de la vie qui est dans le cœur, où elle appelle de tout côté tout ce qui peut la secourir; de sorte qu'elle semble avoir comme déserté l'enceinte extérieure des remparts, et cédé la place à l'ennemi. La pudeur, au contraire, accourt au dehors; car le péril est extérieur, venant de l'opinion et du regard des hommes; elle oppose à la faute la rougeur du visage, comme un masque, désirant se cacher là où elle se trahit elle-même; et pourtant elle montre moins la faute que le tourment de l'âme de l'avoir commise; et elle fait cela avec tant de grâce, que, lorsqu'elle paraît s'avouer coupable, elle plaît dans l'objet même de son aveu.

Mais en voilà assez, et revenons à ce que nous disions, redisons-le de nouveau et plus souvent en-

et omnia illùc subsidia undiquè advocante : ut quasi deseruisse exteriorem mœnium ambitum, et cessisse hosti loco videatur : pudor verò occurrit foràs, extra enim est periculum, ab opinione scilicet, atque oculis, et ruborem in vultu, tanquam personam ad peccatum opponens, se cælatum cupit, in quo ipse sese indicat, nec tamen magis deliquisse sese quam uri in animo, quod deliquerit, ostendit : idque ità venustè facit, ut cùm videatur fateri peccatum suum, in eo ipso deceat in quo fatetur. Sed quoniam de his satis multa, redeamus ad id quod dicebamus, illud idemque de integro sæpiùsque dicamus, hujus affectionis vim atque naturam quæ timorem alit in animis ignominiæ, atque propagat,

core : les parents qui ont à cœur une bonne éducation pour leurs enfants, doivent soigneusement semer, cultiver, accroître la force et le caractère de cette affection qui entretient dans les âmes la crainte du déshonneur et la propage, afin qu'elle leur garde, jusqu'à l'arrivée de la véritable raison et de la philosophie, un jugement sain et une bonne renommée. Ce n'est pas légèrement que les parents doivent y donner leur soin et leur sollicitude.

PAUL. — Quelles belles choses, ô mon père! Il est incroyable combien je désire vous entendre! Car si, ayant appris de vous, qui m'avez nourri, élevé, qu'on doit honorer ses parents et respecter les vieillards, je m'appliquais, pour ma part, à le faire et à vous obéir; cependant, l'utilité de votre conseil m'étant démontrée, et comprenant quel fruit de pudeur on

ab eis patribus, quibus recta liberorum educatio est cordi, studiosè in filiis inserendam, colendam, adaugendamque esse, ut quæ quoàd vera ratio et philosophia ipsa adventet, bonam in eis mentem, opinionemque custodiat : in quo aliqua non levis à parentibus diligentia et cura est adhibenda.

PAULUS. — Quæ, mi pater? incredibile est enim quantoperè audire cupiam. Nam etsi acceperam à vobis, qui me aluistis, atque instituistis, honorandos esse parentes et majores natu colendos, idque ego pro mea parte ut agerem, essemque vobis dicto audiens, studiosè enitebar : nunc tamen cognita utilitate vestri consilii, et quantus indè pudoris existat fructus intelligens, quod

doit en recueillir, ce dont auparavant je ne m'étais pas aperçu, je serai désormais plus constant encore à vous obéir et à persévérer : ce qui est avant tout un devoir pour moi plus que pour les autres, puisqu'ils n'ont qu'un père, et que j'en ai deux qui m'ont élevé à respecter, à honorer les vieillards.

Jacques. — Je me réjouis, Paul, que nous n'ayons pas perdu nos soins par lesquels nous avons commencé à vous diriger vers l'étude de la philosophie; car je vois déjà que votre esprit comprend quelle solidité apportent à une sage conduite la raison vraie et la science elle-même. Quant à la manière dont je parlais de nourrir et de conserver la pudeur dans les enfants, elle est telle, que les pères qui ont cette passion de les former à l'honneur et à la dignité, si digne de la tendresse et de la bonté paternelles,

anteà non animadvertebam, ero posthàc in parendo et perseverando etiam constantior : quod quidem mihi præcipuè præter cæteros convenit : quandò cæteri à singulis, ego ex binis parentibus ad venerandos, colendosque majores productus sum.

Jacobus. — Lætor, Paule, non inaneis fuisse operas nostras, quibus te ad philosophiæ studia applicare cepimus, jàm enim mente concipere te intelligo, quantùm ad rectum morem vera ratio et scientia ipsa firmamenti afferat. Sed quod de pudore in liberis alendo et conservando dicebam, id ejusmodi est, ut patres quos iste amor filiorum ad decus et ad dignitatem instituendorum, dignus patria charitate indulgentiaque cepit, suscipiant

doivent user de douceur et de mansuétude. Qu'ils
évitent tout moyen âpre et grondant, comme dit un
ancien poëte, d'instruction et d'éducation ; qu'ils
aient pour appui l'indulgence et la clémence, en
gardant néanmoins toujours et en tout la gravité ;
car le père ne doit pas s'abaisser au point de se
rendre familier avec son fils et d'être comme son
camarade ; d'où naît dans l'enfant le mépris de
son père et une certaine suffisance, si bien que,
n'étant en quelque sorte astreint à aucune règle,
il convoite opiniâtrément tout ce qui lui plaît. D'un
autre côté, il ne doit pas être tellement sévère et in-
flexible, qu'il ne lui témoigne beaucoup de douceur
et d'affabilité ; qu'il ne caresse et n'embrasse tendrement, avec une certaine ardeur d'affection, cette
vivante image de lui-même, qui est pour les parents,

negotium cum lenitate et mansuetudine, nec ullam as-
peram ac perterricrepam (ut vetus poeta inquit) erudiendi atque instituendi ineant viam : verùm facilitate
clementiaque nitantur : verùm ut in omnibus servetur
semper gravitas : non enim usque eò se dimittere debet
pater, ut familiarem se , et veluti sodalem constituat
filio : ex quo oritur in puero patris contemptio, et fidu-
cia quædam sui ipsius, ut tanquàm nulla adstrictus lege,
quodcumque libuerit , præfractiùs id concupiscat :
neque rursùs ita austerus esse et pertinax, ut non multum comitatis atque humanitatis filio impertiat : vivam-
que imaginem sui, qua nihil est parentibus in omni vita
dulcius non ardore quodam benevolentiæ foveat chariùs

pendant toute leur vie, ce qu'ils ont de plus cher au monde.

Mais de même qu'il doit modérer son amour, pour que l'enfant, corrompu par trop d'indulgence, ne cesse pas de craindre et de respecter son père, de même il doit rigoureusement s'abstenir d'une violente et rude sévérité, qui arrache l'amour du cœur d'un fils, et amène ses désirs et sa volonté à prendre en haine tout ce qu'il saura être dans lui agréable à son père. Ou bien il tombera dans une basse timidité ; ou bien, s'il a plus de fierté dans le caractère, il se cabrera dans son opposition, secouant l'autorité paternelle et chaque jour agissant de mal en pis, comme s'il lui semblait se venger des injures de son père. Combien, en considérant ces choses, fut plus grande la sagesse de Caton et son expérience, lui qui avait surtout coutume de dire, et d'avoir sans cesse

atque amplectatur. Sed ut moderandum est amori, ne nimia indulgentia corruptus puer, exuat metum et reverentiam sui patris : sic à præcipiti et prærupta asperitate vehementiùs etiam abstinendum est, quæ amorem elidit ex animo filii, eumque in id voluntatis et studii adducit, ut quæcumque patri placere in se cognoverit, habeat ipse odio : et vel ad illiberalem animi timiditatem se abjiciat, vel si fuerit natura contumacior, nitatur in adversum, et detrectando imperium patris, quotidièque deterius aliquid faciendo, quasi paternas injurias sibi videatur ulcisci. Hæc intuens qua fuit sapientia, et quo usu major ille Cato, imprimìs ferre, et habere in

dans la bouche : que les pères de famille qui portaient la main sur leurs femmes et sur leurs enfants n'étaient pas moins déshonorés, et ne devaient pas être moins en horreur que ceux qui la portaient sur les statues des dieux immortels !

Certes, si nous voulons y réfléchir, puisqu'il ne convient à personne d'être maintenu dans le devoir par la crainte, il convient bien moins aux enfants, dont nous voulons par-dessus tout former les âmes à l'honneur et à l'honnêteté. La crainte est une pauvre et faible garde pour la vertu. Que ceux qui veulent l'imposer à leurs fils écoutent Térence morigénant avec beaucoup de grâce ces pères qu'on rencontre dans l'ordinaire de la vie :

« On se trompe grandement, à mon avis, dit-il,
» si l'on pense que l'autorité qui vient de la force
» est sur les enfants plus grave et plus solide que

ore solebat, non minùs pollui, et detestandos esse patresfamilias qui conjugibus et liberis, quam eos qui delubris deorum immortalium manus attulissent. Et verè si cogitare volumus, cùm nemini expediat metu contineri in officio, minimè convenit liberis, quorum præsertim animos ad decus et ad honestatem cupimus informare : infirmus enim et debilis virtutis custos metus est : quem qui adhibere in filiis volunt, audiant Terentium è communi vita hujuscemodi patres commodè admodum objurgantem : et errat longè, mea quidem sententia, qui imperium in liberos gravius et stabilius esse putat, vi quod fit, quam quod amore adjungitur.

» celle qui les attache par l'amour. Que le père donc
» soit bien convaincu de cette vérité, s'il veut se
» faire aimer et honorer de son fils : ce qu'il ob-
» tiendra, s'il n'est envers lui ni morose, ni rude, ni
» scrutant trop curieusement chaque chose; s'il n'est
» en rien rigoureux et terrible; s'il se montre à lui
» facile, indulgent, en gardant néanmoins toujours
» sa gravité : ce qui aura lieu s'il tempère les actes
» par les paroles et les mêle ensemble de manière
» que, pour ce qui est des goûts et des plaisirs de
» son fils, de ceux, bien entendu, qu'il lui a permis
» et qui sont honorables, sans rien dire, ou parlant
» peu, il lui donne tout avec largesse, soit qu'il
» aime les chevaux, soit qu'il désire des chiens pour
» la chasse, soit qu'il aille élégamment et richement
» vêtu, sans excès pourtant. Son fils doit aussi
» pouvoir inviter ses égaux au partage de toutes ces

Sit igitur hoc patri imprimìs propositum, ut se amari et
magnificari velit à filio : quod assequetur, si neque mo-
rosus, neque asper, neque singula curiosiùs insectans,
nullamque in partem immitis fuerit, et truculentus, præ-
bueritque se facilem et indulgentem filio, gravitate
tamen ubiquè retenta; id autem erit, si ità facta dictis
temperaverit, inter seque miscuerit, ut in his quæ erunt
studii alicujus et voluptatis (quæ quidem sit concessa
atque ingenua) nihil aut parùm verborum interponens,
largiter, cuncta suppeditaverit filio, sive equis ille oblec-
tetur, seu canes ad venandum appetat, vestitu etiam
indulserit liberali et splendido, neque nimio tamen : ac

» jouissances ; recevoir ses hôtes, et, de temps en
» temps, faire quelque présent à l'un de ses cama-
» rades. Si le père, sans plaisanter avec son fils,
» sans chercher à l'égayer, à le divertir par de ridi-
» cules entretiens, lui accorde tout cela gravement,
» magnifiquement, et comme de propos délibéré,
» pour en user, en faire et s'y conduire à sa fan-
» taisie, il est étonnant combien grande sera la place
» qu'il occupera dans son cœur ; c'est au point que,
» par affection et par respect, il n'osera rien faire,
» ni même rien penser qui déplaise à son père. D'un
» autre côté, si dans les .choses qui toucheront à la
» vertu et au devoir, qui regarderont la modestie,
» la continence, l'affabilité avec les égaux, l'huma-
» nité avec les inférieurs, le respect et l'honneur
» envers les supérieurs, le père n'épargne ni les re-

deinceps hisce omnibus ut vocare æquales suos, hospi-
tesque accipere domi, munerare etiam interdùm aliquem
ex sodalibus suis possit : hæc enim pater si nihil priùs gar-
riens cum filio, neque ineptis collocutionibus jocum et hilaritatem quærens, graviter atque magnificè, ac tanquam
consilio certo utenda, agenda, regendaque concesserit :
mirum quantus in animo illius insidebit, et ad amorem,
et ad reverentiam, nihil ut audeat, ne cogitare quidem
filius, in quo displiceat patri. Rursùs si in his quæ erunt
virtutis atque officii, quæ ad modestiam, quæ ad conti-
nentiam, quæ ad comitatem cum æqualibus pertinebunt,
humanitatem cum inferioribus, erga superiores cultum
atque honorem, pater orationi præceptisque non peper-

» montrances, ni les préceptes; s'il est assidu à
» l'avertir et à l'instruire; si, en outre, dans les
» choses et les actions qui concernent les règles de
» la discipline, il ne permet rien à son fils par com-
» plaisance; s'il ne le laisse se conduire en rien se-
» lon son caprice, mais d'après l'ordre de son père
» et les préceptes de la vertu, ce sera certainement
» le meilleur moyen pour que le germe fécond de la
» pudeur et des vertus, ayant trouvé la culture qui
» lui convient, croisse dans le cœur des enfants pour
» leur plus grande dignité. Il ne produira pas seule-
» ment en eux la crainte de l'infamie, mais encore
» un amour et un incroyable désir d'acquérir de la
» gloire. Il les enrichira de la grandeur d'âme, de
» l'élévation et de la droiture dans la volonté, pour
» qu'ils abhorrent tout ce qui est bas et avilissant;
» car le maître le plus habile, c'est le père qui rap-

cerit, fueritque in monendo et docendo assiduus : porrò
autem in rebus ipsis atque factis, in quibus recta disciplina cernitur, nihil gratiæ causa permiserit filio, neque
siverit ut suo ille arbitrio, ac non ex præscripto patris,
præceptisque virtutis quicquam gerat, agatque : nimirùm hoc modo maximè, illa pudoris fertilis virtutum et
frugifera radix, idoneos nacta cultus, ad summam dignitatem in puerorum animis adolescet : neque illis solum
metum ignominiæ, sed amorem etiam injiciet et cupiditatem incredibilem adipiscendæ laudis : altitudine quoque animi et celsis rectisque voluntatibus illos adornabit,
ut abhorreant omnem sordem indignitatemque : optimus

» porte tout à la dignité. Lorsqu'il se sera fait aimer
» pour son indulgence, et craindre pour sa gravité,
» il mènera facilement le cœur de son fils où il vou-
» dra, et n'y jettera pas en vain la semence de la
» vertu. C'est pourquoi, comme dit cet Hector Nevia
» nus, ce fils désirera avant tout d'être loué et estimé
» d'un père qui sera lui-même un homme d'honneur.
» Ensuite, dans les relations familières et la société
» de ses égaux, il se conduira de manière que, leur
» étant supérieur par la beauté de sa vie et la no-
» blesse de ses mœurs, il voudra être à leur niveau
» par son affabilité.

    » Telle sera sa conduite, dit notre Térence, qu'il
» saura supporter et souffrir facilement tous ceux
» avec lesquels il se trouvera ; se plier à leurs goûts,
» quand ils s'y livreront ensemble ; n'être en oppo-

enim artifex pater atque is qui refert ad dignitatem
omnia, cùm se et propter indulgentiam suam amari à
filio, et propter gravitatem metui obtinuerit, facilè
illius ducet animum in quamcumque volet partem, nec
ullum semen in eo virtutis frustrà jaciet. Itaque se ille
primùm cupiet à patre et laudari et probari, laudato
ipso (ut Hector ille Nevianus inquit) viro : deindè ad
æqualium familiaritates et consortia ità se dabit, ut cum
splendore vitæ, et morum nobilitate illis antecellat,
humanitate tamen velit esse par. Sic vita erit, noster
inquit Terentius, facilè omnes perferre ac pati cum quibus erit, cumque una his sese dedêre, eorum obsequi
studiis, adversus nemini : nunquàm præponens se illis,

» sition avec personne; ne se préférant jamais à eux;
» de sorte qu'il trouvera très-facilement des éloges
» sans envie, et qu'il fera de ses égaux, des amis. »
Mais notre Térence ajoute quelque chose de plus :
« Outre ces éloges, dit-il, et cette nouvelle amitié,
» il s'attirera leur admiration pour sa grande vertu. »
Mais parce que cet âge est capable de beaucoup
de choses qui approchent parfois plus du vice que
de la vertu, ce qui semble, à la vérité, être nécessaire, à cause de l'effervescence des passions, principalement alors, parce que, chez les enfants et les
adolescents, la raison n'a pas encore toute sa force,
et qu'après qu'elle est bien raffermie, à peine sem-
ble-t-elle pouvoir garantir les vieillards et les hommes
d'âge de tout égarement et de toute faute, le père
devra prendre bien garde de régir et gouverner cet

ità ut facillimè sine invidia laudem inveniat, et amicos
pares. At noster iste aliquantùm plus : præter laudem
enim atque amicitiam novam, etiam admirationem
summæ virtutis obtinebit. Sed quoniam multa cadunt in
hanc ætatem, quæ sunt interdùm vitio propiora, quàm
virtuti : quod quidem necessarium videtur ità esse,
propter effervescentiam cupiditatum, tùm maximè, et
quod nondùm adulta in pueris et adolescentibus est
ratio, quæ posteà quàm benè confirmata est, vix etiam
videtur posse senes, et ætate provectos homines, ab
omni errato et culpa coercere : diligenter videndum
est patri, ut ad regendam et ad gubernandam lubricam
ætatem filii multum æquitatis et patientiæ afferat, acu-

âge glissant avec beaucoup de justice et de patience;
de bien distinguer s'il y a eu faute commise contre
la vertu et le devoir; si elle est de nature à pouvoir corrompre de bonnes mœurs, ou bien si elle
est comme le produit d'une certaine fermentation de
l'âge et de l'adolescence. Pour le moment, nous ne
chercherons pas à faire cette distinction, car ce n'est
pas ici le lieu d'en parler.

Il y a pourtant des choses qu'un père pourra faire
semblant d'ignorer et de souffrir; il pourra laisser
quelque chose à la jeunesse, pourvu qu'il y ait de
la mesure, et il ne sera pas nécessaire de tout poursuivre selon la rigueur de la justice. Il y en a, au
contraire, qui exigent nécessairement plus de sévérité et de vigilance : qu'il ne laisse pas la porte ouverte à l'entrée de ces vices qui ensuite croissent
avec l'âge, et qui, s'ils se fortifient, détruisent dès

---

tèque dispiciat, si quid sit commissum virtuti alienum,
atque officio; num id ex eo genere crimen sit, quod ad
bonum morem corrumpendum valeat, an quod ab ætatis
adolescentiæ quasi fermento quodam fuerit profectum.
Horum nos criminum genera in presentia non distingui-
mus, alienus enim de his disserendi est locus. Sed tamen sunt nonnulla, in quibus pater dissimulare et pati,
et aliquid permittere adolescentiæ poterit, dùm teneant
illa aliquem modum, neque habebit necesse omnia pro
suo jure exequi. In quibusdam autem acrior, et vigilan-
tior sit necesse est, nec patefieri aditum sinat ad ea
insinuanda vitia, quæ cum ætate posteà accrescunt

le commencement le caractère de la vertu, bientôt
après la vertu même et toute bonne renommée. De
ce genre sont les jeux de hasard, les lieux de débauche, et ces amours violents que Platon représente si bien comme les tyrans de l'âme. Pourtant,
même contre ces grands vices, plus douce est la
correction, moins elle est périlleuse. S'il arrive que
le père ne puisse ou ne doive dissimuler, qu'il prenne
son fils en particulier, qu'il le réprimande avec bonté,
lui exprimant son amour, sa sollicitude, et l'ame-
nant à reconnaître lui-même son égarement; qu'il le
prie et le conjure de ne pas chercher à perdre l'espérance de son père, de sa famille, et sa propre
estime pour cette dignité personnelle qu'il attend
lui-même et souhaite de conserver. Il ne sera pas
besoin de beaucoup d'autres choses, si j'augure bien,
et les préceptes d'une sage discipline, prenant le

simul, indolemque statìm ab initio, si invaluerint, virtutis, mox et rem, et omnem bonam famam ejiciunt :
cujusmodi aleæ, ganeæ, atque impotentes illi amores
sunt, quos tyrannos animi præclarè describit Plato. Ac
in superiore quidem illo genere, quod mitius est, minùsque periculosum, si evenerit ut non possit, aut ne
debeat pater dissimulare, adhibeat filium. leniterque
eum objurget, suam de illo curam, sollicitudinemque,
et suum illi ipsi errorem detegens, oret, obtestetur,
ut ne patris et propinquorum spem, suamque ipse laudem speratæ, atque exoptatæ dignitatis contendat irc
perditum. Nec multa erunt opus, si ritè ego conjecto, et

dessus, résisteront à l'entraînement. Le fils, blâmant lui-même sa propre conduite plus sévèrement que son père, sera moins indulgent que lui, et c'est avec grande douleur qu'il souffrira les prières et les avertissements d'un père chéri.

Si, au contraire, mais je ne veux pas prévoir quelque chose de trop fâcheux, puisque, dans une pareille famille et avec de pareilles mœurs, il semble qu'il ne peut rien arriver de contraire à notre volonté, mais enfin si la faute commise est plus grave, il faut bien que le père agisse avec vigueur, que ses paroles soient plus sévères. Qu'il n'aille pourtant pas jusqu'à se livrer à cette colère terrible qui, troublant la voix, le visage, embarrassant tous les gestes de celui qui parle, le fait quelquefois sortir de sa gravité, et offre toujours un spectacle indigne d'un homme de cœur. Mais il imitera ce vieillard de Té-

superiora prudentis disciplinæ præcepta constabunt. Gravior erit patre improbator sui facti ipsemet filius, minùsque sibi ignoscet, magnoque cum dolóre feret preces et monita charissimi parentis. Sin autem (sed nollem tristius aliquid ominari, cùm in hac familia, et in his moribus nihil videatur accidere posse secus quam velimus). Sed tamen si quid deterius fuerit factum, vehementer quidem agendum erit à patre, et verbis gravioribus : non tamen usquè eò ut ad trucem illam iracundiam se rumpat, quæ cùm vocem vultumque perturbet, gestusque omnes impediat loquentis, nunquam non de gravitate detrahit, et spectato viro semper in-

rence qui, ce nous semble, réprimande son fils avec
assez de sévérité. « Malheureux! penses-tu que,
» moi vivant, moi ton père, je te permettrai de te
» conduire plus longtemps ainsi? d'avoir maintenant
» une maîtresse presque absolument comme une
» femme légitime? Tu te trompes, si tu le crois, et
» tu ne me connais pas, Clinias. Je veux bien qu'on
» dise que tu es mon fils, tant que tu ne feras rien
» d'indigne de toi; mais s'il en est autrement, moi,
» je saurai faire à ton égard ce qui est digne de
» moi. »

Cela nous paraît suffire pour ramener un fils per-
verti, d'autant plus que ces paroles, conformes à sa
bonne éducation, sortiront de la bouche d'un père
tel que nous l'avons précédemment représenté, et
dans la conduite duquel le fils n'aura trouvé à imiter
aucun exemple de sa faute. Un autre remède, si la

decora est. Sed imitabitur senem illum Terentianum,
sat severè, ut videtur, objurgantem filium. Hem tibi, ne
hæc diutiùs licere speras facere me vivo patre? Amicam
ut habeas propè jàm uxoris loco? Erras, si id credis, et
me ignoras, Clinia. Ego te meum esse dici tantisper
volo, dùm quod te dignum est facies. Sed si id non
facis : ego quod me in te sit facere dignum, invenero.
Videntur ista permotura quemvis corruptum filium : hoc
magis si fuerint ab ea disciplina; et ex ejusmodi patris,
qualem supra formavimus, ore prolata : cujus nullo
exemplo in paternæ culpæ similitudinem filius deductus
sit. Erit item remédio, si gravitas rei postulabit, ad

gravité de la chose le demande, auquel néanmoins il ne convient de recourir qu'à la dernière extrémité, ce sera que le père, s'il trouve que le cœur de son fils s'est trop éloigné de lui, ne le traite plus comme il avait coutume de le faire, restreigne peu à peu à son égard son ancienne indulgence et son habituelle libéralité. Ou ces moyens-là seront efficaces, ou bien il faudra faire autre chose.

Mais ce que nous défendons à l'égard du fils, c'est que le père en vienne aux coups, et ravale en lui la nature d'un homme libre à la condition d'un esclave; chose que nous permettrons facilement à l'égard d'un valet ou d'un artisan, dont le caractère serait tel que, selon le vieux proverbe de Phrygès, *les coups le rendissent meilleur.* Il ne faudra même pas manquer de le faire, s'il arrive qu'il faille punir un valet pour la même faute que celle qui

quod tamen extremum decurri placet, si pater à filio videbitur factus alienatior, nec eum ampliùs ut consueverat, adhibebit, paulatìmque pristinam suam in illum indulgentiam, et anteà solitam restringet liberalitatem : vel enim proderunt ista, vel aliud erit agendum. Verùm quod nos prohibemus in filio, ne eum pater verberibus cædat, nec ingenuam naturam ad servilem detrahat conditionem, id in servo et in operario homine facilè permittimus : cujus ea sit natura, quemadmodùm de Phryge vetus proverbium est, ut plagis fiat melior : quod etiam erit studiosiùs faciendum, si quod peccatum in filio ægrè ferat pater, id contingat in servo delicto simili

cause dans le fils le chagrin de son père, afin qu'il comprenne de toutes manières que son père ne l'aimera plus, tant qu'il ne changera pas de conduite, et que de pareilles actions lui sont en horreur.

Mais ce sont là de vaines conjectures, et nous craignons en vain qu'elles puissent se réaliser. Ce sont des choses qui inspirent naturellement de l'aversion à tout le monde. On ne doit donc pas même soupçonner que ceux qui auront été nourris, élevés sous une telle discipline, et conduits au droit chemin de la vertu, puissent détourner leur nature et leur volonté vers ces honteuses passions.

Il restera seulement au père à voir, à examiner avec attention, pour les juger et les bien connaître, quelle est la manière d'être de ceux de sa famille ou parmi les jeunes gens, qui, par grande familiarité et fréquentation, s'attacheront à son fils. « Il faut tou-

ut sit puniendum : ut omnibus modis intelligat filius, mentem ab sese patris, quamdiù ipse illiusmodi fuerit, et à similibus factis vehementer abhorrere. Verùm hæc nos vaticinamur, et nequicquam tanquàm accidere possint pertimescimus : à quibus omnis natura abhorret, non enim nec suspicandum quidem est, quos talis aluerit, institueritque disciplina, et ad rectum iter virtutis induxerit, ut eorum possit natura et voluntas ad prava studia converti. Reliquum illud tantum videbit pater, et in eo quidem intendet animum curiosiùs, ut perspiciat, et animadvertat cujusmodi sint qui de familia aut ex juventute, multa familiaritate atque usu adhærebunt

jours veiller, dit Ennius, nos biens sont environnés de tant d'embûches! » Certainement, un père diligent trouve à peine le temps de prendre quelque repos; mais si l'on a bien employé ces soins, cette sollicitude, rien ne saurait être plus doux. Quant aux domestiques, encore que chacun doive connaître les siens, voici le court précepte qui les concerne : que tous respectent et honorent également le fils; qu'ils lui obéissent quand il leur commande; que ceux auxquels le père a particulièrement donné ce soin fassent tous les jours avec soumission leur service auprès de sa personne. Mais si l'un d'eux, contre la règle, cherche trop à s'insinuer dans sa compagnie et sa familiarité, qu'il soit écarté, comme pensant à mal.

La fréquentation de la jeunesse présente plus de

filio : vigilandum est semper, multæ sunt insidiæ bonis nostris, inquit Ennius : et profectò vix datur spatium diligenti patri ullius capiendæ quietis. Sed ut illis sollicitudinibus et curis, si benè locatæ sint, nihil fieri possit dulcius. Ac de familia quidem breve præceptum est (quanquàm suicuique domestici debent esse noti) ut omnes æqualiter colant, honorentque filium, et aliquid mandanti dicto audientes sint : quotidianum autem obsequium, et cultum circa eum hi gerant, qui sunt nominatìm præfecti à patre. Si quis verò extra ordinem insinuare sese in comitatum et consuetudinem nimis studeat, is tanquam aliquid malitiosè cogitans repellatur. In juventute majus periculum est, nam et major

danger, car la différence des mœurs est plus grande
parmi de nombreux camarades, et il y en a qui,
étant plus âgés même de beaucoup d'années, cherchent à retirer de cet âge simple et facile à sur-
prendre, un aliment à leurs diverses passions. Leur
commerce est on ne peut plus pernicieux pour les
bonnes mœurs. Il faut les chasser avec bruit et clameurs, comme les oiseaux de proie qu'on éloigne
des oiseaux paisibles. Mais il n'est pas juste de pri-
ver un jeune homme de la société des jeunes gens
ses égaux et de leur fréquentation. Or le remède,
déjà usité dans l'antiquité contre ce péril, ce sont
les soins intelligents des précepteurs qui, étant les
compagnons assidus des adolescents, les contiennent
dans le devoir et les empêchent de mal faire. Le
père doit surtout les choisir estimés et fidèles. Mais

sæpè in magna copia sodalium dissimilitudo inest morum, et sunt inter eos aliqui natu grandiores, vel etiam
annis longiùs provecti, qui ex illa ætate simplici atque
lubrica variis suis cupiditatibus pastum quærunt, quorum imprimìs pernitiosa ingenuis moribus est consuetudo : qui quidem omni et sono et strepitu, tanquàm
insidiosæ aves, à grege mansuetarum perterrendi sunt.
Juvenem autem à juvenium æqualium congressu, et
consuetudine arcere æquum non est. Igitur ad omnia
hujusmodi pericula remedium jàm antiquitùs usitatum,
pædagogorum cura atque industria : qui cùm assidui comites sint adolescentibus, continent in officio, et aliquid
pravè ceptantibus obviam eunt : quos maximè probatos

quoique leur zèle, leur diligence ne soient jamais inutiles, il n'y a pas pour les adolescents une meilleure garde de la vertu que cette pudeur dont nous avons parlé, que cette discipline de la famille, bien òrdonnée, constante, et surtout que la sagesse et la gravité du père, dont le fils s'imprégnera par un usage de tous les jours. Portant en lui l'empreinte de ces exemples domestiques et des préceptes de son père, il produira en public ces belles images de l'honneur et de la dignité qui occupent son âme, et, les comparant avec les mœurs et les goûts des autres, il commencera à connaître, à distinguer ce qui le fait différer de ceux qui n'ont pas du tout reçu une pareille éducation, qui ont été privés d'un si grand bienfait des dieux immortels. C'est alors qu'il comprendra son bonheur, qu'il se réjouira d'en faire

et sibi fideles eligere debet pater. Sed etsi horum studium ac diligentia nonnihil aliquandò proficit, nullum tamen fortius est in adolescentibus virtutis præsidium, quàm pudor, de quo antè diximus, et illa ordine directa ac sibi benè constans disciplina familiaris, patrisque imprimìs sapientia et gravitas, quam cum usu quotidiano imbiberit filius, exemploque illo domestico et præceptis patriis imbutus, præclaras decori honestique imagines, quæ in animo illius penitùs insederint, detulérit secum in forum, et secum cæterorum moribus studiisque composuerit, tùm incipiet notare atque discernere, quid inter se atque eos intersit qui nequaquàm simili à disciplina profecti sunt; nec tantum habuerunt deorum im-

l'expérience et de se conformer chaque jour aux règles de cette noble conduite, dont le fruit sera non-seulement la joie qu'il ressentira dans son âme, mais encore l'honneur de la part de ses égaux, l'admiration des vieillards et une insigne bienveillance de tout le monde. Aussi bien, étant toujours incité comme par l'aiguillon du désir et de la louange à aller plus avant, il se raffermira chaque jour davantage par l'expérience dans toutes sortes de biens. Il exercera surtout sa bonté, il secourra ceux qu'il pourra, il sera affable envers tout le monde, et nullement fâcheux pour personne. Il s'attachera par les liens d'une plus étroite amitié les hommes probes et honnêtes; il ne méprisera pas les autres. Il fera et dira toute chose de manière que ses actes et ses paroles aient de la dignité, non pas cette sévère et

mortalium beneficium. Tunc suis fortunis gratulabitur, gaudebitque experiri, et quotidiè aliquid agere ex illo ingenuo more atque modo, cujus fructum percipiet non solùm in animo suo lætitiam, sed ab æqualibus honorem, et à senibus admirationem, ab universis insignem quandam benevolentiam : eoque velut stimulo amoris et laudis ad ulteriora semper incitatus, fiet quotidiè in omni bona parte usu confirmatior, benignitatemque imprimìs exercebit, juvabit quos poterit, omnibus erit comis, molestus nemini : probos et bonos arctiore sibi vinculo familiaritatis adjunget, reliquos non aspernabitur : ità aget dicetque omnia, ut in verbis et in factis existat dignitas, non severa illa et gravis, quæ majoribus

grave dignité convenable pour des hommes d'âge,
mais celle qui, étant jointe à l'enjouement et à la
modestie, convient surtout à la jeunesse. En un
mot, cette ressemblance de la vertu, de la dignité
et des excellentes mœurs de son père, non encore
complétement formée, mais comme grandissant avec
son âge, il la portera de la maison dans les lieux de
réunion de ses égaux et de ses camarades; de sorte
que beaucoup de ceux de son âge, qui dans ces
lieux la contempleront, et ceux que touchera cette
belle et noble image de la vertu, sembleront tout
disposés à s'efforcer de l'imiter. D'où l'on peut con-
jecturer que de bien arriverait à la cité et à tout
l'État, si cette bonne éducation de l'adolescence était
un jour généralement pratiquée, puisque l'on comprend que parfois, par l'exemple et le contact d'un

natu consentanea est, sed quæ cum hilaritate modes-
tiaque conjuncta maximè deceat adolescentiam. Denique
omnem illam paternæ virtutis ac dignitatis, optimorum-
que morum similitudinem nondùm planè robustam, sed
veluti cum ætate secum unà pubescentem, in cœtum
æqualium et comitum suorum domo transferet, ut multi
qui intuebuntur ex eodem loco eademque ætate, quosque
illa egregia et pervenusta species virtutis commoverit,
videantur fore eo animo, ut conentur imitari : ex quo
potest conjectura capi, quantum civitati et toti reipublicæ eventurum sit boni, si hæc rectè instituendæ
adolescentiæ disciplina aliquandò publicè coletur, cùm
unius interdùm exemplo intelligamus cunctam penè ju-

seul, presque toute la jeunesse peut être facilement enflammée du désir d'imiter la vertu.

Paul. — Je suis si ému quand je vous entends parler, que je puis à peine contenir ma joie. N'ai-je pas reçu de Dieu ce très-grand bienfait d'être élevé dans cette volonté de pratiquer la vertu, et sous une discipline qui me fait commencer à recueillir quelques-uns des fruits que vous venez d'énumérer? Mais quand un adolescent a été amené à cette situation, à cette jouissance de la vertu, je vous le demande, que lui manque-t-il pour être complétement heureux?

Jacques. — Ce qui est le plus nécessaire, Paul; à savoir, la vertu elle-même, les bonnes habitudes, comme nous l'avons dit tant de fois, n'en étant que l'ombre. Or, il nous en faut pour suivre et saisir le

ventutem ad imitationem virtutis facilè accendi posse.

Paulus. — Ità afficior, mi pater, cùm te hæc audio loquentem, ut lætitiam meam ipse vix feram : quippè qui Dei immortalis maximo dono adeptus sum, ut et hac voluntate ad consectandam virtutem, et in hac disciplina altiùs essem, ex qua fructus jàm aliquos capere incipio ex his qui à te modò numerati sunt : sed cùm in hunc vitæ statum et virtutis usum perductus est adolescens, quidnam, quæso, illi ampliùs deest, quò minùs felix sit ac beatus?

Jacobus. — Totum id, Paule, quod est maximè necessarium, virtus ipsa videlicet cujus umbram rectum esse morem jam totieus diximus : nobis verò vestigandum et

corps, non pas comme si nous étions trompés par les vaines visions d'un songe, mais pour devenir, étant éveillés, réellement possesseurs du souverain bien.

Paul. — Je comprends maintenant, vous voulez parler de la philosophie.

Jacques. — Oui, vraiment ; car c'est la seule chose sans laquelle, j'en excepte toujours le sort de Dieu, la vie d'aucun homme ne peut jamais être par elle-même sage, ni heureuse.

Paul. — Pourquoi donc n'arrivons-nous pas tout d'abord à cette troisième partie de notre système d'éducation qui contient, je pense, la philosophie elle-même, qui concerne, comme vous dites, tout le perfectionnement de la vertu? Car, quoique les choses que vous avez dites, celles que vous dites

tenendum corpus est, ne tanquàm in somno visis inanibus decepti, sed vigilantes, et reverà summi boni efficiamur compotes.

Paulus. — Jam intelligo te velle philosophiam dicere.

Jacobus. — Volo, inquam verò : illa enim est una, sine qua nullius hominis vita (divinam semper excipio sortem) suopte certè ipsa consilio, nec sapiens unquam, nec beata esse potest.

Paulus. — Cur igitur non quamprimùm ad illam tertiam partem nostræ institutionis tendimus? in qua, ut arbitror, philosophia ipsa inest, cujus tota est, ut dicis, virtutis expolitio. Etsi enim me summoperè hæc delec-

maintenant, aient pour moi beaucoup de charme, je n'en désire pas moins m'approcher de cette source même, de cette origine de toutes les vertus.

JACQUES. — Il n'y a plus qu'une chose, Paul, dont nous avons à parler, qui est des premières en honneur, en utilité, mais que, pour la commodité du discours, nous avons réservée pour la fin. Nous n'avons pas encore dit un mot de la vérité. Or, c'est elle principalement qui engendre non-seulement les bonnes mœurs, mais qui rend encore la vie réellement sage et heureuse. Sans elle il ne peut réellement y avoir ni probité, ni prudence, ni libéralité, ni magnificence. Quel est l'homme, en effet, je ne dis pas accoutumé à mentir et à tromper, celui-là étant plutôt un monstre qu'un homme, mais à se permettre, en déguisant tant soit peu sa pensée, de

tant quæ dicta sunt et dicuntur, tamen ad ipsum fontem et caput omnium virtutum cupio accedere.

JACOBUS. — Unum etiam restat, Paule, de quo à nobis aliquid dicendum est, quod cùm honore atque utilitate primarium sit, propter quandam tamen opportunitatem in oratione à nobis factum est postremum : nullum enim adhuc verbum de veritate fecimus. At ea est præcipua non solùm benè moratæ, sed etiam verè beatæ et sapientis vitæ procreatrix, sine qua nihil neque probum, neque prudens, neque liberale, neque magnificum verè potest existere. Quis enim mentiri et fallere non dico assuefactus (monstrum enim illud hominis potiùs quàm homo est) sed vel paululùm modò inducens animum,

sentir quelquefois autrement qu'il ne parle, et de mettre sa langue en opposition avec son cœur, que nous devrons ranger au nombre de ceux dans lesquels nous formons pour l'avenir l'image d'une suprême dignité?

PAUL. — Pour moi, il me semble que nous devons le répudier quel qu'il soit. Et cela ne m'était pas venu dans l'esprit, lorsque pourtant chaque jour, par vous surtout, et dans Aristote même, que votre enseignement et vos conseils m'ont mis entre les mains, je pouvais déjà commencer à connaître ce grand, ce précieux bien de la vérité. Mais je désire savoir pourquoi vous avez réservé pour la fin, comme vous dites, d'en faire mention.

JACQUES. — Parce que la vérité est douteuse entre le pour et le contre; qu'elle est répandue dans

licere aliud sentire aliquandò, aliud loqui, et habere linguam à corde discrepantem, in numero eorum ponendus est, in quibus species à nobis futuræ eximiæ dignitatis constituatur?

PAULUS. — Videtur verò repudiandus quisquis ille est: nec mihi venerat in mentem, cùm tamen jàm quotidiè magis ex te, et in Aristotele ipso, quem te hortante ac præmonstrante in manibus habeo, possim incipere nosse hoc tantum et tam eximium bonum veritatis. Sed cur de ea mentionem in hoc extremo, ut tutè inquis, loco faciendam tibi reservaveris, id ego audire ex te expecto?

JACOBUS. — Quia anceps est in utramque partem, et

toute espèce de doctrine et de science, et qu'elle concerne même, et à plus forte raison, les bonnes habitudes. Parce que, d'un autre côté, nous avons parlé des mœurs et de la discipline domestiques, par lesquelles l'adolescent doit être accoutumé à toutes les choses bonnes et honnêtes, non pas qu'on n'en puisse dire davantage, mais parce que cela doit lui suffire.

Maintenant, au contraire, il s'agit des choses qui ne dépendent pas tant de l'habitude que d'une délibération certaine, que de la volonté dirigée par sa propre science et par la raison. Nous nous sommes donc réservé de placer ici de préférence la vérité qui domine dans les deux parties de l'éducation, et y remplit le principal rôle, afin que, puisqu'elle seule commande à l'une et à l'autre, elle seule ferme la marche, en soumettant à de bons préceptes ce qui, dans la morale, est pénible ou facile à suivre, et

cùm in omne genus doctrinæ scientiæque diffusa, tùm ad bonum morem etiam pertinens : quoniam autem de more et disciplina domestica, qua imprimis assuefaciendus ad omnia recta et honesta est adolescens, dictum à nobis fuit : non quin plura alia possint dici, sed quia hæc futura sunt satis. Nunc autem ad ea tendimus, quæ non tam consuetudinis, quàm certi consilii, et suapte scientia ac ratione directæ voluntatis sunt : veritatem in utroque genere instituendi præcipuam et primas ferentem parteis, in hoc potissimùm loco constituimus, ut cum una eademque dominetur utrobique, una quoque et morale illud ac molestum facileque monenti rectè, ob-

conduise également ce qui regarde la sagesse et la science.

Paul. — On dirait que la vérité est comme le lien qui unit ces deux parties.

Jacques. — Bien plus, c'est la lumière qui les crée toutes les deux et les illumine, plus puissante que l'astre du jour ; d'autant que le soleil apporte le jour et la lumière aux yeux, la vérité aux intelligences. Le premier fait voir les choses comme elles sont, la vérité fait qu'elles soient ce qu'elles sont. Mais la philosophie poursuit particulièrement et de fort près cette lumière ; elle emploie tous ses soins, son travail, son étude à s'emparer de cette lumière par la perception de la vérité. Lorsqu'elle s'en est saisie, qu'elle en a fait sa propriété, habitant alors elle-même dans la lumière et la vérité, elle s'élève sur

temperans cogat agmen, et hoc sapiens eruditumque ducat.

Paulus. — Quasi veritatem vinculum dicas, quo ambo genera ista contineantur.

Jacobus. — Imò lumen à quo ambo et creantur et illustrantur, hoc quidem diurno sidere tantò potentius, quod sol iste oculis, veritas mentibus lucem et diem affert, atque hic facit ut res, quales sunt, tales etiam cernantur : illa, ut quod sunt, id illud ipsum sint. Sed hoc lumen et propriè et proximè philosophia ipsa sectatur : omnemque suam curam, omnem operam studiumque impedit in eo, ut hujus luminis percipienda veritate fiat compos, quod cùm apprehenderit, suum-

ceux qui errent à l'entour, afin qu'avertis par l'émission de sa clarté, ils se jettent moins dans les ténèbres et dans le trouble, où se trouve la foule immense et variée de tous les mortels. Les uns, quoique participant quelque peu à la lumière, sont pourtant plongés et embarrassés dans beaucoup d'ombres qui voltigent d'autant plus grandes, que la lumière est plus lointaine et plus élevée. Ils se trompent le plus souvent dans l'objet de leurs recherches; ils embrassent le mal pour le bien; et lorsqu'ils croient marcher d'un pied sûr, ils tombent dans un précipice.

Cette lumière qui est la raison de chacun, éclairée des sciences et des doctrines les plus certaines, se précédant elle-même dans tout conseil et dans toute action, n'ayant besoin d'aucun guide étranger, est

que et proprium tenuerit, jam ipsa in luce et in veritate habitans, attollit in altum circùm circà errantibus, ut communicatione lucis illi admoniti, minùs ruant in tenebris, minùs perturbentur ; in quo maximus est concursus omnium mortalium, maxima varietas : hi enim quanquam luminis aliqua ex parte participes, umbris tamen plurimis impediti atque impliciti, quæque longiùs absunt ab editiore lumine, hoc volitant majores, sæpissimè falluntur in eo quod appetunt, et pro bonis mala amplectuntur : cùmque se pedem ponere existimaverint, labuntur præcipites : hoc lumen, quod est sua cuique ratio, certissimis scientiis ac doctrinis illuminata, et sibi ipsa in omni consilio actioneque præ-

contenue dans la philosophie, vers laquelle la troisième partie de notre système d'éducation nous indiquera le droit chemin. Mais comme la vérité est
par excellence dans cette lumière, ainsi dans ce
genre inférieur de vertu qu'on acquiert, avons-nous
dit, par la discipline et les préceptes, il y a, de
même qu'un rayon de lumière, un certain rayon de
la vérité qui ne pénètre pas de la lumière principale,
mais d'une lumière qui en est tirée de loin. Il nous
restait à dire quelque chose là-dessus avant d'achever notre discours sur les mœurs et la discipline;
voilà pourquoi nous avions réservé cette place, afin
de rapprocher la transition du rayon à la lumière,
du simulacre de la vérité à la vérité même.

Paul. — Fort bien ; et c'est ainsi qu'il fallait le
faire. Mais quel est l'homme qui, en considérant ces

grediens, neque alieno indigens ductu, philosophia ipsa
continet : ad quam quod sit rectum iter tertia mox nostræ institutionis pars indicabit. Sed ut in hoc lumine
summè et maxinè veritas est, sic in illo genere posteriore virtutis, quod disciplina et monitis diximus comparari, quemadmodùm luminis, ita et veritatis radius quidam inest : non principem, sed accersitam insinuans
lucem. De quo nobis restabat aliquid dicendum, antequam de moribus et disciplina sermonem totum compleremus : ideòque servavimus in hunc locum, ut à radio
ad lumen, et ad veritatem ipsam à veritatis simulacro
propinquus transitus foret.

Paulus. — Commodè sanè et ita fuit faciendum. Sed

choses, ne se livrerait pas tout entier à l'amour et à l'étude de la philosophie?

Jacques. — A la vérité, cela devrait être ainsi. Et pourtant il ne manque pas de gens qui la méprisent, la critiquent et la rendent odieuse au peuple.

Paul. — Vous parlez d'hommes malintentionnés, et c'est pour cela que depuis longtemps vous avez entrepris la défense de la philosophie contre les critiques de cette espèce ; vous êtes chaque jour fréquemment sollicité d'achever cette défense et de la publier un jour par beaucoup de personnes, entre autres et plus particulièrement par deux très-savants hommes de vos plus chers amis, Paul Jove et Lazare Bonami, sur la vertu et la science desquels je vous ai si souvent entendu exprimer votre pensée.

Jacques. — Que ne vous dirais-je pas de ces deux

quis est qui ista considerans, non ad amorem et studium philosophiæ totus rapiatur?

Jacobus. — Deberet hoc quidem ita esse : sed tamen non desunt, Paule, qui illam contemnant, atque adeò vituperent, et in invidiam ad populum adducant.

Paulus. — Iniquos homines narras : estque proptereà jamdudùm à te suscepta philosophiæ defensio adversus vituperatores hujusmodi, quam ut perficias, atque aliquandò edas, cùm alii sæpè multi, tùm verò duo doctissimi et tibi amicissimi homines Paulus Jovius, et Lazarus Bonamicus te quotidiè flagitant : quorum de virtute et doctrina quid sentias crebrò ex te audire soleo.

Jacobus. — Quidni audias de hominibus cum aman-

hommes qui ne me sont pas moins attachés, que dignes eux-mêmes d'être aimés de tous, étant, l'un et l'autre, la gloire de notre âge? Jove possède non-seulement la science de la médecine, dans laquelle il excelle tant par la connaissance de l'art de guérir que par l'utilité et le secours qu'il en retire pour ses amis, mais encore toutes les sciences nobles et libérales. Il est surtout remarquable par son éloquence et le style magnifique avec lequel il s'est occupé d'écrire l'histoire, où il apporte, pour notre temps, la gloire et la fidélité des meilleurs écrivains anciens. Quant à Lazare Bonami, telle est son érudition dans les lettres grecques et latines, principalement dans la philosophie dont il parle, telle est la force de son beau génie, que, lorsque nous l'entendons parler, nous ne trouvons ni plus de science, ni plus de fécondité chez

tissimis nostri, tùm dignissimis ipsis qui ab omnibus amentur, quorum magnum in utroque nostræ ætati positum et decus? Nam Jovius non solùm medicinæ scientia, in qua excellit tàm cognitione artis quàm utilitate ex ea et obsequio erga amicos, verùm omnibus ingenuis et liberalibus disciplinis instructus, imprimìsque eloquentia, et dicendi genere quodam magnifico contulit se ad scribendam historiam, in qua veterum optimorum scriptorum et fidem, et gloriam in nostram ætatem refert. Lazari verò in latinis et græcis litteris, præsertimque in hac de qua loquitur philosophia, tanta est cruditio, eaque præstantis ingenii vis, ut ipsum cùm audimus, nullius ex antiquis aut novis doctoribus, aut

aucun des docteurs anciens ou modernes. Ce qui dans lui est d'autant plus beau, qu'il vit et se conduit de manière que, dans tous les devoirs de vertu et d'humanité, il semble s'être servi de la philosophie, non pour apprendre à bien dire, mais à bien faire. Je pense donc qu'il ne m'est pas permis de leur refuser ce qu'ils désirent de moi tous les deux. Mais qui sait si, par une inspiration divine, ils ne donneront pas peut-être la préférence à notre dialogue?

PAUL. — Pourquoi donc?

JACQUES. — Afin que par degrés, et comme par un chemin plus facile, on s'élève de ces préceptes et de la discipline dans les bonnes habitudes, aux enseignements plus hauts de la philosophie, et au sommet même de la vertu.

scientiam majorem, aut copiam requiramus : quod quidem in eo speciosiùs existit, quod ità vivit, et ità factus ipse est, ut in omni virtutis et humanitatis officio, philosophiam habuisse videatur, non dicendi magistram, sed faciendi. Quibus quidem ambobus hoc quod dicis à me desiderantibus, quippiam negare esse arbitror nefas. Sed qui scit an divino quodam consilio hic illi noster dialogus fortè præpositus fuerit?

PAULUS. — Quid ità?

JACOBUS. — Ut per gradus, et velut planiore via, ab his præceptis, et rectè consuescendi disciplina, ad illa altiora philosophiæ consilia, et ipsum apicem virtutis ascendatur.

PAUL. — C'est tout à fait vraisemblable, car Dieu assiste toujours ceux qui sont occupés de bonnes pensées.

JACQUES. — Revenons, Paul, à cette partie de la vérité que nous avons dit se trouver dans cette discipline morale, ou plutôt faisons en sorte que cette division de la vérité soit mieux comprise.

PAUL. — Comment?

JACQUES. — Le faux est le principe le plus contraire, le plus opposé à la vérité.

PAUL. — Sans doute.

JACQUES. — Il a deux parties.

PAUL. — Lesquelles?

JACQUES. — L'une de ces deux parties se connaît en ce que, lorsque nous nous trompons nous-mêmes,

PAULUS. — Verisimile hoc quidem, nam et benè cogitantibus semper adest Deus.

JACOBUS. — Redeamus, Paule, ad partem illam veritatis, quam moralis hujus disciplinæ esse diximus, aut potiùs, quò meliùs hæc veritatis divisio intelligatur, sic agamus.

PAULUS. — Quo pacto?

JACOBUS. — Falsum, natura quædam est maximè contraria et inimica veritati.

PAULUS. — Ità est.

JACOBUS. — Hujus partes sunt duæ.

PAULUS. — Quæ?

JACOBUS. — Una pars cernitur in eo cùm ipsi nosmetipsos decipimus, et prava aliqua opinione inducti, aut

et qu'induits en une mauvaise opinion, ou enchaî-
nés par des raisons et des arguments captieux qui,
s'ils trouvent en nous quelque violente passion qui
les approuve, ont une très-grande force pour nous
émouvoir et persuader, nous croyons savoir ce que
nous ne savons pas, nous nous y attachons et nous
y restons avec confiance. Ce qui arrive quand nous
concevons que ce qui est n'est pas, ou bien que ce
qui n'est pas est, ou bien que le genre, la raison,
la qualité, la cause efficiente de ce qui est n'ont pas
sa manière d'être, mais une autre.

PAUL. — Je comprends.

JACQUES. — Ce faux-là, Paul, qui est la source
de l'erreur, du mensonge et de toute l'ignorance,
est certainement le plus ennemi des dieux et des
hommes. Quoique la nature divine soit exempte

captiosis rationibus argumentisque constricti, quæ cùm
aliquam cupiditatem valentem in nobis suffragatricem
nacta sunt, maximam habent vim ad movendum et ad
persuadendum, scire nos arbitramur, quod nequaquàm
scimus, hæremusque in eo, et restamus confidenter : quod
accidit, cùm vel id quod est, non esse, vel quod non est,
esse, aut cujus est generis, rationis, qualitatis, efficien-
tiæ, id non illius, sed alterius modi esse suscipimus.

PAULUS. — Intelligo.

JACOBUS. — Hoc falsum, Paule, quod est erroris,
mendacii, et totius ignorantiæ caput, diis mediusfidius
et hominibus est inimicissimum, quanquàm in divinam
naturam non cadit falsitas, neque error : verumtamen

de fausseté et d'erreur, cependant ce faux s'étant comme dressé en face de l'éternelle vérité, a pu pervertir chaque jour non-seulement l'intelligence des hommes, mais même autrefois les esprits célestes et incorporels. Or il n'y a pas de mal plus grave, plus cruel, pas de peste plus pernicieuse, dont notre vie soit affligée et troublée, que ce fléau de l'ignorance qui se figure être la science. De là l'orgueil, l'obstination ; de là ces appétits immodérés, infinis ; de là cet excessif amour-propre et la définition du droit, différant peu de celle de l'injustice, d'où découlent ensuite tant de maux sur la vie des hommes, les colères, les inimitiés, les guerres, les massacres, la ruine entière des villes et des nations ; de là presque toujours le dissentiment de chacun avec lui-même, non pas seulement avec les autres,

tanquàm è regione illi sempiternæ veritati oppositum, non solùm hominum mentes quotidiè, sed et illas cœlestes, et incorporeas potuit olim pervertere : nec verò graviore ullo malo, acerbiore atque exitiosiore alia ulla peste vita nostra conflictatur et perturbata est, quàm hujus labe ignorantiæ, quæ sibi ipsa scientia esse videatur : hinc superbia, hinc contumacia, hinc illa immoderata atque infinita cupiditas, hinc nimius sui ipsius amor, et juris atque injuriæ parùm æqua descriptio : ex qua deindè illa in vitam tot incommoda dimanant, iræ, inimicitiæ, bella, cædes, urbium et nationum funditùs eversiones, unicuique secum, non solùm adversus alios, semper ferè dissensio, et cum popularibus, cum

la discorde au milieu du peuple, entre les citoyens, les alliés, les parents. En un mot, toute société des hommes entre eux, produite, sanctionnée par la loi même de la nature, a été depuis longtemps violée, divisée et presque anéantie par cette grande calamité.

Paul. — Vous signalez de grands maux causés par l'ignorance, mon père!

Jacques. — Qu'y a-t-il d'étonnant, puisqu'elle éteint la lumière de notre âme, l'intelligence elle-même, qu'elle lui crève les yeux avec de fausses opinions, comme avec des clous, si tout est plein d'érreur, de témérité et de différentes offenses? Il n'y a que la philosophie qui promette d'extirper un aussi grand mal; et certes elle le peut, si elle est bien conduite, si on la fait converger tout entière avec foi et religion vers Dieu et le souverain bien de

civibus, cum affinibus, cum cognatis gravis sæpè discordia : denique omnis hominum ad homines societas, quæ naturæ fœdere ipso et conciliata et sancta est, hujus tanti pernicie mali jamdudùm violata, convulsa, et in totum penè dissipata est.

Paulus. — Magnum incommodum prædicas ignorantiæ, mi pater.

Jacobus. — Quid mirum, cùm illa lumen animi nostri mentem ipsam extinguat, et falsis persuasionibus tanquàm clavis excæcet, si erroris et temeritatis et variarum offensionum plena sunt omnia? Sed hoc tantum malum sola philosophia se ablaturam esse pollicetur : idque adeò præstat, si ritè tractetur, sitque ad Deum

toutes choses. C'est une faveur qui n'a été divinement donnée qu'à nous, qui adorons le vrai Dieu et le Fils de Dieu.

PAUL. — C'est un don magnifique de la philosophie et de la religion chrétienne.

JACQUES. — L'expérience même a prouvé qu'il en est ainsi que vous le dites, Paul. Mais comme ce n'est pas le moment d'insister plus longtemps là-dessus, passons à l'autre partie du faux dont il s'agit.

PAUL. — En vérité, je voudrais que ce sujet vous retînt longtemps, car il n'y a rien que j'entende avec plus de plaisir. D'un autre côté, je suis enflammé d'amour pour la philosophie; mais je crains que mon ignorance ne m'empêche de l'acquérir.

et summum rerum omnium bonum tota cum fide et religione conversa. Quod nobis verum Deum et Dei Filium colentibus, unis assequi divinitùs est concessum.

PAULUS. — Sanè præclarum est hoc et philosophiæ, et christianæ religionis donum.

JACOBUS. — Res ipsa indicio fuit ità esse, sicut dicis, Paule : sed quoniàm non est hujus temporis insistere in his diutiùs, ad alteram partem falsi, quo de agimus, accedamus.

PAULUS. — Equidem te in his morari diù vellem : nec est quicquam quod audiam jucundius, rursusque philosophiæ amore incendor. Sed vereor ne mea ignorantia mihi quoque ad illam adipiscendam impedimento sit.

Jacques. — Point du tout, Paul. Vous n'avez pas à craindre cette ignorance, qui a été préparée à apprendre et à comprendre, attendant, comme une maison vide et ouverte, d'être honorablement meublée. L'ignorance dont il vous importe de vous garder, c'est celle qui, étant remplie de fausses opinions qu'elle persiste à retenir, prend le clinquant pour l'or même, et n'est plus capable de s'attacher aux véritables richesses. Le temps viendra, ou mieux le temps est venu, où votre désir va être rempli, où vous jouirez de ces nobles études, dont vous pouvez déjà essayer le goût par l'*Éthique* d'Aristote que vous avez commencé d'apprendre.

Paul. — Puisse le vouloir ainsi le souverain Créateur du genre humain, qu'il a délivré ensuite par son Fils unique du crime et de la perdition, auquel

Jacobus. — Nequaquàm, Paule, nec tu istam ignorantiam pertimueris, quæ ad discendum et accipiendum parata est, tanquàm vacua domus et patens, utque honesta supellectile instruatur expectans. Illam tu mihi ignorantiam præsta ut caveas, quæ falsis opinionibus referta, in eisque pertinax, cùm orichalcum pro auro ipso amplexa fuerit, veras ampliùs opes nil moratur, aderit tempus, vel potiùs adest, cùm explebis cupiditatem istam tuam, et nobilissimorum amorum fies compos : quorum jàm gustum aliquem ex Ethicis Aristotelis, ad quæ paulò ante es ingressus, percipere potes.

Paulus. — Sic faxit ille summus nostri generis Conditor, idemque post ejusdem per unigenum Filium suum

je me dévoue de tout mon esprit et de tout mon cœur !

Jacques. — Penser et agir ainsi, Paul, c'est la première et la plus haute vérité de la philosophie. Maintenant, voyons ce que c'est que cet autre faux.

Paul. — Veuillez me le dire.

Jacques. — Voici en quoi consiste ce faux qui provient comme un rejeton, une excroissance de la racine du premier faux : si un homme qui ne se trompe ni ne se ment à lui-même, mais rusé et sachant très-bien ce qu'il fait, veut en circonvenir un autre et le tromper pour l'entraîner dans l'erreur, pour le détourner de la vérité en lui présentant une chose pour une autre, évidemment ce faux-là part de l'autre faux, parce qu'aucun homme ne chercherait à circonvenir quelqu'un et à le faire tomber frauduleu-

contaminati et perditi liberator effectus, cui me tota mente et toto corde devoveo.

Jacobus. — Atqui hoc sentire et sic facere, Paule, et prima et summa est philosophiæ veritas. Nunc attende de altero illo falso quid rei sit.

Paulus. — Dic modò.

Jacobus. — Hoc falsum tanquàm virgultum et propago ab illius prioris falsi radice proveniens, consistit in eo, si quis non se ipse fallens nec mentiens sibi ipsi, sed callidus et gnarus apprimè, quid agatur, alterum velit circumvenire et fallere, ut in errorem inducat, ut aliud illi pro alio objiciens longè eum abducat et dimoveat à vero : idcircò autem proficiscitur à primo hoc alterum

sement dans ses rets, si lui-même n'était déjà trompé et abusé par cette opinion dépravée, qu'on doit chercher par tous les moyens un aliment à l'avarice, à la débauche ou à chaque passion. Mais cette coutume, cet exercice de tromper le prochain et de mentir, au milieu des mœurs où l'on vit aujourd'hui, s'est tellement répandue et étendue dans tous les genres d'existence, dans tous les usages quotidiens de la vie, qu'il semble qu'il ne reste plus parmi les hommes qu'un étroit espace à la vérité et à la bonne foi.

Paul. — On entend dire publiquement qu'il en est ainsi.

Jacques. — Comment ne dirait-on pas ce qui se passe sous les yeux, ce qui est en évidence? En effet, quel est celui qui, étant initié tant soit peu à

falsum, quòd nequaquàm circumvenire et fraude irretire alterum conaretur quispiam, nisi esset ipse priùs prava illa opinione captus et circumventus, quærendum esse quoquo modo avaritiæ, libidini, aut cuique cupiditati pastum. Sed hæc consuetudo atque exercitatio fallendi alterum, et mentiendi, his quibus hodiè vivitur moribus, sic in omnes ferè vitæ sectas ac quotidiana vitæ officia effusa est et dimanavit, ut angustum admodùm inter homines locum veritati et fidei reliquisse videatur.

Paulus. — Fertur vulgò quidem ità se rem habere.

Jacobus. — Quidni feratur quod extat ante oculos, quod eminet? Quis enim est vel paulùm modò in hæc communis vitæ studia ingressus, qui cùm commercia

ces habitudes de la vie commune, qui, ayant vu le commerce des hommes entre eux, avec quelle mauvaise foi ils se conduisent, ne comprendrait pas que, semblables à ces soldats qui se servent du glaive pour renverser l'ennemi et le faire prisonnier, les hommes se servent le plus souvent de la fraude, du mensonge, véritable glaive de la méchanceté, pour abattre leur prochain, afin d'arriver plus facilement à ce qu'ils désirent, après l'avoir supplanté? Mais quoique, dans de pareilles mœurs, la bonne foi soit passée de mode, quoiqu'elle soit négligée et délaissée, cependant plus rare en est la possession, plus elle est belle et plus elle a de prix. Quoiqu'on fasse cas des fripons, des fourbes et des gens rusés; quoique de temps en temps le peuple les applaudisse, quoique ceux qui savent duper adroitement quelqu'un, ou lui imposer avec grâce et tout rapporter à

hominum inter ipsos viderit, qua fide gerantur, non intelligat quemadmodùm gladio in præliis milites ad dejiciendum capiendumque hostem, sic fraude plurimùm et mendacio uti homines, qui quidem malitiæ quasi gladius est, ad proximum constringendum, ut supplantato altero, ad sua quisque optata perveniat. Sed quamvis desueta jam hisce moribus ac temporibus, quamvis neglecta atque posthabita, tamen quò rarior, hoc clarior est et preciosior fidei possessio. Licet qui vafri sunt, astuti, versipelles, cujusvis prætii homines ducantur, hisque à populo plaudatur interdùm, et qui callidè circumvenire aliquem, aut lepidè norunt imponere alicui,

l'intérêt et au plaisir, soient grandement considérés, même dans la cour des princes, cependant cette manière de vivre, ces manœuvres ne sont jamais sûres ; elles sont toujours honteuses pour eux-mêmes, et de plus pernicieuses pour les autres. Rien ne peut être beau, splendide, constant ni assez fort contre les événements et la fortune, sans la présence de la vérité. Établie dans le cœur d'un homme, et unie à lui par une sainte alliance, elle participe à toutes ses paroles, à toutes ses actions, elle lui donne dans le monde une autorité et une beauté admirables, comme d'un mortel divin.

Le père devra donc préserver son fils du vice, de la souillure de ce second faux, lorsque l'âge de l'adolescent n'est pas encore assez avancé pour s'occuper du premier faux que combat la philosophie. Il ne doit pas négliger les avertissements et les préceptes pour

omniaque ad gratiam et ad voluptatem agere, in aulis etiam principum, magni habeantur : tamen nec unquàm tuta, et semper ipsis turpis, aliis etiam pernitiosa horum est ratio vitæ atque exercitatio : nibil enim potest esse decorum, neque splendidum, neque idem sibi fidens, aut sat munitum adversus casum atque fortunam, undè absit veritas, quæ cujus insedit in animo, et sancto cum illo fœdere copulata, omnium ejus dictorum atque factorum fit particeps, admirabilem quandam illi aucto- ritatem et speciem præbet inter homines, tanquàm mortalis dei. Debet igitur pater hujus posterioris falsi (quandò ad illud majus, quod à philosophia ipsa depel-

que son fils ne se laisse jamais aller à parler contre
sa pensée. C'est un enseignement facile pour des
enfants, car cet âge ne pèche pas beaucoup par méchanceté. Quand son fils est adolescent, il doit y mettre plus d'insistance, afin que son fils prenne garde,
et qu'il soit persuadé que ni la force de la vertu, ni
l'exemple d'une excellente conduite, ni même cette
estime qu'il recherche de la part de ses égaux, ni
la dignité vers laquelle sont dirigés tous les conseils
qu'on lui donne, sans la bonne foi et l'intégrité, ne
peuvent avoir de la consistance pour personne; afin
qu'il s'accoutume à détester le mensonge, et que sa
langue soit toujours d'accord avec son cœur; afin
que non-seulement dans ses paroles, dans sa conversation, il apprenne à s'exprimer avec rectitude,
vérité, simplicité, mais afin que, même dans ses

litur, ætas adhuc non est adolescentis) culpam omnem
et labem à filio propulsare : monereque et præcipere
diligenter, ut nè unquàm inducat animum aliud sentire
intùs, aliud loqui. Sed in puero facilis est præceptio,
neque enim multùm malitia illa ætas peccat : cum adolescente jam facto, accuratiùs est insistendum, ut animadvertat sibique persuasum habeat, neque virtutis vim,
neque exemplum optimi moris, nec verò honorem illum
qui ab æqualibus expetitur, nec dignitatem ad quam
omnia consilia diriguntur, sine fide et integritate cuiquam constare posse : ut assuescat abhorrere à mendacio, et linguam habeat semper cordi consonantem : nec
solùm in verbis et sermonibus ad alterum, recta, vera,

projets et dans ses actes, il n'y ait rien de feint, de déguisé, de dissimulé; car si les actions sont préférables aux paroles, il est plus honteux de tromper et de mentir en agissant qu'en parlant.

Ceux-là mentent dont la malice cachée sous des paroles artificieuses, comme dit quelqu'un, couvre leur passion peu honnête de l'honnête apparence de la vertu. Ils n'ont en vue ni la vérité, ni ce qui est convenable, ni ce qui est juste, mais ils inclinent et tendent à une autre fin. Il n'est pas de vice plus monstrueux que cette vertu menteuse. Or ce voile de leur dissimulation n'est pas de longue durée; il est aussitôt percé par les regards des personnes clairvoyantes; car les mains, les yeux, le visage donnent promptement quelques signes, et la vérité ne peut jamais être si bien cachée à la vue qu'elle ne se dé-

simplicia discat loqui : sed in consiliis et factis nihil fictum, nec fallax, nec simulatum habeat : quo enim facta verbis potiora sunt, hoc magis in iis quam illis mentiri decipereque est dedecorosum : mentiuntur autem qui versutiloquis (ut ille ait) malitiis, honestam speciem virtutis parùm honestæ prætendunt cupiditati, neque ad veritatem referunt, neque quia ità decet, neque quia ità rectum est, sed inclinant et vergunt ad alterum aliquem finem : qua quidem ementita virtute nullum vitium est monstruosiùs. Atque horum quidem illa obstructio simulationis neque diuturna est, et ab acutioribus statim perspicitur, dant enim manus, oculi, vultus, celeriter aliqua signa : nec unquàm usque eò oculis et

gage en quelque endroit et ne se montre. D'un autre côté, dès qu'on les a pris sur le fait, et que, leur arrachant leur masque, on les découvre en public, ils essuient plus d'affront et d'ignominie que si, dès le principe, ils avaient ouvertement confessé leur vice.

Mais l'adolescent qui, avec bonne foi, se sera livré à l'étude de la vertu, qui aura tiré de la vérité l'honneur et l'ornement de sa vie, ne permettra jamais qu'il y ait dans ses mœurs place pour la dissimulation et le mensonge, si ce n'est de temps en temps par jeu, lorsqu'il ne s'agira pas de tromper, mais de divertir, et cela néanmoins discrètement et doucement, pour ne pas blesser celui qu'il veut plaisanter; car si on le sait faire avec esprit, c'est un assaisonnement pour la conversation intime et familière. Nous ne voulons pas que notre adolescent soit austère, som-

abscondi potest veritas, ut non emergat aliquò, atque appareat : ubì verò deprehensi sunt, et persona detracta producti in publicum, majore in vituperatione ignominiaque versantur, quam si vitium palam ex initio fuissent professi. Atqui ex fide bona adolescens studuerit virtuti, decusque et ornamentum vitæ à veritate sibi duxerit, nullum unquàm locum simulationi et mendacio in moribus suis esse sinet : nisi joci interdùm causa : cùm non fraus fuerit, sed lusus, atque id tamen parcè et molliter, ut ne lædat eum cui vult illudere : scitè enim et aptè scire hoc agere, condimentum est, nonnunquàm sodalitii et familiaritatis : nec nos austerum, aut tetricum,

bre, difficile; mais gai, affable, et sachant condes-
cendre à tout ce qui est de son âge, sans pourtant
se départir de la modestie et de la modération.

L'imitation n'est pas sans affinité avec le mensonge
et la dissimulation. Qu'est-ce, en effet, qu'imiter, si
ce n'est prendre la ressemblance de ce qui n'est pas
vous-même? Mais si on le fait dans l'intention de
représenter les choses bonnes et honnêtes, comme si
l'on imite les gestes, le visage d'un homme qui a
courageusement supporté la douleur, ou qui a été
modéré dans le plaisir, ou bien qui a rétabli une
bataille perdue; et qu'on le représente par la voix,
le mouvement, la contenance du corps, c'est une
imitation louable que la vérité ne repousse pas,
qu'elle provoque, au contraire. Bien plus, cette
estimable discipline de la maison, que nous avons

aut difficilem esse adolescentem volumus, sed hilarem,
et comem, descendentem ad omnia quæ illa ætas natura
fert, modestiam tamen et mediocritatem secum defe-
rentem. In eandem quoque mendacii et simulationis
affinitatem transit imitatio : quid enim aliud est imitari,
quam capere similitudinem ejus quod non sis? Sed hoc
si fiat in eam partem, ut effingas imitando quæ recta,
honestaque sunt, ut si ejus gestum vultumque imitere,
qui dolorem corpori fortiter tulit, aut in voluptate fuerit
temperans, aut amissam jàm aciem restituit, referas
eum voce, motu, corpore, laudabilis est imitatio, nec
veritatem rejiciens illa, sed advocans : quemadmodùm
etiam nostra hæc de qua disseruimus, probata domi

traitée dans notre discours, nous avons dit avec
vérité qu'elle était une imitation de la vertu. Mais
si l'imitation a pour objet de mauvaises choses, si,
pour faire rire, l'on veut représenter quelques mouvements des mimes et le visage des bouffons, leurs
gestes, leurs paroles, il n'y a rien de plus vil que
ce genre d'amusement, rien qui soit plus contraire
à la pudeur et à la modestie; car il est de la dernière
impudence, ajoutez même, s'il vous plaît, de la
sottise et de la légèreté de vouloir être ridicule ; et
il ne peut avoir rien d'élevé dans le caractère celui
qui cherche ainsi à faire rire de lui.

Mais si nous rejetons comme bas et honteux ce
genre de plaisanterie, nous laissons à l'adolescent
de nombreux moyens de se livrer à la joie et à la
gaieté; car il convient que le jeune homme que
nous élevons s'applique à surpasser les autres par

disciplina, veræ virtutis dicta est imitatio. Si verò imitationem converteris ad deteriora, et aliquos mimorum
motus, vultusque scurrarum, eorumque dicta et facta,
captandi risus gratia, volueris imitari : nihil est hoc
genere ludendi illiberalius, nec quod pudori et modes-
tiæ magis contrarium sit : extremæ enim impudentiæ
est, adde etiam si vis stultitiæ ac levitatis velle deridi-
culum esse : nec aliquid bonæ indolis residere in eo
potest, qui id agit ipse ut rideatur. Sed ut hoc turpe et
sordidum lusionis genus rejicimus, sic multas relinqui-
mus adolescenti lætitiæ et hilaritatis vias. Decet enim
adolescentem hunc, quem nos instruimus, ità studere

tout l'ornement et l'honneur de la vertu, sans être
privé de se livrer avec ses égaux et comme eux
aux plaisirs ordinaires de la jeunesse. Il peut courir,
sauter, folâtrer, s'adonner aux jeux qui exercent
les forces du corps, danser de temps en temps,
avoir des convives, quelquefois rire librement aux
éclats, provoquer la gaieté par des plaisanteries et
des bons mots, mais de manière à garder, comme
nous l'avons dit souvent, une juste mesure. C'est
là ce qui convient, ce qu'il ne lui sera pas difficile
d'observer, avec le secours de cette éducation paternelle, de cette discipline domestique par laquelle
la divine forme de la beauté se sera peu à peu empreinte et insinuée dans ses mœurs.

Il suit de là que, pour la facilité, l'humanité,
l'affabilité de son caractère, se faisant chérir de ses
égaux, il s'attirera, par sa vertu, par l'intégrité et la

præstare cæteris in omni ornamento, honoreque virtutis, ut ad illa quæ sunt adolescentium communia,
cum paribus suis æqualiter se dedat : currere, saltare,
ludere, eos utique lusus, quibus corpus exerceatur :
choreas ducere interdùm, convivium habere, cachinnari
aliquandò liberiùs, jocis et dictis hilaritatem accersere,
sed ut servet in his quem sæpiùs diximus modum : in
quo ipso inest id quod decet : quod non erit illi difficile
notare ab illis patriis institutis disciplinaque domestica :
per quam sensìm illa divina decori species moribus ejus
adlita et insinuata fuerit. Consequitur autem ex his, ut
cùm propter facilitatem, humanitatem, comitatemque

distinction de ses mœurs, leur respect mêlé d'une certaine admiration. Ils auront en lui la plus grande confiance pour toutes choses, et seront près de se soumettre volontairement à son autorité. Plusieurs même s'appliqueront à l'imiter; et de fait, presque tous, de cette habitude quotidienne et de cette fréquentation, ils rapporteront dans leurs mœurs l'empreinte de quelques traits de sa vertu. Bien plus, quelques-uns en approcheront davantage et tâcheront de lui ressembler; de sorte qu'il est facile de juger, comme nous l'avons déjà dit, comme il faut souvent le redire, quelle bonne fortune ce serait pour la cité, premièrement, si la bonne éducation des enfants était généralement pratiquée, et en second lieu, la fréquente imitation et l'exemple d'un seul jeune homme bien élevé.

naturæ plurimum eum sui æquales diligant, tùm verò propter virtutem, integritatem, elegantiam morum, etiam cum quadam illum admiratione venerentur : summamque habeant illi omnium rerum fidem, et propè voluntarii illius sese imperio subjiciant, multi etiam ut studeant imitari : et quidem omnes ferè ex quotidianâ consuetudine atque usu, aliqua ex illo virtutis lineamenta in suos mores transferent : nonnulli verò accedent propiùs, et similes fieri conabuntur, ut quod aliàs diximus, et dicendum sæpiùs est, perfacile possit judicari, quantum sit bonum eventurum civitati, primùm si puerorum recta educatio publicè excolatur : deindè ab unius sæpè benè instituti adolescentis imita-

Vous pouvez facilement vous le figurer, Paul, en ayant fait dernièrement l'expérience en vous-même. En effet, la jeunesse de notre ville ayant les yeux' tournés vers vous seul, comme elle vous est toute dévouée et se plaît tant à vous fréquenter, vous avez pu dernièrement réprimer son amour habituel de la médisance, auquel elle se livrait si facilement et si volontiers. Ayant vous-même naturellement de l'aversion pour une pareille habitude, vous l'avez doucement priée de s'en abstenir, et vous l'avez rendue plus modeste.

PAUL. — En vérité, je ne sais ce que je peux avoir fait; et même si je fais quelque chose, ce n'est pas à moi, mais à vous, mon père, qu'on doit l'attribuer. Cependant je reconnais et j'avoue qu'il y aurait beaucoup d'honneur et de profit pour la

tione atque exemplo. Quod potuisti modò in te expertus commodè existimare, Paule, cùm enim in te unum spectet juventus nostræ civitatis, cunctaque sese ad te applicet et familiaritate tua majorem in modum gaudeat, potuisti reprimere paulò antè maledicentiam quæ increbuerat in juventute, tàm promptè de altero et tàm libenter detrahendi : quo more cùm pro natura tua abhorrens ipse, comiter ab iis petiisses ut abstinerent, facta est juventus tua opera modestior.

PAULUS. — Equidem quid egerim nescio, nec si quid etiam ago, id mihi, pater, tribuendum est, sed tibi : verumtamen illud et cognosco et fateor plurimùm in eo fore ornamenti et commodi civitati, si juventus benè

cité dans la bonne éducation de la jeunesse. Que ne suivent-ils tous, pour qu'il en soit ainsi, la discipline dont vous venez de me donner les préceptes! Certes, quiconque sera ainsi élevé et nourri aura la plus grande preuve de la bienveillance des dieux immortels envers lui.

JACQUES. — Oui certainement, Paul; et l'on doit prier Dieu de vouloir bien faire participer à cet effet de sa bonté le plus grand nombre d'hommes possible. Mais comme nous avons terminé notre cours de bonnes mœurs et de bonne discipline, prenant en quelque sorte un autre chemin, revenons pour la troisième fois au point de départ, aux commencements de l'enfance.

PAUL. — Sans doute pour former l'éducation de l'adolescence par la beauté et l'ordonnance des

instituta sit : quod ut contingat, utinam ea omnes, quam tu mihi modò præscripsisti, utantur disciplina : quicumque ille quidem extiterit, sic educatus atque alitus, hic maximum habiturus est profectò deorum immortalium erga se benevolentiæ testimonium.

JACOBUS. — Nimirum ita est, Paule, orandusque Deus, ut quamplurimos velit suæ hujus benignitatis esse participes. Verùm nos hoc transacto bonorum morum et disciplinæ rectæ curriculo, rursus alium cursum veluti reprehendentes ad caput et pueritiæ principia jàm tertiò redeamus.

PAULUS. — Nempè ut quæ litterarum jàm et doctrinæ

lettres, des sciences et des connaissances que nous appelons les beaux-arts?

J ACQUES. — Certainement, et pour que nous la conduisions aussi où réside la véritable vertu, et non où il s'agit de l'imitation de la vertu.

PAUL. — C'est à savoir, des dieux pénates à Apollon et aux Muses?

JACQUES. — Que ne dites-vous plutôt à cette sagesse née du Père, qui, étant unie et concordante avec le Père par un même esprit d'amour, en est autrefois sortie pour illuminer la vie de tous les mortels, et ne demeurant pas moins dans le Père, est venue à nous pour nous élever, malgré notre abjection sur la terre et la bassesse de nos pensées, à l'espoir certain des biens célestes et de l'immor-

sunt artiumque earum quas vocamus optimas, eorum ornatu et ordine institutas adolescentiam.

JACOBUS. — Næ : atque ut ubi vera residet virtus, non ubi agitur imitatio virtutis, eam illuc deducamus.

PAULUS. — A diis pænatibus ad Apollinis et Musarum videlicet.

JACOBUS. — Quid si ad eam sapientiam potiùs quæ è capite Patris prognata, et eodem amoris spiritu cum Patre ipso nexa atque concors, ad omnem mortalium illustrandam vitam olim egressa est, et cùm nihilominùs permaneret in Patre, ad nos se contulit, ut abjectos humi, et nil sublime meditantes, ad cœlestium bonorum, et certam immortalitatis spem excitaret? huic enim

talité? A elle est due toute perfection, qu'il faut surtout contempler dans la Trinité.

Paul. — Cela aurait bien mieux valu, mais j'ai
parlé selon la coutume latine.

Jacques. — Je ne vous en ferai pas un reproche,
Paul, car il est juste d'accorder quelque chose au
style et à l'usage de la langue dans laquelle on veut
parler. C'est ainsi que nous-même, lorsqu'il ne s'agit
pas spécialement des choses divines, nous admet-
tons volontiers, pour éclairer le discours, ces figures
et ces modes du langage latin, comme, par exemple,
de temps en temps, *mehercule, mediusfidius* (par
Hercule). Nous disons même quelquefois au pluriel
deos immortales (les dieux immortels), cherchant
non le sens de ces paroles, mais le son seulement,
et pour que le discours ait plus d'éclat, plus de

debetur quodcumque perfectum est, quod in Trinitate
potissimè est spectandum.

Paulus. — Sic quidem oppidò melius, sed ego latino
more locutus sum.

Jacobus. — Quod quidem ego minimè reprehenderim,
Paule; dare enim aliquid stylo et consuetudini ejus linguæ, in qua velis loqui, concessum sanè est. Sicut et
nos ubì de divinis nominatim non agitur, figuras illas et
modos latinæ dictionis ad illuminandam orationem non
inviti adsciscimus : ut mehercule interdùm dicamus, mediusfidius, deos etiam immortales plurium numero nonnunquàm proferimus, non sensum ex his verbis ullum,
sed sonum duntaxat quærentes, atque ut splendidior et

force et ne s'éloigne pas de l'antiquité ; d'autant que le discours, avec l'arrangement et l'ornement des qualités qui lui sont propres, a beaucoup plus de poids et de force pour enseigner ce qui est vrai, saint et juste, et pour exciter à ce qu'il convient de faire.

Paul. — On doit donc s'appliquer à l'étude du discours et du style, si j'entends bien vos paroles.

Jacques. — Surtout si vous voulez faire quelque chose de remarquable. La philosophie, cette vertu, cette sagesse que nous cherchons avant tout, si vous aviez à vivre seul avec vous-même, peut-être se suffirait-elle à elle seule, et ne demanderait rien de plus. Mais puisque vous devez vivre dans la société des hommes, avec un grand nombre d'entre eux, qu'il faut qu'il y ait de vous à eux et d'eux à

fortior, nec abhorrens ab ipsa antiquitate procedat oratio : quando ea quidem suis ornata atque instructa dotibus, ad docendum quid verum, sanctum, rectumque sit, et ad impellendum in id quod conveniat agi, majus multo pondus et majorem quamdam vim affert.

Paulus. — Naviter studendum est igitur orationi et stylo, ut te intelligo loqui.

Jacobus. — Et maximè quidem si quid agere aut perficere vis quod sit egregium : nam philosophia et quam præcipuè quærimus, virtus ac sapientia, si tibi tecum vivendum esset soli, forsitan se una contenta foret, neque requireret quicquam ampliùs. Cùm verò tibi in cœtu hominum, et cum plurimis vivendum sit, omnium-

vous communication de goûts, d'intérêts, de devoirs de toute espèce, il n'y a pas, pour rendre convenable et commode cette vie sociale, d'instrument supérieur au discours. C'est pourquoi souvent je vous exhorte et vous exhorterai à vous livrer principalement à ces études qui font acquérir le noble et bel art de bien dire. Je le fais avec d'autant plus de plaisir, que je ne me repens point de la manière dont vous profitez et dont vous répondez à mon espérance.

PAUL. — Je ferai certainement ce qui dépend de moi, mon père, pour vous satisfaire par mon travail et mon application. Mais je laisse tout ce qu'il m'est possible de faire à la conduite de votre jugement.

JACQUES. — Nous ferons l'un et l'autre en sorte, Paul, que tout aille bien. Mais revenons, en donnant

que studiorum, utilitatum, officiorumque et tuorum cum illis et illorum tecum communicatio facienda : ad hanc humanæ vitæ societatem aptè commodèque gerendam, nullum instrumentum est oratione præstantius. Itaque et facio sæpè et facturus sum, ut te adhorter imprimis ad hæc studia, quibus dicendi egregia et præstans ratio comparatur : hoc etiam studiosiùs, quòd me quantùm proficias, et quid mihi spei præbeas nil pœnitet.

PAULUS. — Faciam equidem quod meum est, ut labore et diligentia tibi satisfaciam, mi pater : quantùm verò effici per me possit, totum tuo judicio permittam.

JACOBUS. — Dabitur hac in re opera ab utroque nostrùm, Paule, ut rectè sit. Sed nos aliud initium nostri

un autre point départ à notre entretien, revenons à cette même enfance dont nous avons tant de fois déjà recommencé de parler, afin que par une autre voie, par un autre sentier, nous la conduisions mieux à la vertu ; car jusqu'à présent les choses que nous avons dites sur la vertu, quoique très-véritables, notre jeune homme les croit sans les comprendre. Ce troisième sentier où nous faisons en quelque sorte entrer l'adolescence, plus parfait que les autres, la conduira au contraire vers l'endroit où elle ne peut imiter les pas d'autrui, mais d'où elle pourra voir elle-même, comme d'un lieu élevé, où et par où elle doit aller, étant la maîtresse de son jugement et de sa volonté.

Donc, aussitôt que l'enfant pourra parler facilement, exprimer distinctement sa pensée par ses paroles, qu'il commencera à jeter quelques étin-

sermonis facientes, redeamus ad eam pueritiam de qua totiens jàm iteravimus loqui : ut eam alio quodam itinere, alia semita ad indagandum melius virtutem deducamus : namque adhuc de virtute dicta sunt, etsi verissima ea sunt, creduntur tamen à juvene, non intelliguntur. Hic autem tertius quasi actus nostræ deductionis reliquis perfectior, in eum locum adducet adolescentiam, undè non alienos imitari gressus, sed ipsamet cernere quò et quà vadendum sibi sit tanquam è specula poterit, suique erit consilii domina et voluntatis. Igitur puerum ut primùm fari commodè, et verba disertè proloqui poterit, aliquosque ingenii cœperit

celles de son intelligence enfantine, le père aura[7] soin de lui inspirer l'idée et le désir d'apprendre à lire. Ce qui ne sera pas difficile si, ayant fait venir des enfants un peu plus âgés, qui aient déjà fait quelques progrès dans la lecture, il les écoute avec attention lire à haute voix, et donne, en présence de son fils, des éloges à ceux qui s'en acquittent bien, les embrasse tendrement et les gratifie de quelque présent, de quelque récompense. Il excitera ainsi dans l'âme de son fils la volonté de les imiter dans les mêmes études, qu'il verra leur mériter l'approbation de son père. Il demandera de lui-même, il brûlera d'avoir les mêmes livres et de se livrer au même exercice. Les livres qu'on lui donnera devront être beaux et agréables par eux-mêmes, et de plus imprimés en beaux caractères, afin que tout puisse attirer cet âge vers l'amour,

igniculos jacere pueriles, studiosè inducat pater in opinionem et desiderium addiscendarum litterarum : quod per quam aptè fiet, si accersendis majusculis pueris, qui jàm aliquantùm in legendo profecerint, et illis auscultandis, laudaverit præsente filio rectè recitantes, exosculatusque fuerit, aliquid etiam dederit muneris ac præmii : movebitur enim animus filii ad eadem æmulanda studia, in quibus alterum sic probari perspexerit : ipseque ultrò petet, ipse flagitabit easdem sibi tabellas, et eandem exercitationem dari. Quæ dandæ erunt, cùm ornatæ ipsæ et concinnæ per sese, tùm illustribus scriptæ litteris, ut omnibus rebus quibus capi potest

vers la passion de la lecture. Il faudra toujours avoir grand soin que ce désir soit si dominant dans l'enfant, que le dégoût de la lecture ne puisse jamais le suivre.

Quoique le père soit de ceux qui connaissent les lettres et tous les beaux-arts ; quoiqu'il puisse instruire et élever son fils dans toute espèce de sciences, je pense néanmoins qu'il doit choisir un maître capable qui, se vouant à cette fonction et n'ayant pas d'autres affaires, ni d'autres occupations, soit entièrement appliqué au soin d'instruire son fils, chose dont souvent un père de famille serait nécessairement détourné, tant par les affaires du dehors, que par celles de la maison. Notre précepte qu'il faut un maître pour enseigner les enfants est approuvé de Cicéron, dont le génie, les lettres, toutes les

illa ætas, ad amorem et cupiditatem legendi perliciatur. Semper enim providendum diligenter est, ut litterarum desiderium ità antecedat in puero, ut nunquàm satietas nimia consequatur. Sed etsi pater ejusmodi sit, ut omnibus ipse optimis artibus litterisque eruditus, docere possit filium, et præclarè eum in omni doctrinæ genere instituere, censuerim tamen idoneum illi magistrum esse eligendum, qui huic uni vacet negotio, nullaque omninò re alia, neque occupatione teneatur, sed sit in hanc curam erudiendi filii totus intentus, à qua patrem sæpè familias, tàm forensibus quàm domesticis negotiis necesse est avocari : hanc nostram de adsciscendo liberis magistro sententiam M. Cicero comprobat,

sciences brillaient d'un éclat si glorieux, qu'il semblait avoir plutôt lui-même orné et enrichi l'éloquence que d'avoir reçu d'elle quelque ornement. Cependant, pour instruire son fils, il se servit de maîtres étrangers. Mais si la chose est facile à conseiller et à commander, elle est excessivement difficile à réaliser, à pratiquer. Ils sont rares, en effet, et, si rares qu'ils soient, que ne puissions-nous en trouver néanmoins quelques-uns! Ils sont rares, ceux qui auraient compris dans leur âme ce que c'est que le vrai savoir; qui connaîtraient quel est le lien qui unit entre eux tous les arts de l'humanité, pour cette unique sagesse pour laquelle nous espérons former et élever un fils. Ceux-là ne s'adonneraient pas à apprendre chaque art, soit par ostentation, soit pour gagner de l'argent, soit pour s'attirer

qui cùm ea esset ingenii, litterarum, et omnis scientiæ gloria, ut locupletasse ipse et ornasse potiùs eloquentiam, quàm ulla ab ea ornamenta sumpsisse videretur, in erudiendo tamen filio alienis magistris usus est : verum hoc quod facile est præceptu atque imperatu, re ipsa et experiendo vehementer fit difficile. Rari enim sunt, utinamque adeò rari isti, aliqui tamen essent qui comprehendissent animo, quid sit verè sapere et vinculum illud quo omnes humanitatis artes inter se continentur, ad cujus unius sapientiæ spem et alimus et constituimus filium, quale sit, tenerent : neque ii aut ostentandi sui causa aut lucri faciendi, aut popularis auræ colligendæ, ad singulas addiscendas sese dederent

la faveur du peuple, si toutefois c'est apprendre
que d'ignorer la fin qu'on doit se proposer en apprenant. Mais parce que dans notre livre, qui traite de
l'éloge de la philosophie, nous avons assez parlé de
cette erreur vulgaire et presque commune, et que
nous en parlerons encore ailleurs, revenons à cet
enfant que nous avons entre les mains. Donnons-lui
un maître sorti d'une école de belles-lettres, estimé
pour ses mœurs, et connu pour son aptitude dans
l'enseignement. Qu'il exige chaque jour de l'enfant
un devoir de lecture et d'écriture, sans se montrer
sévère en rien, sans user de menaces ni de violence ; car il faut prendre garde que l'enfant ne
commence par haïr les lettres qu'il ne peut pas
encore aimer pour elles-mêmes. On devra plutôt
l'exciter à l'étude par l'espérance et les éloges, et

artes : si tamen addiscere est ignorare, quem ad finem
percipiendum sit quod addiscas. Sed quoniam de hoc
errore vulgato et propè communi in nostro de laudibus
philosophiæ libro satis est dictum et alibì sæpè dicetur,
revertamur ad puerum eum quem in manibus habemus,
magistrumque illi præficiamus à litterario ludo, cujus
mores probati sint, et diligentia in docendo cognita :
qui ità quotidianum pensum legendi et scribendi à puero
exigat, ut nulla in re sit asper, nec minis, aut violentia
utatur : summoperè enim cavendum est, ne eas litteras
odisse incipiat puer, quas nondum potest ipsarum causa
diligere. Spe ille potiùs et laude provocandus est, inter-
dùmque ex pacto agendum, ut cùm plures horas sibi

régler son temps de manière qu'après plusieurs heures de récréation dans les jeux de son âge, il en consacre une à son maître.

L'enseignement de la lecture et de l'écriture est donc le premier pour l'enfance, et le premier rudiment que l'enfant doit apprendre facilement et promptement. Il doit sans hésitation, ou en hésitant le moins possible, connaître les lettres, soit par elles-mêmes, soit jointes ensemble dans les syllabes et dans les mots. Il ne doit pas seulement les connaître, mais encore les prononcer d'un ton de voix simple et juste, avec une expression ni trop faible, ni trop forte. Il doit lire couramment tout écrit qu'on lui présente, et cela de gauche à droite et de droite à gauche, en sens contraire ; car ces choses, quoique paraissant peu importantes, comme elles n'en sont pas moins les fondements des autres,

ipse sumpserit ad pueriles obeundos lusus, unam aliquam præbeat magistro. Legendi ergo et scribendi prima præceptio est pueritiæ et primum rudimentum : quod promptè et celeriter facere debet puer, ac sine ulla dubitatione vel minima nosse litteras, vel ipsas per sese, vel in syllabis dictionibusque conjunctas : nec nosse solùm, sed pronuntiare commodè sono vocis simplici rectoque, litteris neque oppressis nimium neque expressis : itemque perlegere cursìm quidquid scriptum oblatum fuerit : idque et prorsùs et rursùs retrò contràque revolvere : hæc enim quamvis minima videntur, tamen quoniam fundamenta sunt cæterorum firmiùs sunt

doivent être établies plus solidement ; et l'on doit s'y arrêter un peu plus longtemps, jusqu'à ce qu'elles soient bien assises et enracinées.

Or ce qui a été dit des lettres, ou plutôt des éléments et des caractères des lettres, nous voulons qu'on le comprenne non-seulement pour le latin, mais aussi pour le grec ; car nous voulons que celui qu'on élève pour la belle espérance d'une suprême vertu apprenne ces deux langues. Elles ont produit l'une et l'autre de très-grands et de très-savants auteurs ; elles nous ont transmis tous les genres de sciences. La prudence, la sagesse, l'éloquence y ont une puissance souveraine. Elles sont toutes les deux si unies ensemble, elles se comtiennent mutuellement si bien, que si l'on en comprenait l'une sans l'autre, il semble qu'on aurait acquis quelque chose de défectueux et de tronqué.

statuenda, immorandumque in his aliquantò diutiùs, quoad planè resideant, atque comprehendant. Quod autem de litteris, vel de litterarum potiùs elementis ac notis dictum est, non de latinis tantùm, sed de græcis quoque volumus intelligi : harum enim utramque linguarum ab eo volumus addisci, qui ad eximiam spem summæ virtutis alatur : utriusque enim maximi et doctissimi auctores sunt, omniaque doctrinarum genera in utraque egregiè sunt tradita : tùm autem prudentiæ, sapientiæ, eloquentiæ, utrobìque summa vis, et ita nexa inter se, ac mutuò se continens, ut qui alteram sine altera perceperit, debile quiddam et mancum esse

Il faut donc, dès le commencement, façonner aussitôt l'enfant au discours grec et latin par la lecture et l'écriture des lettres. Ce qui est encore louable avant tout, c'est l'habitude qu'on a d'inculquer dans l'esprit de l'enfant, en même temps que les caractères des lettres, les éléments de la religion chrétienne; car, comme nous l'avons dit, il n'y a ni vertu, ni science, ni espérance d'une vie honorable ou heureuse, si la religion ne s'y trouve et ne l'accompagne. On doit alors lui proposer les graves maximes des meilleurs auteurs pour la sainteté de la vie et pour l'exemple des choses qu'il faut fuir ou rechercher, afin que ces maximes se gravent bien dans son esprit encore tendre, et qu'il les porte avec soi pendant tout le reste de la vie.

Mais l'art de la grammaire suit incontinent et fa-

adeptus videatur. Ad utramque igitur et græcam et latinam orationem legendis et scribendis litteris statìm de principio imbuendus est puer : in quo illud primùm admodùm occurrit laudabile, quod est in more positum, ut simul cum litterarum notis, elementa quoque christianæ religionis in puero insinuentur : nam, ut dictum est, nec virtus, nec doctrina, nec spes honestæ aut beatæ agendæ vitæ ulla est, qua non pertinet, nec comes est religio : gravesque tùm sententiæ summorum auctorum proponendæ illi sunt, ad sanctitatem vitæ, et ad exemplum fugiendarum aut expetendarum rerum pertinentes, quas animus tener benè apprehendat, deferatquè secum in omnem posteriorem vitam. Sed hanc

milièrement cette habitude de lire et d'écrire. Son nom tiré des lettres ne paraît pas, à la vérité, avoir une grande signification ; mais son pouvoir a plus d'importance ; car non-seulement elle s'occupe et traite des lettres, des noms, des verbes et de toutes les autres parties du discours, mais aussi de la connaissance des poëtes, des orateurs, de telle sorte qu'elle semble vouloir y laisser peu de place à d'autres arts. Ce qui, à mon avis, n'est pas tant le propre de la grammaire que de ceux qui, pour faire parade de leur talent et de leur science, ont voulu abuser du nom de cet art. Un grand nombre de savants en ont écrit, tant Grecs que Latins. Quelques-uns l'ont fait d'une manière brève et concise, plusieurs avec trop d'abondance, à moins toutefois de ne pas croire nécessairement que Didyme a écrit sur l'art de la gram-

consuetudinem legendi jam scribendique familiariter sequitur continuò grammaticæ ars : cujus nomen ductum quidem à litteris, tenuem videtur habere appellationem, sed est ejus facultas uberior : non litteras enim solum, et nomina, verbaque, ac reliquas omnes orationis partes, sed poetarum quoque et oratorum cognitionem ita complectitur et pertractat, ut parvum in iis relinquere videatur velle aliis artibus quibusdam locum : quod meo est animo non tàm grammatices proprium, quàm eorum qui ad suam ex aliis generibus facultatem doctrinamque ostentandam, hujus artis nomine abuti voluerunt. Scripserunt enim de ea complures docti viri, cùm Græci, tùm Latini : sed alii alio modo pressè castigatè-

maire plus de trois mille livres. Chez les Grecs, Apollonius et Hérodien sont les plus estimés; chez nos Latins, Donat a mérité une grande célébrité, ainsi que Servius qui fut son émule, et beaucoup d'autres après eux. Mais ce n'est pas à nous de faire le dénombrement de ces écrivains; voyons plutôt comment et jusqu'à quel point la grammaire doit être enseignée à l'enfant : ne considérons pas toute la puissance de l'art, mais l'aptitude de cet âge. S'il y a dans cet art des choses difficiles et ardues, embarrassées de discussions moins nécessaires que subtiles, qu'elles soient renvoyées pour le temps où l'adolescent, muni de beaucoup d'autres connaissances, pourra employer son loisir à des questions de ce genre qui alors s'offriront à lui d'elles-mêmes

que nonnulli, multi abundantius : nisi fortè necessariò credimus tria millia librorum ampliùs à Didymo in arte grammatica fuisse scripta. Apollonius in Græcis, et Herodianus probatiores : magnam laudem apud nostros meruit Donatus, et qui illum Servius æmulatus est : tùm deindè multi. Sed nostrum non est enumerare scriptores : potiùs illud videamus quomodò et quatenùs grammatice tradenda puero est : neque vim artis totam, sed captum ætatis illius consideremus. Nam si quæ sunt in illa arte difficilia et ardua, non tàm necessariis quàm subtilibus implicata disputationibus, rejiciantur in id tempus, cùm aliis pluribus disciplinis instructus adolescens, otium conterere in hujusmodi questionibus poterit : quæ tunc ultrò sese illi offerent, et ex aliena

et seront plus facilement débattues à l'aide d'une
autre science. Il n'est vraiment pas sage de charger
de difficultés le faible esprit d'un enfant. A quoi lui
servira de connaître cette controverse, si le participe
est une partie du discours, ou s'il est compris dans
le verbe? ou bien si, dans la dénomination des
choses, il vaut mieux se servir du mot vocable ou
du mot nom, et beaucoup de choses semblables qui
ne peuvent pas même être utiles à ceux qui les com-
prennent? J'aime mieux lui faire apprendre clairement et simplement les choses qui sont d'un usage
nécessaire; à distinguer les lettres; à connaître que
les unes sont les voyelles, celles qui forment un son
par elles-mêmes; les autres les consonnes, lesquelles
forment un son étant unies et composées avec celles-
là; que de plus, parmi les consonnes, il y en a de
semi-vocales, celles dont le son commence par une

quadam facultate acutiùs disceptabuntur : tenerum quidem pueri animum onerare his difficultatibus, nullius
consilii est. Quid enim illi proderit nosse controversiam,
utrùm participium sit pars orationis, an redigatur sub
verbo : et utrùm vocabuli an nominis in rebus appel-
landis potior usus sit : et similia multa quæ ne intelli-
gentibus quidem admodùm usui esse possunt? Potiùs
mihi is ad illa apertè et simpliciter perdiscenda ducatur
quæ necessariam habent utilitatem, ut litteras distin-
guat, aliasque noverit vocales, quæ purum ex se pro-
ferunt sonum, alias consonantes, quæ cum illis junctæ
et compositæ sonent, rursùsque ex consonantibus semi-

voyelle; d'autres muettes, dans lesquelles cesse le son de la voix. Qu'il sache même que les *bissonnes,* que les Grecs appellent δίφθόγγους (diphthongues), sont composées de deux voyelles; qu'ils apprennent enfin à prononcer toutes ces choses d'une manière convenable.

D'un autre côté, qu'il soit introduit dans l'assemblage des mots, de manière à savoir sans confusion les huit parties usitées du discours. Il devra connaître les propriétés de chacune de ces parties, et en quelque sorte, certaines marques qui lui fassent distinguer leur différence. Il saura, par exemple, que le nom est ce qui marque la nature et la qualité permanente d'une chose; qu'il se décline en cas, se divise en espèces, se change en nombres; qu'il prend différents genres et se distingue par les désinences;

vocales, quarum sonus incipiat à vocali : cæteras mutas in quibus vocalis sonus tantùm desinit. Intelligat etiam bissonas quas δίφθόγγους Græci, ex duabus vocalibus esse compositas : tùm his adjungat omnibus pronuntiationem congruam. Ad dictionum verò sylvam ità traducatur, ut sine illa ambiguitate addiscat octo illas pervulgatas orationis partes : quarum singularum proprietates, et quasi insignia quædam debet cognoscere, ut sciat internosse : ut verbi causa, nomen esse quod rei naturam aut qualitatem denotet in suo statu manentem, idque casibus deflecti, speciebus dividi, numeris mutari, generibus variari, figuris distingui. Verbum esse, quod rem in motu aliquo signet, vel agendi vel patiendi, in

que le verbe est ce qui désigne une chose en mouvement, soit activement, soit passivement; qu'au
lieu de se décliner en cas, il se conjugue en temps;
que le participe, tenant à la fois au verbe et au nom,
reçoit du verbe le temps et le mouvement, et suit
le nom dans le reste; que le pronom est ce qui
tient la place du nom, à savoir, dans les noms propres, et qu'il indique une personne déterminée;
quant aux adverbes et aux prépositions, que les
premiers n'ont aucune force s'ils ne sont ajoutés au
verbe; que les secondes sont séparées des noms et
précèdent presque toujours celui qui est leur régime;
ou bien, étant jointes aux noms et aux verbes dans
leur composition, augmentent, diminuent ou chan-
gent le sens des mots qu'elles composent; que les con-
jonctions lient entre elles les cinq parties supérieures

quo pro casibus sunt temporum flexiones. Participium,
quod affine utrique et verbo et nomini : tempus et motum accipiat à verbo, in reliquis sequatur nomen. Pro-
nomen verò quod vicem præbat nominis, in iis nominibus scilicet quæ propria sunt, et certam personam
aliquam indicant. Adverbia porrò et præpositiones illa,
quod nisi verbo adjuncta vim habent nullam, hæ vel
nominibus separatìm appositæ, idque ferè semper
præeundo atque antecedendo, undè nomen nactæ sunt,
vel etiam cum his et cum verbis in compositione copu-
latæ augent, vel minuunt, vel vertunt sensa eorum
quibuscum componuntur. Conjunctiones verò, quòd
superiores quinque partes orationis binas trinasve ad-

du discours, en en joignant deux ou trois ensemble; que l'interjection, au contraire, interrompt la course et le sens d'une période, en interposant quelque mot qui exprime une affection de l'âme, l'espérance, la joie, la crainte, la douleur, la gaieté, l'admiration et autres choses semblables. Mais tout cela s'enseigne plus facilement à un enfant quand on fait son éducation, et nous ne devons en parler ici que d'une manière succincte, car nous ne faisons qu'indiquer la voie et nous n'enseignons pas l'éducation elle-même. Viennent ensuite les inflexions des quatre premières parties du discours, dont trois se déclinent en cas, et dont le verbe seulement se conjugue en temps, choses qui doivent être exactement et entièrement confiées à la mémoire. Il faut que l'enfant en connaisse très-facilement et très-familièrement la différence; et, de plus, quel cas suit chaque

hærescendo conjungant. Interjectiones è contrariò, quòd cursum et sensum clausulæ interpungunt aliqua voce humani affectus indice interposita, quæ habeat spem, lætitiam, metum, dolorem, alacritatem, admirationem, et similia quædam. Sed hæc, quæ in puerili disciplina commodiùs traduntur, perstringenda tantummodò nobis sunt, indicamus enim iter dumtaxat, non disciplinam ipsam tradimus. Sequuntur flexiones quatuor primarum partium orationis, quarum tres casibus, verbum ipsum temporibus tantum inclinatur, quæ probè et penitùs memoriæ mandandæ sunt : earumque varietas facillimè est et familiarissimè discernenda : tùm autem qui cuique

verbe, de quel cas il est précédé; car, à mon avis, la plus importante propriété de la grammaire, c'est de savoir arranger, composer le discours au moyen des cas, du nombre, du genre, des temps, de manière qu'il n'y ait ni trouble, ni désordre, rien qui ne soit bien uni et bien assorti. Ce que la grammaire doit faire observer tant dans les vers que dans la prose, la connaissance de la quantité des syllabes et du pied qui convient à chaque vers étant aussi la propriété de cet art. Quant aux noms et aux verbes qui se sont écartés de l'analogie commune, et ont revêtu des formes en opposition à la règle de leurs semblables, ce n'est pas tant par des préceptes rigoureux et difficiles qu'il faut en acquérir l'usage et la connaissance, que par la fréquente lecture des bons auteurs. On doit en dire autant de l'art d'écrire cor-

verbo casus subsequatur, quive antecedat, hæc enim summa est meo quidem animo grammaticæ facultas, scire ità struere et contexere orationem casibus, numero, genere, temporibus, ut nihil sit perturbatum, nihil non concors, nihil non inter se aptè cohærens et consonum, quod tàm in versibus, quàm soluta oratione tenendum grammatio est : est enim et hujus artis propria quantitatis syllabarum notio, et quis cuique carmini pes conveniat, nam verborum et nominum quæ communi analogiæ prævaricata sunt, et discrepantes à consimilium cæterorum ratione induere formas, usus et cognitio, non tàm scrupulosis anxiisque præceptis, quam ex bonorum auctorum crebra lectione percipienda est : quod

rectement, qu'on appelle du grec l'orthographe.
Les enfants l'apprennent avec peine et difficulté, si
on le leur enseigne par des préceptes et par des
règles; l'usage assidu de lire et d'écrire le grave
bien mieux dans leur esprit. En un mot, tout l'art
de la grammaire a principalement pour base la commune coutume du langage et l'autorité des anciens
auteurs. Son but final, c'est de savoir construire et
cimenter le discours d'une manière convenable, pour
qu'il n'y ait rien de discordant ni de désordonné; et
cela, dans la prose comme dans les vers, dans
lesquels il faut de plus considérer la quantité des
syllabes.

Lorsque l'enfant pourra mettre cet art en pratique
avec aisance, intelligence, et sans aucune hésitation,
comme il est en quelque sorte l'unique fondement

item de rectè scribendi scientia, quæ græcè orthographia
est, dicimus : hanc enim onerosam et difficilem pueris
adnoscendum, si per regulas præceptaque tradamus,
assiduum legendi scribendique usus meliùs confirmat,
et in universum tota grammaticæ ars plurimùm communi consuetudine loquendi, et veterum doctorum
auctoritate nixa est : cujus extremum et finis est scire
aptè construere, et coagmentare orationem, ut nihil
discors in ea, neque præposterum sit : idque tùm fusa
oratione, tùm carmine, in quo syllabarum prætereà
quantitas expendatur. Hoc cum efficere poterit puer
promptè et paratè, atque ut in agendo nihil hæsitet,
est enim proptereà quod hæc ars fundamentum est, et

des autres arts, au point que, s'il est faiblement compris, il faut que tout le reste de l'édifice chancelle,
on ne doit rien négliger pour que l'enfant le possède
le mieux possible. Lorsque, dis-je, l'enfant le comprendra et connaîtra bien, on devra plus hardiment
charger son intelligence de tous les fardeaux qu'on
voudra; car lui-même, se sentant débarrassé de ces
noueuses et minutieuses difficultés qui ne sont pas
un médiocre travail d'esprit pour un enfant, et ne
lui donnent presque aucun plaisir, pareil à un cheval
nouvellement dompté, il brûlera de courir dans de
plus libres espaces, et de faire quelque essai de ses
forces et de son intelligence. Aussi les choses qui
suivront ne seront pas pénibles pour lui; mais il y
trouvera du plaisir et de l'agrément. Il devra donc
tout de suite être initié aux préceptes et aux exer-

veluti solum reliquarum artium, ut si ea debiliter com-
prehensa sit, omnem superextructionem nutare oppor-
teat, diligentiùs in ea elaborandum, optimè ut teneatur.
Cum, inquam, fuerit hæc puero benè percepta, et cognita,
tùm audentiùs quidquid libuerit oneris est illi imponen-
dum : nam et ipse his nodosis et minutis difficultatibus
expeditus, quæ laborem animi in puero non mediocrem,
delectationem habent propemodum nullam, tanquam
equus modò domitus gestiet in campos procurrere libe-
riores, et suarum virium, suique ingenii aliquod periculum facere : ità quæ sequentur jàm non laboriosa illi,
sed grata jucundaque erunt. Igitur è vestigio ad exercitationes et præcepta artis rhetoricæ traducendus est :

cices de la rhétorique, qui traite le même sujet que la grammaire, à savoir, des noms, des verbes, de la forme et de la composition du discours, mais d'une autre manière. En effet, comme nous l'avons dit, il suffit à la grammaire que la structure du discours soit liée et bien ordonnée par les personnes et les temps, ou que le vers, dans sa composition, ait ses pieds et sa mesure, après quoi, ayant rempli sa tâche, elle se repose, n'ayant pas de motif pour aller plus loin.

Or la rhétorique reçoit d'elle ces connaissances comme lui étant nécessaires; mais ce n'est pas dans les choses nécessaires que se trouve la beauté. Aussi bien, ce qu'elle a reçu, elle le perfectionne et l'embellit de telle façon, que rien ne saurait être plus admirable que cet ornement, que cet arrangement du discours.

cui eadem quidem quæ ipsi grammaticæ subjecta est materia, nominum et verborum videlicet, et omnis formandæ componendæque orationis, verùm alio modo. Illa enim, ut diximus, sat habet struere aptam inter se et congruententem personis temporibusque orationem, aut carmen suis pedibus et numeris integrum componere, eoque functa officio quiescit, nec habet causam ulterius progrediendi. Rhetorica verò hoc quidem accipit ab illà, tanquam sibi necessarium, sed nulla est in necessariis dignitas. Itaque sic excolit acceptum atque exornat, ut illo apparatu instructuque orationis nihil fieri possit admirabilius. Hac de arte plura dicenda essent,

Il faudrait en dire plus long sur cet art, tant la vie humaine en est embellie, si tout n'avait pas été excellemment exprimé dans Cicéron, que, d'après mes conseils et votre propre volonté, Paul, vous avez assidûment entre les mains. Vous devez le lire maintenant, dans la suite, toujours. Et non-seulement vous devez le lire, mais en pénétrer tous vos sentiments intimes et de toutes les manières; car il n'est pas un éloge de la prudence, une lumière du discours, une beauté dans les maximes, dans les paroles, une grâce dans la diction, une hauteur de génie, une force d'âme qui, je ne dirai pas n'apparaisse en lui et n'y existe, mais qui n'y soit dominante, et ne manque pour émouvoir de chaleur et de véhémence, à tel point qu'il inonde comme d'un torrent de délices les sens et l'âme des lecteurs.

quippe è qua tantum sit humanæ vitæ ornamentum, nisi in Cicerone præclarissimè expressa essent omnia : quem et meo hortatu, et voluntate tua assiduum in manibus, Paule, geris : hic enim tibi et nunc, et posteà et semper legendus est : nec legendus solum, sed omnibus intimis sensibus et modis devorandus : nulla est enim laus prudentiæ, nullum lumen orationis, nulla sententiarum dignitas, nulla verborum, nullus in dicendo lepos, nullum acumen ingenii, nulla vis animi, quæ non in eo non dicam appareat atque extet, verum ità emineat, acrisque ad permovendum vehemensque sit, ut torrente quodam omnium suavitatum obruat sensus animosque legentium. Sed etsi in hoc uno omnia insunt,

Mais quoiqu'il contienne en lui seul toutes les choses
qui semblent devoir être désirées pour la perfection
de cet art, et qu'il y joigne en outre une grande
force de doctrine et de sagesse, cependant, dès que
vous serez parvenu à l'imiter, à prendre non-seulement la couleur, mais encore le suc et la forme de
ses discours, il vous faudra lire aussi les autres auteurs latins et grecs, tant les orateurs que même les
poëtes; car, à l'âge où vous êtes, Paul, et à plus
forte raison même dans la suite, ce sera pour vous
à la fois un grand ornement et un avantage de connaître le génie et les écrits de beaucoup d'auteurs,
parce que beaucoup de choses servent à en apprendre beaucoup d'autres qui chaque jour peuvent être
utiles, selon les besoins et les occasions. Une lecture
multiple et variée raffermit la force du jugement et

quæ ad hujus præclari generis videntur esse requi-
renda : prætereàque et doctrinæ et sapientiæ maxima
cum his conjuncta vis : tamen ubi te ad hujus imitationem conformaveris, neque colorem solum, sed succum
etiam et habitum illius orationis fueris nactus : tùm
legendi cæteri quoque tibi sunt auctores latini, græci-
que, tùm oratores, tùm etiam poetæ. Est enim huic
ætati, in qua tu es, Paule, et verò etiam consequenti
magno ornamento simul et emolumento, videre multorum ingenia atque scripta : quòd et multa addiscuntur à
multis, quæ ad usum et manum quotidiè opportuna
accidere possunt : et lectio varia ac multiplex judicandi
vim prudentiamque confirmat : quæ si in uno duntaxat

la prudence, laquelle, si on ne l'exerce que dans un seul genre, et qu'on n'ait rien pour le comparer, semblera s'y être appliquée non par choix, si excellent que soit ce genre, mais l'avoir seulement rencontré par accident et par hasard.

Mais nous voulons que le caractère de l'adolescent, qui depuis longtemps est le sujet de notre entretien, tire sa principale valeur de son choix et de son jugement, quoique le propre de l'adolescence ne soit pas de juger, et qu'il convienne mieux à cet âge de développer son intelligence. Or le propre de l'intelligence consiste soit à concevoir promptement ce qu'on lui enseigne, soit, ayant saisi le principe d'une démonstration, à courir un peu en avant, et, partant d'un petit nombre de choses, à en comprendre beaucoup d'autres : ce qui est, à la vérité, pour nous un don insigne et des plus

genere versetur, nec habeat quicumquid comparet, non delectu ullo ad id se applicuisse, etiamsi sit optimum, sed casu et fortuna in illud solùm incidisse videatur. At nos delectu volumus et judicio valere vel maximè ejus adolescentis naturam, de quo jamdudùm insistimus loqui : quanquam non est adolescentiæ judicare, vigere ingenio illi ætati potiùs convenit : porrò autem ingenii est cùm percipere celeriter id quod tradatur, tùm verò arrepto à demonstrante principio, præcurrere aliquantùm, et ex paucis statim plura aliqua intelligere : quod quidem eximium imprimìs optabile deorum immortalium in nobis donum est : judicandi autem ipsa vis, non tàm

désirables de la part des dieux immortels. La faculté de juger, au contraire, n'a pas tant la promptitude que le poids; elle ne consiste pas plus dans la prévision que dans la circonspection, car de beaucoup de choses qui se présentent autour d'elle, il lui faut choisir la plus convenable, ce qui ne peut se faire sans la comparaison d'un grand nombre d'objets. Cette faculté d'approuver, d'admettre les choses qui valent plus que les autres, elle nous est donnée par une grande expérience, par une longue agitation dans les conseils des hommes, dans les événements fortuits, et surtout par une lecture savante et variée. Et cependant il lui faut aussi ce don de la nature, cette heureuse intelligence que nous apportons en venant au monde; car si l'intelligence est absente, tout le reste n'est rien, tant il apparaît que partout la principale domination appartient à la nature. Mais quoique le jugement ne soit pas le

celeritatem quàm pondus habet, neque in prævidendo magìs quàm in circumspiciendo est posita : ex multis enim circumcircà sese offerentibus eligat illud oportet, quod maximè sit accommodum : quod quidem fieri sine comparatione plurium non potest : quam nobis probandi et adsciscendi potiora facultatem usus rerum multarum, et in hominum consiliis, fortuitisque eventibus longa agitatio, imprimìsque lectio erudita et varia affert : neque tamen absque illo naturæ munere, quo bono ingenio præditi in lucem venimus : nam si ingenium absit, pro nihilo cuncta sunt : ut naturam ubìque præcipuè

propre de l'adolescence, cependant cet âge doit être
muni de ces armes, de cet appareil, de ce cortége des
choses, afin que l'âge mûr puisse exercer cette faculté
avec pénétration et rectitude. Ce qui lui sera pour cela
du plus grand secours, ce sont les sciences et les lettres, c'est la connaissance de l'antiquité, c'est de lire
le plus possible les auteurs les plus grands, les plus
estimés, dont aucun n'est à dédaigner de ceux que,
de beaucoup d'autres, nous a laissés l'injure du
temps. Il retirera de cette lecture variée non-seulement une remarquable utilité; mais de plus un très-
grand plaisir. Il sera charmé de connaître et en
même temps d'admirer cette force incroyable, cette
véhémence de Démosthène, dont les pensées me
semblent dans son discours entrelacées comme des
mailles; si bien que, si vous ôtez une seule lettre, il

dominari appareat. Sed etsi non est judicatio propria
adolescentiæ, eis tamen armis, et eo cultu comitatuque
rerum illa ornanda ætas est, ut cùm maturum fuerit,
acutè queat et rectè judicare : in quo maximam partem
litterarum scientia adjuvabit, et cognitio vetustatis, et
lectio quamplurima summorum probatissimorumque
auctorum, quorum nemo est aspernandus ex his, quos
injuria temporum de multis reliquos nobis fecit : nec
solum egregia utilitas, sed maxima quoque delectatio
ex illorum lectione varia percipietur. Juvabit cognosse
ac mirari unà vim incredibilem vehementiamque De-
mosthenis : cujus oratio sic sensis inter se, quasi hamis,
conserta esse mihi videtur, ut si litteram unam tollas,

faut que toute la série s'en aille. Il est si ardent à la
lutte qu'il peut toujours vaincre, si plein de raisons
qu'il peut accabler, si adroit que, pour ses adver-
saires, le piége est inévitable. Outre cela, quels fréquents éloges ne renferme-t-il pas de l'antiquité!
Quel heureux choix de mots et de maximes! Quelles
exhortations à la gloire, à l'honneur, tirées du temps
et de la cause! Certes, c'est à juste titre que la gloire
de la nation grecque s'appuie sur l'éloquence de
cet homme, prince unique dans l'art de bien dire.
Eschine, son ennemi et son adversaire dans la république, inférieur à lui en tout genre, ne laisse pas
d'avoir une diction harmonieuse et facile. Lysias est
subtil et très-heureux dans le choix des mots. Quant
à l'éloquence d'Isocrate, qui du reste n'est pas sans
valeur, des expressions trop recherchées et une

seriem totam labare sit necesse : ità quidem est pugnax,
ut semper vincere : ità plena ac referta , ut obruere :
ità arguta, ut nunquam non decipere adversarios possit :
quàm crebra præterèa in ea prædicatio antiquitatis, qui
delectus verborum ac sententiarum, quàm multæ ad
laudem et ad decus sumptæ ex tempore et ex causa co-
hortationes? Ut meritò hujus unius principis in dicendo
gloria Graïæ gentis eloquentia nitatur. Hujus inimicus et
in republica adversarius Eschines toto genere omissior,
canorum tamen habet quiddam et profluens. Subtilis
Lysias et verbis maximè proprius. Nam Isocratis eloquentiam probatam alioquin, nimiæ concinnitates, et
quædam quasi delitiæ, ut minùs videretur virilis efficere.

certaine délicatesse de style sont cause qu'elle semblerait moins virile.

La fréquente lecture de ces auteurs et des autres non-seulement vous donnera le plaisir de connaître le génie de ces grands hommes et leur différence, mais elle augmentera même en vous la faculté de distinguer les genres dissemblables et variés. Il en faut dire de même des historiens, qui certes, par l'élégance et l'abondance du style, ne sont pas moindres chez nous que chez les Grecs. Il semble même que les écrivains de ce genre traitent un peu plus expressément des sujets qui servent à fortifier la prudence humaine; car en apprenant les projets et les actions des généraux et de ceux qui se sont distingués dans le gouvernement des affaires publiques, il est facile de comprendre, d'après les événements, ce qu'il faut suivre dans la vie et ce qu'il faut éviter.

Horum et cæterorum, ut dico, crebra lectio non solùm voluptate afficit cognoscendis summorum hominum ingeniis ac dissimilitudinibus, sed auget etiam facultatem inter dissimilia et varia genera dijudicandi. Quod idem de rerum gestarum scriptoribus est dicendum, quorum nostris meherculè non minor est quam Græcis aut elegantia aut copia : atque in his aliquantò etiam expressiùs apparet, quod ad confirmandam prudentiam hominum pertinet : veterum enim ducum, et eorum qui in gubernatione rerum publicarum floruerunt consiliis actisque perdiscendis, et quid cavendum in vita, et quid sectandum sit ex eventis illorum facilè intelligitur. Quid

Que dirai-je des poëtes? Certes, vous voyez combien ils abondent dans les deux langues, combien leur pouvoir est grand non-seulement pour apaiser, mais encore pour enflammer nos âmes. Aussi bien ce genre-là a-t-il toujours passé pour saint et pour agréable aux dieux. Ce n'est pas tant par l'étude et la pensée que par un certain esprit dont ils sont divinement inspirés, qu'ils répandent ces paroles qui, harmonieusement arrangées avec les sons et la mesure, ravissent les sens et les oreilles, et, comme du métal en fusion, se mêlent à notre âme. De sorte que, partout où ils nous entraînent, il ne semble pas possible de résister. Telle est même la raison qui les a fait exclure de cette parfaite république dont Platon a voulu donner les lois dans ses livres. Il a craint que, s'ils entreprenaient d'écrire

de poetis dicam? quorum cernis profectò et quæ in utraque lingua copia, et quanta non solùm ad demulcendos, verum etiam ad impellendos animos nostros vis sit : atque hoc genus sanctum, et diis amabile semper habitum est : non enim tàm studio humanave cogitatione, quàm spiritu quodam divinitùs inflati, videntur illa effundere, quæ sonis numerisque constructa aures sensusque corripiunt : et ad permiscendos animos nostros tanquam illiquefacta funduntur : ut in quamcumque impulerint partem, non videatur posse obsisti. Quo etiam ex illa Platonis republica quam is in libris perfectam condidit, poetæ exire jussi sunt, ne si ad suum arbitrium et quodcumque eorum animis libuisset scri-

et de publier tout ce qui leur passerait dans l'esprit, chose qu'ils étaient libres de faire en général dans la Grèce, il ne leur fût très-facile de corrompre les mœurs de leurs concitoyens. Il est certain que le pouvoir de la poésie a plus d'influence qu'on ne le soupçonne peut-être, soit pour amollir et pour énerver les âmes par la volupté et les autres passions, soit, au contraire, pour les fortifier par la vertu et la constance. Mais parce que ceci paraît être en général l'office de la musique, dont la poétique est même la partie principale, le siége, la base sur laquelle s'appuie tout l'art musical, il nous faut dire quelque chose de la musique si nous voulons tirer quelque utilité de ce cours, de cette revue des arts libéraux, et si nous exposons auparavant le but que nous voulons atteindre.

bere ac divulgare aggressi essent, quod in communi liberum erat Græcia, civium suorum mores facillimè corrumperent : et reverà plus est in hac facultate momenti, quàm quisquam fortè suspicetur, tùm ad fringendos, atque enervandos voluptate, aut cæteris permotionibus animos, tùm rursùs ad eosdem virtute et constantia corroborandos. Sed quoniam hoc videtur esse communis musicæ officium, cujus pars vel præcipua poetice est, eaque adeò sedes et basis, qua tota ars musica collocata est et sustinetur, de ea est aliquid dicendum, si quid nobis velimus hoc cursu et hac commemoratione artium ingenuarum, et quem ad finem contendamus priùs exposuerimus.

PAUL. — En vérité, je ne sais quelle est la place que vous réservez aux poëtes, et je redoute le sentiment de Platon. Et pourtant, quand je pense que vous êtes la cause que je vis depuis longtemps avec eux dans l'intimité, et que je les ai si souvent dans les mains, je me rassure, et je ne crains pas que vous m'enleviez ce bonheur, ce délassement des études plus sérieuses, ou même, comme j'en fais l'expérience, la non médiocre utilité qu'on en retire pour l'ornement de la langue et de la vie humaine. Je ne comprends pas, si toutefois mon esprit a quelque portée dans l'appréciation des choses dont je m'occupe pourtant chaque jour, je ne comprends pas que je puisse rien lire de plus fécond, de plus sublime qu'Homère, ni rien de plus divin que Virgile. Comme tous les deux n'ont pas été comparés seulement dans le jugement des hommes en

PAULUS. — Equidem pendeo animi quo tu loco statuas esse poetas, et illam Platonis sententiam pertimesco : sed tamen cùm recordor me te auctore cum illis vivere jamdudùm familiariter, eosque sæpiùs in manibus habere, consolor ipse me, nec vereor ut tu mihi illam vel oblectationem et requiem à severioribus studiis, vel etiam ut ego experior non mediocrem utilitatem ad linguam et vitam excolendam adimas : nam si quis mei ingenii captus est ad ista expendenda, in quibus tamen quotidiè versor, nec intelligo quid Homero uberius aut magnificentius legere possim, nec quid Virgilio divinius : qui duo cùm sint non singulorum sæpe hominum

particulier, mais encore dans les débats des nations elles-mêmes, pour assigner à l'un ou à l'autre le premier rang dans cette gloire de la poésie, je suis dans l'habitude de me servir souvent de votre propre opinion, que vous avez coutume d'exprimer ainsi : Il y a dans Homère beaucoup de choses dignes d'être élevées au ciel ; on ne peut rien souhaiter de mieux dans notre Virgile. Vous pensez aussi que d'Homère, comme de la source et du père de toutes les sciences, sont descendus, comme des ruisseaux, les autres poëtes.

Mais parce que vous dites souvent que la comédie morigène la vie privée et le commerce des citoyens entre eux, il y a apparence que vous ne répudiez pas, je pense, ces poëtes au nombre desquels est Térence, dont les vers calmes et purs coulent comme un fleuve tranquille. Ils n'entraînent avec eux rien

studio solum, sed ipsarum nationum contentione inter se comparati, utri dandus sit in hac laude principatus, soleo crebrò usurpare sententiam tuam : qui sic dicere es solitus, plurima esse in Homero quæ in cœlum tolli, nihil in nostro quod melius possit optari : ab illo tamen tanquam fonte et patre omnium doctrinarum cæteros veluti rivos fluxisse putas. Nam quòd comœdiam sæpè affirmas privatæ vitæ et civilis consuetudinis esse magistram, speciem habet, ut ego arbitror, hos quoque poëtas non repudiantis : quorum Terentius ceu sedatus amnis quemadmodùm fluat purè et leniter, nihil secum turbidum neque fucatum deferens : utque se accom-

de trouble, rien de fardé. Qui n'admire et n'est charmé en le lisant! Avec quelle convenance, avec quelle grâce, avec quelle élégance il s'applique à présenter dans le récit et le dialogue tous les accidents de la vie! Il me semble que la décence habite en lui. Il évite si bien l'obscénité et l'impureté qu'il paraît parfois faire peu d'attention à ce qui convient au caractère de chaque personnage. Plaute certainement se donne plus de licence; et pourtant qu'y a-t-il de plus utile que lui pour enrichir le discours latin, rendre la conversation facile et la provision des mots abondante? Je ne parlerai pas des autres poëtes, si nombreux chez les Grecs et les Latins, car il y a beaucoup de genres de poëtes. Il n'en est certainement pas ainsi dans les orateurs. Mais voici en général ce que je dirai de tous : puisque chacun d'eux se fait remarquer par l'excellence de quelque partie de son

modet ad omnia quæ incidunt, aptè, scitè, eleganterque, et narranda et respondenda, quis legens non cum quadam animi delectatione miretur? In quo mihi videtur habitare ipsa modestia ; sic enim cavet ab obsceno spurcoque, ut interdùm quid quamque deceat personam parum attendere videatur. Plautus fortassè licentior : sed tamen quid eo ad locupletandam latinam orationem et facilitatem sermonis copiamque verborum, potest esse utilius. De poetis cæteris non loquar, quorum est et Græcis et Latinis festiva copia : plura enim genera poetarum habentur, quod in oratoribus fortasse non ita est. Sed hoc dicam communiter de universis, cùm sit aliquid in unoquoque

génie, et que dans la plupart il y a beaucoup de choses louables, il me semble qu'on ne doit pas en bannir l'espèce d'une école de bonnes mœurs et des études de la science que nous souhaitons d'acquérir.

Que si l'injutice du temps et de la fortune, en nous conservant nos anciens auteurs, nous eût laissé la tragédie, ou bien n'eût pas enlevé aux Grecs la comédie, ce serait pour nous, je pense, un grand bonheur de comparer entre eux les écrivains grecs et latins. Mais puisque, soit par l'injure du temps, soit par celle des hommes, ce bien nous a été ravi, il nous est cependant permis de remarquer, en les lisant l'un après l'autre, quelle est la force des deux genres, quoiqu'il y ait peut-être plus d'agitation dans la tragédie, et qu'elle soit certainement beaucoup plus capable d'exciter dans les cœurs les différentes passions.

quod excellat in aliqua ingenii parte, et in plerisque laudabilia permulta, non videri hoc genus ab institutione bonorum morum et à studiis doctrinæ ejus quam expetimus repellendum esse. Quòd si fortunæ et temporis iniquitas, aut nobis in vetustis conservandis auctoribus tragœdiam reliquisset, aut non ademisset Græcis comœdiam, magnam opinor voluptatem et Græcorum et Latinorum inter se scriptorum contentione caperemus. Sed quandò hoc nobis bonum ereptum est, sive hæc hominum injuria fuerit, sive temporis, ex alternorum tamen lectione licet animadvertere, quæ sit utriusque generis vis, quanquam tragœdia fortè turbulentior, et ad concitandos diversis affectibus animos non parùm certè potentior.

JACQUES. — C'est fort bien dit, Paul, et c'est très-juste. Aussi suis-je enchanté de votre pénétration, de votre discernement dans l'appréciation que vous venez de faire des écrivains grecs et latins; c'est une preuve remarquable que vous nous donnez de votre intelligence. En vérité, vous m'avez épargné une bonne partie du travail que j'aurais eu à distinguer et à juger les poëtes; car je pense que vous ne devez pas seulement lire, mais avoir même tout à fait pour familiers ceux que vous venez de citer, et les autres poëtes qui ont avec eux quelque ressemblance. Toutefois la défense que fait Platon ne me répugne pas au point de ne pas penser que les bonnes mœurs doivent faire la loi aux poëtes, plutôt que les poëtes aux bonnes mœurs. Et cependant Platon avait quelque chose en vue en leur interdisant sa république. Et nous aussi nous ne voulons pas ranger au nombre

JACOBUS. — Polite ista admodùm et perquàm commodè, Paule; itaque gaudeo tua ista, in expendendis scriptoribus græcis et latinis attentione ac diligentia, in qua specimen nobis eximium tui ingenii præbes : mihi quidem non parvam laboris partem ademisti in discernendis et dijudicandis poetis, nam hos modò quos commemorasti, et alios ferè horum similes non legendos solùm, sed habendos tibi perquàm familiares puto : nec usquè eò Platonis illud interdictum horreo, ut non putem bonum morem potiùs poetis, quàm poetas bono mori legem esse laturos. Sed tamen neque ille in eo statuendo non aliquid secutus est; et nos te nolumus in

des poëtes ces obscènes et impurs versificateurs qui, visant à l'effronterie, ont tout rempli de leurs bouffonnes infamies.

PAUL. — Non certes pas, mon père, car je comprends bien que, si l'on se permet quelquefois de lire ceux dont vous parlez, ce doit être pour que la vertu et la sagesse des bons et graves poëtes brillent davantage. Mais ce que vous m'avez dit que vous vouliez dire sur la musique, je désire bien de l'entendre.

JACQUES. — Parce que vous avez été dès votre enfance parfaitement instruit dans cet art par les soins de votre père. Quant à moi, je ne dirai rien de cette vulgaire et triviale symphonie, qui ne s'occupe qu'à flatter les oreilles par la douceur des sons, et qui ne consiste guère que dans leur inflexion et leur

numero ducere poetarum sotadicos istos impuros versificatores, qui ad omnem petulantiam progressi, omnia scurrilibus probris referserunt.

PAULUS. — Nequaquàm, mi Pater, intelligo enim quos dicas, nisi si quandò illi legendi sunt, ut excellentium et gravium poetarum virtus et sapientia magis eluceat. Sed quod de musica te velle dixisti dicere, id ego audire sane aveo.

JACOBUS. — Quippè qui in hac arte patris tui cura apprimè à pueritia instructus fuisti. Sed ego non ea dicam quæ hujus vulgatæ et trivialis symphoniæ sint, cujus auribus tantùm suavitate demulcendis omne est lenocinium, et quæ in sola penè vocum flexione ac mo-

modulation même. Celle-là, Platon l'a exclue avec raison de sa république, comme étant la plus ennemie des bonnes mœurs; et les Égyptiens ne l'admirent jamais dans leurs villes. Mais il faut parler de la vraie musique, dont la fonction tout entière consiste à détourner les âmes des sentiments grossiers et sauvages en les pliant à l'urbanité; et, d'un autre côté, pour qu'elles ne se laissent pas aller à trop de mollesse, à les enchaîner par la vertu et la constance. Et parce que nous avons dit qu'il est une chose qui nous paraît devoir passer avant elle, qu'il en soit ainsi, puisque, comme on a l'habitude de le faire dans le stade, partant en quelque sorte de la barrière, nous conduisons l'adolescence dans cette espèce de lice des sciences et des arts libéraux pour nous arrêter où se trouve le prix de la course. Il est

dulatione ipsa consistunt : hanc enim velut bonis moribus inimicissimam jure et ab republica sua exclusit Plato, et in suas civitates Ægyptii nunquam admisere. Sed dicendum est de vera musica, cujus animis ab agresti illo rigidoque sensu ad urbanitatem reflectendis, et eisdem rursùs ne mollitia nimia perfluant, virtute et constantia vinciendis, totum officium est : et quoniam diximus esse quiddam quod antevertendum primò nobis videretur, sic habeto : cùm, quemadmodùm in stadio fieri solet, nos in hoc disciplinarum et artium ingenuarum veluti decursu quasi è carceribus deducamus adolescentiam, ut eam in loco ubì est præmium certaminis positum sistamus : summum esse illud et extremum quò

haut, il est extrême le but que nous voulons atteindre, cette philosophie elle-même dont nous avons déjà tant de fois parlé, qui perfectionne la nature et la raison de l'homme et lui donne une vie heureuse. Lorsqu'on y est parvenu, on doit établir en elle la demeure, le domicile de toutes ses pensées, attendu que ce qui regarde notre salut, notre tranquillité, ce qui sert à procurer la plupart des jouissances d'une âme saine ne peut jamais y manquer.

Or c'est par la grammaire que nous avons commencé notre course ; après s'y être arrêté autant qu'il est nécessaire, on doit s'en éloigner pour orner et embellir le discours à l'aide d'un autre art, d'une autre science, dont nous avons dit que l'étude de ses très-utiles et très-remarquables propriétés doit servir dans la suite à tout le reste de la vie. De même

tendimus, ipsam illam de qua totiens jam locuti sumus, perfectricem naturæ humanæ ac rationis et beatæ vitæ largitricem philosophiam : ad quam cùm fuerit perventum, constituenda in ea sedes est, et omnium consiliorum collocandum domicilium ; quippè cùm nec quod ad salutem nostrî, tranquillitatemque pertinent, nec quod ad sani animi plurimas capiundas voluptates utile sit, quicquam ibì possit deesse : porrò exorsus hujus nostræ deductionis grammatice ipsa extitit, è qua cùm tantùm institeris in ea quantùm fuerit necesse, ad ornandam et excolendam, alia quadam arte et doctrina orationem discendum est, cujus imprimìs necessariæ et maximè præclaræ facultatis studium in omnem reliquam deinceps

que, sans cette science, il ne serait pas facile à un grand homme d'acquérir une gloire éminente, soit dans la paix, soit même dans la guerre. Mais quoique nous donnions à l'adolescent cet exercice de parler gravement, clairement, élégamment sur tous les sujets proposés, comme un compagnon pour la vie entière, afin que, étant entrés ensemble dans la philosophie, comme un fleuve dans la mer, cet exercice ne fasse, pour ainsi dire, plus qu'un corps avec la philosophie, et qu'ils coulent ensemble. Nous voulons de même que cette philosophie, par l'accroissement des autres arts et des autres sciences se mêlant à elle comme les eaux des fleuves, ne coule que plus abondante. C'est pourquoi il n'est aucun de ces arts libéraux, et dignes d'un homme libre, que ne doive apprendre un adolescent dans la mesure de l'avantage qui lui en revient, c'est-à-dire

vitam pertinere debere diximus : tanquàm sinè qua magnus vir quispiam, et inter cæteros gloria eminens nec domi, nec verò etiam belli existere facilè possit. Verùm etsi hanc exercitationem graviter, distinctè ornatèque disserendi, qua de re cumque fuerit propositum comitem adolescenti, in omnem ætatem tradimus, ut cùm unà cum eo ad philosophiam tanquàm ad mare fluvius pervecta fuerit, coalescat cum illa in unum quasi corpus et confluat : sic eam volumus aliarum artium ac disciplinarum, tanquàm aquarum et fluminum accessu, uberiorem fluere. Itaque nulla est earum artium quæ liberales sunt, et ingenuo homine dignæ existimantur, non suspicienda ado-

qu'il doit consacrer à chaque art un temps raisonnable. La chose ne sera pas difficile, car ils sont unis, liés entre eux en société, et s'accordent si bien ensemble qu'une fois entré dans l'un d'eux, on s'ouvre un facile passage vers tous les autres. Aussi les anciens Grecs qui s'en occupaient plus curieusement et plus longtemps que nous, considérant que les arts de ce genre étaient la voie pour conduire à cette parfaite et haute sagesse qu'ils se figuraient être placée dans le gouvernement des affaires publiques, et dans la supériorité sur les autres hommes par l'éloquence et la raison, donnaient-ils à prix d'argent à leurs enfants des maîtres d'éloquence et de sagesse qu'on appelait sophistes, et qui étaient en quelque sorte chargés de leur enseigner la prudence civile, et qui, toujours attachés à leur personne, ne

lescenti quatenùs commodum sit, hoc est ut tantum in unaquaque ponatur temporis, quantùm fuerit satis, nam neque erit negotium difficile, et illæ tamen societate et consensu quodam nexæ inter se et colligatæ sunt, ut qui in unam penitiùs intrarit, facilem sibi aditum patefaciat ad cæteras. Itaque antiqui illi Græci, quæ hæc curiosiùs et in majore otio quàm nostri tractaverunt, cùm cernerent ad perfectam summamque sapientiam, quam illi in gubernatione rerum publicarum : et in excellendo ac præstando cæteris hominibus consilio ac eloquentia positam arbitrabantur, iter esse per hujuscemodi artes, præceptores quidem dicendi simul et sapiendi quos illi sophistas vocabant, quasi civilis pru-

s'éloignaient jamais d'eux. Ils faisaient, au contraire, conduire leurs fils, comme pour aller à la promenade, aux leçons des maîtres de géométrie, de musique, d'astronomie, chez lesquels ils trouvaient néanmoins quelque chose à apprendre pour prix de leur peine.

Or, comme l'âge de l'enfance est plein de feu, de vivacité, ainsi que l'âge de l'adolescence, qui l'est même un peu plus; qu'il ne peut d'aucune manière rester en repos; qu'il est toujours en agitation et en mouvement; qu'il ne garde aucune mesure pour rire, courir et crier, les arts qu'on pensa les plus propres à gouverner cet âge et à le façonner à une certaine modération, on les employa les premiers, à savoir, la musique et la gymnastique, pour qu'elles soumissent à certaines règles les mou-

dentiæ magistros, impenso conducebant pretio liberis : ut affixi illis semper, ab eorum latere nunquàm discederent : ad alios verò doctores geometras, musicos, astronomos, filios tanquàm deambulatum jubebant duci : apud quos tamen aliquid reperirent quod operæ pretium esset addiscere. Sed cùm ætas puerilis et paulò etiam magìs adolescens plurimo igni citata et vivida quiescere nullo pacto queat, semperque in agitatu motuque sit, nec garriendi, cursandi, clamandi constituat modum, quas putaverunt artes regendæ illi ætati et temperamento quodam fingendæ idoneos potissimùm esse, eas primas adhibuerunt, gymnasticam videlicet et musicam, quarum altera corporis in puero motus, altera animi,

vements par eux-mêmes immodérés et désordonnés de l'enfant : l'une, ceux du corps, l'autre, ceux de l'âme. En laissant à la nature son allure impétueuse, l'art et la discipline y ajoutaient quelque chose qui pût donner à toutes ces agitations la grâce, au corps la santé, et de plus à l'âme la modestie. Mais en ce qui concerne le corps et ses exercices, une coutume contraire a beaucoup retranché de cet usage de l'antiquité. Pour nous, nous n'usons pas fréquemment des bains ; nous n'en prenons pas tous les jours, comme les anciens se plaisaient à le faire. Depuis longtemps nous ne connaissons plus l'huile ou la lutte. Il n'est resté dans nos mœurs que la plupart des exercices propres aux Romains ; par exemple, l'équitation, la course, le jeu de paume, le jet du javelot, l'es-

effusos ipsos per sese et immoderatos, sub leges quasdam redigeret : ut cùm suos naturæ cursus impetusque permisisset, affingeret tamen quiddam ex arte et disciplina, quod cùm venustatem omnibus illis motionibus, tùm corpori valetudinem, animo modestiam prætereà posset afferre. Ac quod ad corpus quidem et ejus exercitationes attinet, permulta ex illo antiquo usu contraria consuetudine sublata sunt : non enim nos neque frequentibus balneis utimur, neque quotidiè lavamus, quod illi studio faciebant : nec oleum jamdiù aut palæstram ullam novimus : tantùm quæ erant romanæ exercitationis propria in nostris moribus remanserunt, pleraque equitare, currere, pila ludere, jaculum mittere, certare rudibus,

crime et autres choses de ce genre qui servent à la santé du corps et à supporter la fatigue, qui sont moins un art qu'un amusement, et dont toute la beauté provient non des leçons du maître, mais de l'adresse et de la modestie de l'adolescent lui-même. Il ne nous reste plus qu'un art, qui tient à la fois de la gymnastique et de la musique, c'est la danse, qui consiste dans l'art même, dans l'amusement de sauter en cadence au son des flûtes ou des instruments à cordes. Cependant la musique y a la plus grande part; et parce que nous avons assez parlé de la gymnastique, occupons-nous maintenant de décrire les caractères de la musique, tels que les approuvait l'antiquité pour l'âme des enfants.

Paul. — Combien je crains que tout ce que j'ai appris de la musique ne soit du genre de celle qui

etsi quæ ejusmodi sunt ad laborem corporis valetudinemque spectantia, quæ non tàm sunt artis quàm studii, et in quibus decor omnis accersendus est, non à præceptis magistri, sed ab ipsius ingenio et modestia adolescentis. Unum etiam reliquum est commune gymnasticæ et musicæ agitandi corporis artificium, quod in choreis situm est, et in ipsa arte studioque ad fidium sonitum tibiariumve saltandi. In quo ipse tamen musice priores partes obtinet, ad quam, quoniàm de gymnastica satis est dictum, eis coloribus quos probavit antiquitas in puerorum animis depingendam jàm transeamus.

Paulus. — Quàm vereor ne hoc quidquid ego didici musices, ex eo genere sit, quod tibi minùs probandum

vous paraît le moins estimable! Et pourtant depuis longtemps j'en ai presque perdu l'habitude, et, comme vous pouvez le voir, je m'y plais de moins en moins chaque jour, et je me livre plus volontiers à cette musique plus grave et plus noble que je trouve dans les poëtes, qui, par son harmonie, par la dignité, la gravité des maximes, me ravit presque jusqu'au ciel.

JACQUES. — Ce que vous savez des voix et des tons, comme vous appelez cela, pour les élever à l'aigu ou les descendre jusqu'au grave, sur les notes justes et sur les fausses, sur la valeur du ton entier et du demi-ton, sur la puissance du diapason et du diapenté, sur les degrés des voix et de la mesure, sur leurs transpositions entre eux, sur la consonnance de chaque voix avec les autres, et sur tels

esse videatur, quanquàm ego jamdudum ab illo propè desuevi, et, ut tu videre potes, minùs minusquè eo quotidiè delector, et ad hanc graviorem et nobiliorem musicen quam conspicor in poetis, libentiùs me dedo, quæ animum meum illis numeris et dignitate ac gravitate sententiarum propè in cœlum rapit.

JACOBUS. — Quod didicisti, Paule, de vocibus et tonis (sic enim vos appellatis) aut tollendis in acutum, aut rursùs in grave deprimendis, itemque de certis, falsisque voculis, necnon de eo quantùm integer tonus, quantùm dimidiatus pendat, quæ sit in diapason vis, quæ in diapente, qui gradus vocum numerique, et ipsorum inter se permutationes, quæ cui voci cum voce

autres enseignements, s'il y en a, pour l'étude de la musique, je ne nierai pas qu'il soit convenable et même nécessaire que vous ayez appris ces choses. Mais la connaissance n'en est pas difficile : ce qu'il faut voir, c'est que cet art, qui est sans aucun doute des plus conformes à la nature de l'homme, s'il est corrompu, ne corrompe ensuite également lui-même par un mauvais usage nos mœurs et nos âmes. En effet, il n'y a rien certainement de plus fort que l'harmonie pour enchaîner l'âme et s'en emparer; rien qui s'insinue en elle davantage, ou qui lui fasse plus la loi pour l'affecter ou l'émouvoir à sa fantaisie. Ce qui nous est souvent démontré par la lecture tacite des orateurs et des poëtes, puisque les uns et les autres se servent du nombre, de la cadence, de la mesure et des intervalles dans l'arrangement des mots, quoique ce soit beaucoup

quaque consonantia, et si qua sunt talia musici ludi documenta, non inficiabor ea abs te, et ritè et necessariò percepta esse. Sed harum rerum cognitio est non difficilis : illud videndum, ne malo usu ars sine dubio ad hominis naturam imprimìs accommodata, si corrupta ea sit, mores deinde quoque et animos nostros ipsa corrumpat : etenim nihil est profectò ad obligandum et comprehendendum animum numero potentiùs, nec quod se magìs illi insinuet, aut normam legemque præscribat, quemadmodùm eum velit moveri et affici : declarat hoc tacita ipsa sæpe lectio oratorum et poetarum, quandò in utrisque numerus, modique sunt, et mensuræ intervallaque

plus marqué dans les poëtes. Aussi bien, lorsque nous lisons ces derniers, nous sentons que nous sommes émus intérieurement, et que là où se porte cette force de l'harmonie elle y transporte nos sens et les y entraîne avec elle. Que si la voix et le chant s'ajoutent à cette composition, en s'accordant et s'assortissant avec elle, à peine toute la vigueur de l'âme l'empêchera-t-elle de lui donner la main, et de s'offrir d'elle-même pour se laisser conduire comme une esclave.

Qu'est-ce donc à dire ? C'est que plus il y a dans cet art d'action et de puissance, plus il fallait prendre garde, ce qu'on ne fait pourtant pas, que chacun ne fût libre de varier et de plier les modes de la musique de la manière qu'il voudrait; mais que tout le monde fût obligé de se servir d'un nombre de modes déterminés et approuvés par l'autorité publi-

verborum, etsi in poetis id multò est expressiùs : sed tamen hos cùm legimus, sentimus nos intùs affici, et qua numerosa illa vis sese inferat, cum hac unà ferri, et in omnem partem pertrahi sensus nostros. Quod si vox cantusque accedat illi compositioni accommodatus et congruens, vix ullum animi robur obstiterit, quin det manus, et se ducendum tanquam addictum præbeat. Quid ergo est ? Quò plus in hoc genere est actionis et virium, hoc magìs providendum erat, quod tamen nequaquàm fit, ut ne cuique liberum esset, quemadmodùm quisque vellet musicæ modos et variare et flectere, sed statis quibusdam et publicè probatis omnes

que. C'est ce qui dans l'antiquité fut si rigoureusement observé à Lacédémone, qu'on y fit mourir Timothée, joueur de lyre des plus renommés, qui professait son art au milieu d'un grand concours de Spartiates. Il y fut condamné à mort pour avoir ajouté une corde à la lyre, comme violateur des lois et corrupteur de la discipline de la jeunesse.

Que si l'on me demande quel est le mode qui doit être adopté dans la musique, voici, je pense, tout ce qu'il faut observer avec attention : puisque le chœur consiste en trois choses : le rhythme, qui est notre nombre à nous, la sentence et la voix; la première des trois et de beaucoup la préférable, c'est la sentence, parce qu'elle est le siége et la base des deux autres, et qu'elle n'a pas un médiocre pouvoir par elle-même pour persuader l'âme ou la

cogerentur uti : quod quidem antiquitùs Lacædemone usque eò fuerit observatum, ut Timotheum citharœdum nobilem imprimìs magno concursu artem Spartæ profitentem, quòd chordam unam addidisset in cithara, tanquam solventem leges, et labefactantem juvenum disciplinam, illa civitas exterminandum curaverit. Quòd si quæratur qui modus sit in musicis tenendus, hæc ego omnia attendenda esse puto : cùm constet chorus ex tribus, sententia, rhythmo (hic enim numerus nobis est) et voce, primùm quidem omnium et potissimùm sententiam esse, utpotè quæ sit sedes et fundamentum reliquorum, et per seipsa valeat non minimùm ad suadendum animo vel dissuadendum; numeris autem mo-

dissuader. Mais comme, mêlée au nombre et à la
cadence, elle pénètre beaucoup plus vivement, si
elle est encore unie aux modulations du chant et de
la voix, elle possédera tous les sentiments intimes
de l'homme, et l'homme lui-même tout entier. Il
doit donc être fortement pourvu soit par l'État, si
par hasard un État daigne, dans l'intérêt public,
s'occuper de pareille chose, soit du moins par
l'homme privé, qui désire véritablement donner à
son fils une bonne et pudique éducation, à ce que
cet art soit enseigné de manière que le sujet et la
matière de cet art, à savoir, les paroles et les sentences, puissent le plus conserver et entretenir les
meilleures mœurs. Le sujet sera bien choisi, si l'on
célèbre, soit la gloire des hommes illustres, leurs
dits et leurs paroles concernant la vertu, soit les
choses divines, et, à l'égard de Dieu même, celles

disque contorta penetret multò acriùs : si verò etiam
cantu et voce fuerit modulata, jam omnis intùs sensus
et hominem totum possideat. Videndum est igitur acutè
vel civitati, si quæ fortè aliquandò publicè hujus rei
susceperit curam, vel privato civi, qui benè et pudicè
erudiendi filii sit curiosus, ità ut addiscatur hæc ars, ut
quod subjectum materiesque est artis, verba videlicet
et sententiæ, ex genere eo sint, quòd ad optimos con-
servandos alendosque mores valeat plurimùm : quod
idoneè fiet, si aut laudes clarorum virorum, eorumve
dicta et pronuntiata ad virtutem pertinentia, aut divinæ
res, et de Deo ipso ea prædicabuntur, quæ habent illius

qui rendent témoignage de sa bonté, de sa béni-
gnité, de sa clémence, de ses bienfaits pour notre
plus grande utilité. Caton a écrit dans ses *Origines*
que le premier genre fut usité chez les anciens
Romains, qui avaient coutume de chanter au son
des flûtes, après leurs festins, la louange des
hommes courageux et leurs nobles services envers
la patrie. Les poëtes usent de temps en temps de
l'autre genre, comme dans Virgile, Jopas, qui chante
le soleil, la lune et les choses du ciel. Chez nous,
c'est d'une manière bien plus sublime et bien plus
sainte qu'ils ont chanté dans leurs nombres sacrés
les mystères de la puissance de Dieu et de sa bonté
envers nous. C'est ce qu'a fait dernièrement, aux
applaudissements de toutes les muses, un homme
remarquable dans ses facultés poétiques, par son

bonitatis, benignitatis, clementiæque commemoratio-
nem, cum maxima nostra utilitate beneficiisque con-
junctam : cujusmodi primùm scripsit in originibus Cato,
usurpatum fuisse apud veteres Romanos, ut post epulas
ad tibiam fortium virorum laudes, et præclara in patriam merita canerentur : altero interdùm utuntur poetæ,
ut apud Virgilium Jopas, de sole, et luna, et cœlestibus
rebus illic canens : apud nos verò sublimiùs multò atque
sanctiùs, qui sacris numeris divinæ potestatis, et erga
nos beneficentiæ mysteria cecinerunt : quòd et nuper
Musis omnibus approbantibus fecit homo ingenio et eloquentia et christiana pietate in omni poetica facultate
præstans Actius Syncerus : hac quidem basi supposita et

génie, son éloquence et par sa piété chrétienne,
Actius Syncerus.

La base étant posée, établie, il faut ensuite y appliquer le nombre, qui ne pourra être lâche, mou,
inconstant, s'il doit assortir à la dignité de la sentence la mesure et l'harmonie ; mais il aura nécessairement une sévère et virile douceur, et ses ca-
dences seront graves ; car ou la nature elle-même se
refuse, ou bien nous ne pouvons nous attendre, à ce
que, si l'on s'astreint à raconter en vers la belle action
de Mutius Scævola, on doive l'exposer en nombres
rapides, en iambes ; parce que ce sont là les pieds
de la précipitation, du désir passionné, du trouble et
de la colère, et non d'une constante et invincible
vertu. De même, le dévouement des Décius, lorsque,
s'élançant au milieu des ennemis, ils coururent à
une mort certaine pour le salut de la patrie, ne doit

collocata, adhibendus jàm deinceps numerus est : qui
nequaquàm poterit profectò fluidus esse, et mollis, et
inconstans, si dignitatem illius sententiæ aptè debeat
modulari : sed habebit suavitatem austeram et virilem
necessariò, gravesque consectabitur modos ; non enim
aut natura ipsa fert, aut nostra potest pati expectatio ut
factum egregium Mutii Scævæ si quis narrando astrin-
gat, numeris celeribus id iambis debeat evolvere : festi-
nationis enim et aviditatis et turbati iratique animi pedes
illi sunt, non constantis invictæque virtutis : neque item
devotio illa Deciorum, et in medios hostes procursus,
cùm se illi pro patriæ salute ad certam projecere mor-

pas être embarrassé par la mollesse élégiaque, ou par les dithyrambes efféminés; mais il demande le vers héroïque, afin que le nombre soit conforme à la dignité du sujet. Or, la sentence et le nombre qui forment la partie solide et virile s'accordant ensemble, la voix ne pourra être molle et efféminée. Ce sera alors un concert non-seulement utile pour les bonnes mœurs et la discipline, mais même, à mon avis, de beaucoup supérieur à l'amusement et au plaisir. Il n'aura pas comme une fade douceur qui apporte vite la satiété et s'aliène les sens par le dégoût; mais il les captivera plus longtemps, en assaisonnant la douceur par l'autorité; et en insinuant dans le cœur des adolescents cette noble alliance de l'honnêteté avec le plaisir, que nous avons dit être la source des bonnes mœurs, il

tem, mollibus elegis aut fluentibus dithyrambis vinciendus est : sed heroum quærit carmen, ut dignitatem rerum par numerus consequatur : porrò sententia et numero consonantibus non poterit vox illis solidum et virile tenentibus ipsa infracta et muliebris esse, qui jàm erit concentus non solùm ad bonos mores et disciplinam utilis, sed etiam, ut mea fert opinio, jucunditate ipsa, et amœnitate longè superior : non enim dulci quodam veluti decocto satietatem citò afferet, et sensus fastidio abalienabit, sed suavitatem auctoritate condiens tenebit diutiùs, atque in adolescentium animis insinuans præclarum illud fœdus honestati cum voluptate, quod caput esse bonorum diximus, idoneum erit id et conci-

sera propre à l'établir et à la conserver dans les âmes.

Voilà la musique que je vous recommande, Paul, ainsi qu'à tous les jeunes gens qui veulent s'appliquer à la vertu. C'est celle-là qu'il faut rechercher passionnément et à laquelle il faut solidement s'attacher ; je vous la recommande, quoique vos goûts aient, à la vérité, devancé mes exhortations. Que peut donc avoir en elle de bien et de beau cette fameuse musique d'aujourd'hui, elle qui n'a presque de base ni dans les paroles, ni dans les sentences ; ou même qui, si elle prend pour sujet quelque maxime, en obscurcit et en embarrasse le sens et l'intelligence, en brisant et en saccadant la voix dans le gosier ? C'est comme si la musique était inventée, non pour adoucir et modérer les âmes, mais seulement pour plaire à l'oreille, pour imiter le chant des

liare in animo et conservare. Hanc ego musicam, et tibi, Paule, et omnibus adolescentibus, qui virtutis volunt esse studiosi, et sectandam cupidè, et firmiter comprehendendam præcipio : quanquàm tu quidem nostra monita tuo studio antecedis. Nam ista quæ nunc vulgò et passìm celebris est musica, quid habere in se potest recti ac decori, quæ aut nulla verborum fermè et sententiarum sede suffulta sit : aut si etiam habeat subjectam aliquam sententiam, illius tamen sensum ac notionem concisè fractis ac vibratis inter fauces vocibus infuscet et impediat : quasi verò idcircò musica reperta sit, non quæ mulceat temperetque animos, sed quæ

oiseaux et le cri des bêtes, dont nous ne voudrions cependant pas être les semblables. Mais c'est là rendre l'esprit matériel et nullement maître de soi, ce qui inspirait à Platon une très-légitime horreur. Il ne voulut pas de place dans sa république pour une musique pareille ; car où des sentences molles, efféminées, voluptueuses, se produisent avec des nombres et des modulations comme elles, cédant aux passions, faibles dans la douleur, ou bien se précipitant violemment vers les émotions subites de l'âme troublée, vous devez penser quel fléau y souffre la vertu, quel ravage les bonnes mœurs !

Certainement ce fut de cette manière que la Grèce corrompit son ancienne constitution, si juste, si louable, en fréquentant trop les théâtres, les jeux scéniques, et surtout en y introduisant ces chœurs

auribus tantum deserviat, et imitetur volucrum ac bestiarum cantus, quarum, tamen similes esse nollemus : at hoc est corporeum animum efficere et minimè compotem sui : à quo jure optimo cùm abhorreret Plato, huic esse tali musicæ in sua civitate noluit locum : namque ubì molles, infractæ, voluptariæque sententiæ paribus numeris et simili vocum modulamine proferuntur, vel ad libidines fluxæ, vel in doloribus languentes, vel ad subitos turbidi animi motus præcipites, et concitatæ, quam tu ibi labem virtutis, quam bonorum morum vastitatem fieri putas? Et nimirùm hoc modo primum pristinum suum morem rectum et laudabilem corrupit Græcia theatris et scenis nimirùm frequentandis, cho-

de musique dont la douceur charmait les oreilles, mais qui excitaient principalement les différentes passions dans les âmes. Dans la suite cette peste fut apportée dans la ville de Rome, dont elle énerva et brisa l'antique gravité. Il est facile de connaître ce que notre siècle doit attendre de bon d'une musique de ce genre; il n'y a qu'à voir les mœurs de ceux qui l'enseignent et la professent.

Cette musique-là n'est donc pas digne d'un homme libre; mais bien celle dont nous venons de parler, qui, par une belle sentence, des nombres graves, une voix virile, enflamme les âmes de l'amour de la vertu. Si l'on y ajoute en outre les mouvements et l'agitation du corps, en les conformant au son et à la mesure, on aura la danse et les ballets, dont nous n'interdisons pas absolument l'usage à l'adolescence,

risque illis imprimìs adsciscendis, qui suavitate aures, animos autem maximè affectionibus variis permovissent : indè in urbem Romam devecta illa pernicies, nervos antiquæ gravitatis perfregit, et discidit : nostra autem hac ætate quid sperari debeat boni ex hujuscemodi musica, promptum est cognoscere, cùm videamus quibus moribus sint hi, qui eam tradunt et profitentur. Quamobrem non illa hæc est digna homine libero, sed quam paulò antè protulimus, laudabili sententia, gravibus numeris, voce virili ad studium virtutis animum accendentem; cui si adjungatur prætereà motus agitatioque corporis ad sonum numerumque conversa, jàm saltatio exoritur, et choreæ ipsæ, quarum nos usum non penitùs

pourvu qu'elle s'y livre rarement et avec modération. C'est un exercice qui ne sera pas inutile pour égayer les esprits, et les refaire de la fatigue et de l'attention soutenue des études. Mais il faut de bonne heure y renoncer et laisser là toute la danse, car elle devient bientôt ridicule et ne peut, en aucune manière, en aucun lieu et en aucun temps, convenir à la gravité virile, ni à ses mouvements plus calmes. Il faut ensuite également abandonner peu à peu le chant et la modulation, c'est-à-dire cesser de chanter nous-mêmes, mais non d'entendre chanter ; car chaque âge peut se permettre ce dernier plaisir, même l'extrême vieillesse, pourvu que ce soit sans excès, et qu'on n'en recherche pas trop l'occasion. Quant aux compositions poétiques, quant aux sentences mises en vers dans le genre grave, nous

interdicimus adolescentiæ, rarò modò illæ et sobriè exerceantur : non inutiles erunt exhilarandis animis, et ex studiorum labore et contracta illa cura reficiendis : verùm missas eas facere celeriter oportet, et saltationem totam deserere : maturè enim fit inepta, neque potest cum gravitate virili, sedatioribusque motibus ullo pacto in unum locum tempusque convenire : paulatìm deindè quoque cantus et vocis modulatio relinquenda est, ut ne utamur ea ipsi, non ut ne audiamus utenteis alios. Nam auditio cuicumque ætati concessa sanè sit, etiam senectæ, et ultimæ, dùm modicè fiat, neque nimis dedita opera expetatur. Rhythmos quidem et sententias numeris astrictas ex illo genere gravi, sive in legendis poetis,

voulons que le plaisir de les lire dans les poëtes, ou même de temps en temps de faire des vers, soit le compagnon de toute la vie ; car c'est souvent une agréable et utile diversion à des études plus sérieuses, aux soins et aux occupations publiques.

Paul. — J'ai très-bien compris, mon père, ce que vous admettez et approuvez dans la musique, et ce que vous en rejetez ; je tâcherai donc de vous satisfaire en cela ainsi qu'à la vérité elle-même.

Jacques. — Nous ne pouvons nous dispenser d'admettre dans la société des autres sciences l'arithmétique, qui est l'art et la science des nombres, dont l'usage nous est si nécessaire que sans elle il semble qu'il serait impossible de savoir combien de doigts nous avons aux mains, ni combien d'yeux nous servent à voir. Il nous paraît ridicule d'attri-

sive in carminibus interdùm etiam pangendis, omnis vitæ comites volumus esse, habent enim amœnum juxtà atque opportunum à severioribus sæpè studiis, et publicis curis occupationibusque diversorium.

Paulus. — Percepi planè, mi pater, et quid tu adsciscas probesque in musicis, et quid repellas : dabo operam igitur ut tibi in utroque ac veritati ipsi satisfaciam.

Jacobus. — Ne arithmetica quidem, Paule, non advocanda est in cæterarum consortium disciplinarum, quæ est ipsa ars et scientia numerandi, cujus usus ita nobis necessarius est, ut videamur absque ea ne quot digitos quidem habeamus in manibus, aut quot oculis intueamur scire posse : quod ridiculè videtur accidisse priscis

buer une pareille ignorance aux anciens avant Palamède, qu'on rapporte avoir inventé cet art au siége de Troie. Ainsi, dans ce temps-là, ni Agamemnon, chef d'une si grande armée, ni ce Nestor qu'Homère dit avoir excellé dans les conseils, ni même Ulysse, le plus rusé de tous les mortels, n'auraient pu dire le nombre des vaisseaux qu'ils avaient amenés à Troie! Mais laissons là les fables! Les adolescents doivent s'appliquer à connaître cet art, à s'y exercer autant que cela est utile. Il faut au moins en comprendre les principes, y pénétrer assez pour savoir la différence des nombres, la force du pair et de l'impair, les nœuds multiples et variés qu'ils forment entre eux ; leurs proportions presque admirables qui, par des intervalles et des espaces déterminés, établissent les rapports de la

hominibus ante Palamedem, cujus hoc inventum apud Trojam fuisse fertur : quo quidem tempore neque Agamemnon tanti exercitus dux, neque is qui in consiliis excellere ab Homero dictus est Nestor, neque verò Ulysses mortalium omnium versutissimus, numerum earum navium, quibus appulerunt ad Trojam, potuissent dicere. Sed fabulis missis, hujus artis scientia atque exercitatio adolescentibus tradenda est, quatenùs quidem expedit : principia enim certè percipienda sunt, et introrsùm nonnihil penetrandum, et numerorum differentias, parisque et imparis vim, ac ipsorum inter se multiplices ac varios intelligamus nexus, responsusque propè mirabiles referentium certis intervallis et spatiis

valeur et des signes des nombres qui sont toujours les derniers, avec la valeur et les signes de ceux qui les précèdent ; et autres choses de ce genre, lesquelles, en nous donnant le noble plaisir de connaître un art vraiment libéral, sont principalement propres à aiguiser, à exciter notre intelligence. Elles retirent en outre l'esprit des objets matériels, et le tournent vers un meilleur usage de lui-même, pour que, s'appuyant sur sa propre force, et n'étant pas distrait par les choses sensibles, il puisse attacher plus solidement sa pensée à considérer l'éternelle et immuable vérité, ce qui est surtout l'objet de cette science. En effet, telle est la force, telle est la nature des nombres, qu'elle n'a point ou presque point de rapport avec les choses qui passent et ne restent jamais dans le même état ; et que, semblable à une vierge pure,

priores in numeris antecedentibus affectiones ac notas posteriorum semper numerorum, ac si qua sunt alia ejusdem modi, quæ cum ingenua oblectatione noscendæ artis liberalissimæ, ad acuendum excitandumque ingenium præcipuè idonea sunt : mentemque prætereà à corporeis abstrahunt rebus, et ad meliorem suimet usum convertunt : ut sua vi nixa, neque sensibilium rerum diverberata, cogitationibus in illa æterna et immobili veritate intuenda firmiùs hærere possit : id quod scientia hæc habet imprimìs : est enim numerorum ea natura et vis, ut nullo aut minimo commercio cum fluxis rebus, et nunquam in eodem statu manentibus, implicata sit, sed tanquam pura et simplex, et sibi seposita

candide et cloîtrée, les regards ni les mains de ceux qui l'approchent ne peuvent l'atteindre, mais seulement les chastes intelligences. Aussi bien ceux-là font de cette science un mauvais usage pour eux-mêmes et leur propre vie, qui en emploient au lucre la partie qui consiste à soustraire et à additionner des sommes, et qu'on appelle le calcul (*ratiocinativa*), dont ils cherchent avidement à tirer parti non pour eux-mêmes, mais pour leur coffre-fort et pour leur bourse. Si le calcul est propre à un pareil emploi, il n'est cependant convenable de s'en servir à nulle autre fin qu'à bien gouverner l'État, dans la paix comme dans la guerre, et à mettre de l'ordre dans l'administration des affaires privées, dont la bonne gestion ne peut se passer de cet art. Le gain est toujours honteux et sordide pour les nobles âmes; au contraire, une bonne administration de la fortune

virgo, non adeuntium oculis, nec manibus, sed castis tantummodò mentibus attrectetur : quò etiam deteriùs sibi ex illa et suæ vitæ auspicium faciunt, qui illam ejus partem, quæ in subducendis et colligendis summis posita est, quam ratiocinativam appellamus, conferunt ad quæstum, neque emolumentum ex ea sibimetipsis, sed arcæ et loculis suis appetunt : etsi huic quoque ministerio apposita est, non alio fini tamen rectè usurpatur, quàm ut belli et domi benè geratur respublica, et privatæ quoque rationes ordine administrentur, quæ sine hoc studio teneri ritè non queunt. Ac quæstus quidem ingenuis animis semper et sordidus est : recta autem communis

publique et privée est le propre d'un homme sage.

Eh quoi! n'est-ce pas de cette science que toutes celles que nous appelons les mathématiques reçoivent leurs principes? Sans elle, leur serait-il possible de faire leur suprême office? Qu'est-ce que la musique sans la connaissance des nombres? Qu'est-ce que la géométrie? Que peut faire l'astronomie en contemplant le ciel et les astres? Après avoir reçu de l'arithmétique le nombre qui est comme leur âme, ces autres arts le revêtent ensuite de quelque chose d'eux-mêmes, dont ils lui forment comme un corps. Par exemple, rien, dans la nature, n'est plus simple que l'unité, rien de plus contracté en soi-même, rien de plus entièrement détaché de toute chose étrangère; eh bien, la géométrie y ajoute la situation et la position, la musique le son, l'astronomie la vue et le mouve-

rei privatæque gubernatio sapientis hominis propria. Quid quod ab ipsa arte cæteris omnibus artibus, quas mathematicas vocamus principia traduntur, nec sine hac illæ summum munus obire possunt? Quid enim sine notione numerorum musica? Quid geometria? Quid ipsa cœli et siderum speculatrix astrologia potest efficere? Quæ cum artes ab hac arte numerum tanquam animum acceperint, vestiunt deindè illum ipsæ, et de suo aliquid quasi corpus adglutinant : ut verbi causa unitati, qua nihil est in natura rerum simplicius, neque in seipsa contractius et ab omni omninò aliena re absolutius, situm et positionem geometria addit, musica sonum, visum etiam et·motum adjungit astrologia. Quid geome-

ment. Comment, par quelles paroles honorer la géométrie, dont le domaine, encore plus vaste que celui de
cette dernière science, embrasse tous les arts, toutes
les productions de la vie humaine? Comme elle est
la science du point, des lignes, des surfaces, des
figures tant planes que solides; comme elle s'appuie
sur les raisons et les fondements de la plus grande
certitude, elle ne tombe nulle part, jamais elle ne chancelle. Tout en donnant à l'esprit les admirables jouissances de la contemplation de la vérité, non-seulement elle s'adapte et s'applique à toutes les choses,
mais elle est même surtout d'une indispensable nécessité. En effet, ce qui seul contient tous les produits ordinaires des arts et de la main des hommes,
le nivellement et la position, c'est là, en y ajoutant
le rapport de l'un à l'autre, toute la commensura-

triam, quibus verbis honestabimus? cujus vis disciplinæ
latiùs etiam permanat, et in omneis artes penitùs opi-
ficiaque humanæ vitæ diffusa est? cùm enim puncti sit
linearum, superficierum, figurarum, tàm in plano, quàm
in solido scientia, certissimisque nixa rationibus et
fundamentis, nusquam labatur, nunquàm titubet cùm
admirabiles præbet intuenda veritate animis voluptates,
tùm omnibus apta rebus non solùm atque apposita, verùm imprimìs etiam et maximè necessaria est : illud
enim quod unum continet omnia quæ arte et manu effici
solent, libratio ipsa et collocatio, et unius ad alterum
proportione facta commensio geometrica tota est : neque
starent tecta urbium et mœnia, illaque ampla et præ-

tion géométrique. Les maisons et les remparts des
villes ne resteraient pas debout ; ces vastes et magni-
fiques monuments, chefs-d'œuvre de la main des
hommes, que nous contemplons encore dans les tem-
ples, les théâtres, les antiques arcs de triomphe de la
ville de Rome, n'exciteraient pas en nous tant d'admiration, s'ils n'avaient pas été construits d'après
les mesures de la géométrie. Et les colonnes, et les
portiques, et les instruments, et les machines de
guerre ? Et l'art de mouler, de peindre, de travailler
le marbre ou l'airain, art illustré jadis par de si grands
génies, et permis seulement aux hommes libres ?
Et toute la navigation elle-même ? Et la description
géographique des lieux, des zones, des régions, des
rivages de la mer ? Et la mesure des champs, la déri-
vation des eaux ? Enfin, pour ne pas rappeler chaque
chose en particulier, tout ce qui est beau et magnifique

clara operum monumenta, quæ in templis, theatris,
fornicibusque vetustis Romanæ urbis adhuc conspicimus,
non tanta admiratione nos afficerent nisi geometricis
fuissent elaborata mensionibus. Quid columnæ, porti-
cusque ? Quid belli instrumenta et machinæ ? Quid fin-
gendi, pingendi, et ex ære, aut ex marmore cudendi
tantis opificum ingeniis nobilitata quondam et solis
ingenuis permissa ars ? ipsaque tota navigatio, et locorum, orarum, regionum, littorum ex geographia sumpta
descriptio ? agrorumque dimensus et aquarum derivatio-
nes ? ac deniquè, ne singula memorem, quicquid vel
oculis spectabile et magnificum , vel ad usus vitæ com-

à voir, tout ce qui est utile et nécessaire aux usages de la vie, tout cela est l'invention de cet art, de la force de la géométrie. Mais pourquoi passer en revue les ouvrages de la main des hommes, quand les corps célestes eux-mêmes qui roulent au-dessus et autour de nous, dont aucun discours ne saurait expliquer la beauté et l'utilité; et quand cette connexion, dans le monde inférieur et changeant, de la légèreté avec la pesanteur, quand cette égalité équilibrée par des mouvements pareils, liant et enchaînant entre elles des choses différentes et le plus souvent incompatibles, qui se fuient le plus l'une l'autre, et sont pourtant le plus retenues ensemble, quand tout cela est le produit de la géométrie, mais de la géométrie divine?

Archimède, qui passe pour avoir excellé beaucoup plus que tout le monde dans cette science,

modum ac necessarium est, hujus omne est artis et geometricæ facultatis inventum. Quanquam quid nos manufacta recensemus, cum ipsa hæc cœlestia quæ supra nos, circumque torquentur, quorum et species et utilitas nulla est oratione explicabilis, ipsaque item levis et gravis in inferiore mundo et commutabili connexio librataque paribus momentis æqualitas, qua diversæ res, et plurimùm inter se repugnantes, itâ ligantur et vinciuntur unà, ut cùm se alternæ maximè fugiant, sic maximè contineantur, ratione geometrica quidem, sed ea divina, fabricata sint? Hanc tantam hujus artis vim et potestatem cùm intelligeret Archimedes, qui unus fuisse traditur in hac scientia longè omnibus

avait coutume de dire qu'il croyait que, si un autre
univers était créé, il pourrait le joindre et l'appliquer au nôtre. Et telles étaient les preuves qu'il
donnait de son génie, qu'il ne paraissait pas parler
témérairement, ni en vain, ni se vanter fausse-
ment ; car ayant une connaissance supérieure, par
la géométrie, des lois de la pondération et des di-
mensions, par lesquelles toutes les choses sont con-
duites et dirigées, il comprenait que la force de ces
lois ne s'appliquait pas seulement aux instruments et
aux appareils quotidiens de la vie commune, mais
qu'elle était encore propre à remuer et à mouvoir les
plus grandes masses. Et pourtant ce grand homme
qui, pour sa connaissance de la géométrie et des lois
de la pesanteur, fut l'unique soutien de sa patrie
assiégée, contre les forces d'une armée romaine et la

præstans, dictitare solitus erat, confidere sese, si alter
inventus foret terrarum orbis, hunc posse ad illum applicare et adjungere : et sanè ea ille de se indicia per-
hibebat, ut non id loqui temerè, neque inaniter, et falsò
gloriari videretur : ponderum enim et mensurarum
rationes quibus reguntur, dirigunturque omnia, cum
ex geometria optimè calleret, intelligebat earum vim
non quotidianis modò his instrumentis subsidiisque
communis vitæ, sed maximis etiam volvendis et mo-
liendis rebus idoneam esse. Atque hic tantus vir, qui
patriæ suæ obsessæ contra exercitus Romani vim, et
maximi imperatoris virtutem, propter geometriæ et
ponderum scientiam unus fuit auxilio, reprehensione

valeur d'un très-grand général, a été blâmé d'avoir
comme déshonoré, en la produisant en public, une
science qui tire sa principale noblesse de ce que,
s'éloignant des sens et des yeux, elle ne s'appuie
que sur la force de la raison et de l'intelligence. En
effet, dans les savantes écoles de l'Académie où ces
choses étaient autrefois le plus en honneur, on pré-
férait et l'on estimait davantage une certaine puissance occulte de cet art, et l'on en recherchait les
fruits comme plus abondants pour la nourriture et
l'ornement des bons esprits, s'ils n'étaient pas
exposés aux yeux du vulgaire, mais à la contemplation de la vérité, et aux spéculations de l'art que
les Grecs nomment théorèmes, lesquels, par une
série continue, sortant, pour ainsi dire, l'un de
l'autre, se démontrent avec tant de subtilité, de
vérité et d'évidence, que l'âme, contente du bonheur

tamen non caruit, quod scientiam hoc ipso imprimis
nobilem, quòd à sensibus oculisque remota, sola mentis vi intelligentiaque nitatur, quasi direpto honore
produxisset in publicum : etenim apud illos eruditos
academiæ pulveres, ubi ista quondam liberalius tracta-
bantur, potior quædam et magìs occulta expendebatur
hujusce artis vis, fructusque petebatur alendis atque
ornandis bonis ingeniis multò uberior, qui non in oculis
et admiratione vulgi, sed in ipsius veri contemplatione
artisque speculamentis quæ theoremata Græci vocant,
positus esset, quæ perpetua serie aliud ex alio, tanquam
orta tractaque, sic subtiliter verè perspicuèque mons-

de les connaître, ne demande pas autre chose, et ne veut pas que sa tranquille volupté soit troublée au dehors par les applaudissements populaires.

Paul. — Dieux immortels! vous voulez que nous connaissions tant de grandes choses, surtout si nous avons hâte d'arriver à la philosophie, quand chacune d'elles semble pouvoir remplir facilement la vie d'un homme? Cependant je suis de votre avis, et j'avoue qu'on doit apprendre toutes ces choses, si on le peut, et j'y suis certainement disposé du fond du cœur. Pourtant j'ai souvent entendu beaucoup de gens accuser la brièveté de la vie humaine, exagérer dans leurs paroles la difficulté et la grandeur des arts de ce genre, comme si l'on ne pouvait en atteindre la limite; aussi bien citent-ils de temps en temps les paroles de Théophraste, que l'on dit

trantur ut illa cognoscendi suavitate contentus animus, nil ampliùs requirat : nec suæ tranquillissimæ voluptati populari extrinsecùs plausu velit obstrepi.

Paulus. — Dii immortales, totne et tanta nobis cognoscenda esse præcipis, præsertim properantibus ad philosophiam? quæ videantur singula unius ætatem hominis distinere facilè posse? etsi tibi ego assentior, fateorque debere omnia percipi, si etiam potis est, ad eamque rem sanè alacris animo sum : sed audio tamen sæpè permultos accusantes brevitatem hominum vitæ, et difficultatem, ac magnitudinem hujuscemodi artium verbis exaggerantes, quasi earum finis nulla capi possit. Itaque habent illud Theophrasti identidem in ore, qui moriens

avoir, en mourant, reproché à la nature de donner une longue vie à certaines brutes et à certains oiseaux, qui n'en retirent aucun avantage, tandis que l'homme, né pour la comprendre et la contempler, s'éteignait surtout alors qu'il commençait à savoir se servir de son inteiligence et de sa raison. — Je voudrais bien entendre, s'il vous plaît, ce que vous pensez de leur opinion, et quel avantage vous trouvez pour comprendre la philosophie, qui est principalement le but de nos recherches, dans ces arts dont vous venez de parler.

JACQUES. — Le plus grand, Paul, pour répondre d'abord à votre seconde question. Cet avantage n'est pas simple et d'une seule espèce; mais on peut retirer de ces arts plusieurs sortes d'utilités. En effet, si tous les arts, toutes les sciences sont dignes des

accusasse naturam dicitur, quæ brutis animantibus, volucribusque nonnullis perlonga viventi spatia tribuisset, cùm eorum nihil illa res interesset : hominem verò qui esset ad intelligendum et contemplandum natus, tunc potissimùm extingueret, cum is mente et ratione benè uti vix cœpisset : quorum de opinione quid sentias, itemque ad philosophiam percipiendam quam præcipuè sectamur, ecquam in istis, quas commemorasti, artibus opportunitatem esse constituas, audire si placet sane velim.

JACOBUS. — Maximam, Paule, ut tibi ad posterius tuum respondeam priùs : neque eam simplicem et unius modi, sed multis rationibus utilem et accommodatam : nam cùm omnis cognitio et scientia est liberalis, tùm

honnêtes gens, à plus forte raison les arts dont nous parlons depuis longtemps, qui font partie de la philosophie que nous recherchons, comme des membres d'un grand corps. En traitant de la nature et de la connaissance des choses, de quelque genre qu'elles soient, tout ce qu'on examine et qu'on étudie pour y découvrir ce qui est vrai, tout cela est du domaine de la philosophie, tout cela est éclairé de sa lumière comme d'un rayon de la vérité. Or, dans la philosophie, il y a certaines choses qui sont regardées comme plus grandes et plus excellentes que les autres : telle est la connaissance du souverain bien dans toutes choses, de ce qui est le *summum* (le souverain), et qui est pour les autres choses la cause de leur existence, et de tout ce qui, dans ce genre, a quelque rapport de parenté, d'affinité avec

autem artes hæ, de quibus jamdudùm loquimur, illius ipsius quam appetimus philosophiæ, tanquam unius magni corporis quasi membra quædam sunt : quidquid enim in rerum naturis tractandis noscendisque, quocumque illæ è genere sint, et in illarum verò intuendo versatur atque inhæret, totum sub ditione philosophiæ est, ac lumine illius, tanquam veritatis radio illustratur : porrò in philosophia quædam sunt quæ cæterorum maxima præstantissimaque habentur : qualis est de summo omnium bono cognitio, deque eo quod summum est, quodque cæteris causam ut sint præbet, etsi qua sunt alia ejusdemmodi naturæ illius eximiæ et principis cognata atque affinia : ad quæ intelligenda, quoniam in excelsis-

cette nature supérieure et principale. Et comme ces choses-là occupent la plus haute place de l'intelligence, on y monte, pour les comprendre, au moyen de ces études et de ces sciences, comme par des rampes et des degrés. On y puise même des forces qui élèvent l'âme et la pensée, et sans lesquelles on ne pourrait s'empêcher de tomber et de s'égarer, pour trouver également dans ces arts une noble et utile occupation. Mais ce qui leur donne le plus grand prix, c'est qu'ils détournent l'âme des sens, et lui enseignent à considérer, à examiner seule en elle-même, loin du bruit des sensations corporelles, les choses qui doivent être observées par elle-même, ce qui est principalement le constant et propre devoir du philosophe. Comme la nature a éloigné de nos regards les principes de toutes choses et ce qu'elles

simo mentis loco posita sunt, per hujusmodi studia et disciplinas, tanquam per clivos gradusque scanditur : multaque adhibentur ex hisce ipsis facultatibus mentem animumque adminicula, quæ in sublime tollunt : sine quibus labare atque errare fermè esset necesse, ut harum in hac quoque parte egregia artium opera utilisque reperiatur : verum illa palmaris, quòd avocant animum à sensibus, ipsumque docent per semetipsum quæ consideranda sunt, ea seorsùm à sensionum corporearum strepitu, solùm in semetipso considerare et cernere, quod est maximè certum et proprium philosophi munus : nam cùm naturas rerum omnium, et illud ipsum quod sunt, vel summoverit procul natura à conspectu nostro,

sont, ou bien, comme même celles qu'elle nous a
données presque pour compagnes, elle les a enve-
loppées de tant d'obscurité, qu'elles frappent à peine
nos oreilles, nos yeux et nos autres sens, et cou-
vrent au contraire de ténèbres notre intelligence
elle-même, quand elle cherche à comprendre ce
qu'elles sont, ce n'a pas été pour l'âme une œuvre
médiocre, ni un léger travail, que de se faire elle-
même un chemin à travers la foule et le concours
des choses sensibles, et de trouver la raison de
l'existence de chaque chose, c'est-à-dire ce qui est
un, toujours le même, et ne varie ni par le temps,
ni par aucun changement. Et parce que cela n'a pu
avoir lieu d'aucune manière sans réprimer et repousser les sens, ni même sans imposer le plus complet silence à ces images qui, venant des sensations

vel quas etiam obtulit et tradidit nobis penè contubernales, tantis eas tamen involucris contexerit, ut aures,
oculos, cæterosque sensus permoveant modo, menti
autem ipsi, conanti apprehendere illud quod quidque
est, offundant tenebras : non fuit mediocris operæ, neque
exigui laboris, facere animum ipsum sibimet viam per
mediam turbam, concursionemque sensilium, et illud
ipsum invenire, quòd quæque res una est, unum ipsum
scilicet idemque semper, neque tempore ullo, neque
mutatione variabile. Quod quoniam nullo pacto fieri
potuit, nisi coercitis et rejectis sensibus, ac illis etiam
imaginum similitudinibus, quæ ex sensionibus rerum
exterarum introductæ in animum atque impressæ voli-

des choses extérieures, et s'introduisant dans l'âme,
voltigent çà et là et la troublent dans sa contemplation ; voilà pourquoi chaque art, enseignant à l'âme
à se comporter ainsi, à se séparer des sens et à ren-
trer en elle-même le plus possible, est au plus haut
degré utile et avantageux à la philosophie : ce qu'on
peut surtout remarquer dans l'arithmétique et dans
la géométrie. En effet, ces deux sciences proposent
à la réflexion et à la méditation de l'esprit des choses
qui sont tout à fait étrangères aux mouvements, aux
sens, au temps, à la variété, à la diversité, aux
forces opposées entre elles ; des choses qui ont en
elles-mêmes une constance immuable et la vérité. Et
puisque c'est là la particulière propriété de la philosophie, soit que les sciences mathématiques apprennent à l'âme à s'habituer, pour ses spéculations, à

tant vagæ, contemplantique obstrepunt, silere penitùs
jussis : idcircò ut quæque ars sic se gerere animum,
atque à sensibus quoad potest discedere, redireque in
sese maximè docet, ità maximè ad philosophiam utilis
ea, atque opportuna est, quod in his numerandi me-
tiendique disciplinis præcipuè licet cernere : illæ enim
menti ea tractanda cogitandaque proponunt, quæ à motu,
quæ à sensu, quæ à tempore, quæ à varietate, à dis-
crepantia, à contrariis pulsionibus penitùs remota alie-
naque existunt, perpetuamque obtinent et immutabilem
in seipsis constantiam ac veritatem : quæ cùm sit familiaris philosophiæ facultas, mathematicæ istæ artes et
scientiæ, vel quòd animum sic erudiunt ut solus ad

s'appuyer et à se reposer seule sur ses propres forces ; soit parce qu'elles font elles-mêmes partie de la philosophie, et qu'elles en sont en quelque sorte les membres, elles doivent être connues jusqu'à un certain point de ceux qui aspirent à elle-même, et ne doivent pas être laissées sans recevoir l'honneur qui leur est dû. S'il est des hommes que leur grandeur effraye et qu'elle force presque à se désespérer, il ne faut l'attribuer ni à l'art, ni à la difficulté de l'art, mais à leur faiblesse d'esprit et à leur paresse. Certes vous ne nierez pas que les arts n'ont en eux-mêmes ni difficulté ni travail, pour me servir d'un mot qui répugne à leur nature, mais plutôt une subtilité et une certaine obscurité des choses intelligibles, qui les empêchent d'être à la portée du peuple, et de se découvrir aux esprits débiles et

speculandum sua vi niti et confidere consuescat : vel quòd ipsæ quoque philosophiæ partes et membra quodam-modo sunt, ad illam ipsam aspirantibus noscendæ quadam tenus, nec sine honore debito sunt prætereundæ. Nam quòd magnitudo earum deterreat nonnullos, et desperare penè sibi cogat, non est hoc artis, nec difficultatis ex arte, sed imbecillitatis, et desidiæ vitium : equidem non eo efficias esse in artibus ipsis non difficultatem meherculè, neque operositatem (ut ità loquar) abhorret enim res à natura verbi, sed subtilitatem potiùs, et abstrusionem quandam rerum intelligibilium, nequaquàm expositam populo, nec patentem hebetibus tardisque ingeniis, quæ tamen acutorum, et valentium

paresseux, mais qui n'échappent point à la sagacité
des esprits pénétrants et vigoureux. A peine l'attention de ces derniers est-elle fixée par un simple
trait de plume et une légère démonstration, qu'ils y
pénètrent avec tant de facilité, avec tant de promptitude, qu'ils ne semblent pas parcourir des régions
étrangères et inhospitalières, mais comme dominer
dans leur propre royaume. Il y a une grande force
dans l'esprit des hommes chez lesquels la nature l'a
bien placé, bien établi; cette force est si grande,
qu'il n'est ni vaincu par le nombre des choses qu'il
conçoit et comprend, ni accablé par leur grandeur
et leur masse, ni frustré par leur ténuité et leur subtilité. De même que les yeux de ceux que la nature
a doués d'une bonne vue, de quelque côté qu'ils se
tournent par un facile et léger mouvement, aperçoi-
vent vite et sans peine tous les objets qu'ils veulent

ingeniorum aciem non effugiat, quo illa parvo ductu
exiguaque monstratione intenta tàm facilè tàmque celeriter penetrant, non ut alienas et inhospitas peragrare
regiones, sed uti in suo regno dominari videantur : est
enim permagna hominum ingeniis innata vis, in quibus
illa hominibus ab natura benè locata et constituta sunt :
atque ità magna ut neque numero rerum, quas conci-
piunt, apprehenduntque, vincantur, neque amplitudine
et mole opprimantur, nec tenuitate acumineque frus-
trentur. Sed quemadmodùm oculi, quibus à natura
vegeti et perspicaces sunt traditi, facili lenique conversu
in quam se cumque dederint partem, celeriter omnia et

voir; de même l'esprit, bien pourvu des qualités naturelles, est capable de saisir toutes les choses qui fixent son attention.

Est-ce que, s'il était si difficile de s'instruire dans un grand nombre d'arts et de sciences, il serait autrefois sorti tant de savants hommes des écoles de la Grèce? Est-ce qu'ils auraient publié, comme on le vit faire alors, cette magnifique et fière parole, qu'ils étaient prêts à répondre sur-le-champ à tout le monde sur tout ce qui leur serait demandé? On raconte que Gorgias le Léontin fut le premier à le proclamer, ce qui, à la vérité, lui attira de si grands honneurs de la Grèce entière, qu'il fut le seul homme qui eut dans le temple de Delphes sa statue, non pas seulement dorée, mais en or massif. Cependant la profession de cette ostentation d'un nouveau

sine labore quæ volunt contuentur : sic mens benè instituta subornata à natura ad omnia comprehendenda, in quæ intenderit est perspicax. An si hoc esset difficile, tantoperè plurium artium scientia et copiis se instruere, tot olim è scholis Græciæ doctissimi homines prodiissent : illamque magnificam et gloriosam (ut tùm quidem videbatur) promulgassent vocem, sese paratos esse omnibus quacumque de re quis quæreret statim respondere. Quod primus fecisse traditur Leontinus Gorgias : cui quidem ob eam rem tanti honores à communi Græcia habiti sunt, ut ex omnibus uni non inaurata Delphis, sed aurea statua collocaretur : quæ tamen novæ ostentationis professio principio in admiratione habita, posteà turba et multitudine idem fa-

genre, admirée dans le principe, s'avilit dans la suite par la multitude de ceux qui faisaient la même chose, et en donnaient des leçons. D'autres s'en tinrent, pour faire parade de leur génie et de leur savoir, au domaine des arts que nous appelons libéraux, et à celui des belles-lettres. Mais Hippias, au milieu de l'immense concours de toute la Grèce aux jeux Olympiques, ne déclara pas seulement qu'il connaissait toutes les sciences et les arts libéraux, comme auteur et maître capable de les enseigner à qui que ce fût; mais il se vanta même, en présence de la Grèce assemblée, qu'il avait fabriqué de ses mains l'anneau qu'il portait au doigt, les souliers qu'il avait aux pieds et le manteau qui couvrait ses épaules. N'a-t-il pas prouvé par là qu'aucun art ne peut échapper à l'intelligence, à la pénétration de

cientium, profitentiumque eviluit : atque alii tamen suo ingenio et studio ostentando artium istarum, quas liberales dicimus, et bonarum litterarum regionibus se tenuerunt. Hippias verò qui in Olympiorum celebritate totius Græciæ multò maxima non solùm ingenuas omneis disciplinas callere sese, earumque idoneum cuivis autorem et magistrum se fore professus sit, sed palàm audiente Græcia, etiam annulum quem in digito haberet, soccos quibus indutus, pallium quo amictus esset, ab sese factos et fabricatos gloriatus est, nonne declarat nullam esse artem quæ effugere hominis ingenium aciemque possit? quanquam iste quidem fortassis nugator, et cæteri cum illa gloria non ferendi. Ad illos te

l'esprit de l'homme? Quoique ce savant bateleur et les autres soient peut-être insupportables avec leur jactance, je vous renvoie à ceux qui, sans ostentation, ont acquis la suprême puissance et la gloire d'une parfaite sagesse. Pensez-vous que rien, dans la nature des choses ou dans la connaissance d'aucun art, ait échappé au vaste savoir de Platon, au pénétrant génie d'Aristote, à la féconde intelligence de Théophraste, à la science, aux investigations de Polémon, d'Arcésilas, de Chrysippe, de Carnéade?

Au reste, l'ancienne Grèce produisit une si grande et si glorieuse multitude d'hommes semblables, qu'il n'est pas nécessaire de citer chaque nom en particulier. Nos auteurs dans ce genre sont beaucoup moins nombreux, ce qui est la faute de la fortune; car à peine s'étant ouvert un passage vers la philo-

revoco, qui summam vim, et gloriam perfectæ sapientiæ sine ulla ostentatione consecuti sunt. An tu putas quicquam fuisse in rerum natura, aut in ullius artis scientia, quod aut amplitudinem prudentiamque Platonis, aut acumen ingeniumque Aristotelis, aut ubertatem Theophrasti, aut Polemonis, Arcesilæ, Chrysippi, Carneadis copiam diligentiamque præterierit? Quanquam horum quidem talium et multitudine et gloria redundavit vetus Græcia, ut singulos nominare non sit necesse. Nostri in hoc genere infrequentiores, quod accidit fortunæ vitio. Vix enim aperto ad philosophiam aditu, primus M. Varro veterum omnium doctissimus, deinde flumen illud aureum eloquentiæ Cicero eo se immiserat,

sophie, M. Varron, le plus savant des anciens, y était entré le premier, et ensuite Cicéron, ce fleuve doré d'éloquence, qui entraînait avec lui tout le génie de Rome, que la constitution de l'État ayant été subitement changée, la barbarie des mœurs et de la littérature imposa silence aux beaux-arts. Mais, pour en venir de ces siècles reculés à notre temps, vous ne vous figurez pas, je pense, que l'auteur que vous admirez le plus, que vous avez toujours dans les mains, que vous lisez assidûment, que Pierre Bembo ait pu devenir, sans beaucoup de connaissances et de savoir, si célèbre par son éloquence et sa sagesse. Cet homme, le plus grand ornement de notre âge, est pour moi le sujet d'un singulier bonheur, puisque, liés ensemble de la plus sainte amitié dès notre adolescence, nous ne le cédons point à

Romanaque ingenia secum pertrahebat, cùm repentè commutato reipublicæ statu, barbari et mores et litteræ silentium optimis artibus indixêre. Sed ut ab illis antiquis sæculis ad nostra tempora deveniamus : non te puto arbitrari eum quem maximè miraris, quem semper in manibus habes, quem assiduè legis, Petrum Bembum, sine multarum disciplinarum cognitione et scientia ad tam eximiam laudem eloquentiæ totiusque sapientiæ pervenire potuisse : in quo quidem homine maximum est ornamentum ætati nostræ constitutum, et mihi singularis ex eo lætitia, quandò nos inter nos sanctissimo fœdere amicitiæ jam indè ab adolescentia conjuncti, nihil germanis fratribus in amorem mutuo

deux frères germains en mutuelle affection [1]. Que dirai-je de Jérôme Aleandre, de Desiderius Erasme, de ces deux savants hommes si renommés par la connaissance, l'usage et la mémoire qu'ils ont de tous les arts et de toutes les sciences? et de notre André Alciat? Mais sans aller plus loin, Paul, votre Grégoire Lilius, sous l'autorité et par les soins duquel, quand vous étiez encore chez votre père, vous avez été instruit dans les lettres, n'a-t-il pas acquis, sans beaucoup de peine, de nombreuses connaissances? car l'homme avec lequel il passe sa vie, et que nous sommes aussi accoutumés d'admirer, cet homme si illustre, si distingué, Jean-François Pic, a-t-on jamais trouvé qu'il ignorât quelque science, quelque doctrine? Ayant à imiter dans sa famille

concedimus. Quid de Hieronymo Aleandro? Quid de Desiderio Erasmo dicam, hominibus doctissimis et omnium artium ac doctrinarum cognitione, usu, memoriaque celebratissimis? Quid de Andrea Alciato nostro? ac ne longiùs abeas : tuus, Paule, Gregorius Lilius, cujus tu primo cum patre tuo etiam dùm cùm esses, auctoritate et diligentia bonis litteris imbutus es? nonnè complurium doctrinarum scientiam sine difficultate tanta assecutus est? Nam is quocum ipse assiduè vivit, quem nos quoque admirari soliti sumus, vir clarissimus et nobilissimus Joannes Franciscus Picus, cujus tandem scientiæ aut disciplinæ expers ulli unquam visus est?

[1] Voir les deux lettres de Pierre Bembo avant les notes, à la fin du volume.

l'exemple du plus grand de tous les hommes dans toute sorte de sciences et de vertus, de ce Jean Pic, son oncle, il est arrivé, à force d'étude et de génie, non pas à nous empêcher de regretter sa mort, mais à faire connaître le sang dont il est issu, par sa science et par ses mœurs. Mais pour ne pas énumérer indéfiniment tous ceux qui, par leur sérieuse application et leur intelligence, se sont illustrés dans un grand nombre d'arts et de sciences, voici quelles seront nos conclusions : comme les choses qui sont renfermées dans les arts libéraux les plus nobles, ont, dans des genres différents, la même voie de recherches et d'investigations qui les unit ensemble comme par un seul et même esprit, elles se découvrent facilement aux âmes droites, douées de pénétration et de vigilance; elles sont préparées et ex-

qui cùm haberet domesticum exemplum quod imitaretur, hominis omnium in omni virtute et doctrina maximi, Joannis Pici patrui sui, suo ingenio, diligentiaque perfecit, ut non illum desiderare jàm mortuum, sed eum in hujus ipsius eodem sanguine procreati, doctrina et moribus recognoscere possimus. Verùmne sit infinitum numerare omnes, qui studio acri atque ingenio præditi in pluribus artibus facultatibusque viguerunt, sic in præsentia concludamus. Cùm hæc quæ in ingenuis et præclarissimis artibus posita sunt, habeant quandam in dissimilibus generibus, consimilem tamen ad quærendum et investigandum viam, per quam tanquàm uno eodemque spiritu omnia contineantur : facilè pa-

posées à être par elles comprises; tandis qu'elles paraissent au contraire très-difficiles aux esprits lents, hébétés, faibles et paresseux; de sorte qu'il semble qu'on a dit avec beaucoup de vérité qu'on les comprend vite ou jamais; parce que toute la différence qu'on y trouve ne provient ni de la variété, ni de la difficulté des arts, mais des intelligences et des volontés. S'il y a eu des hommes, et il y en a chaque jour, qui, s'étant proposé de traiter et de connaître un de ces arts en particulier, y aient consacré toute leur vie, on ne doit pas s'en étonner. Il peut en arriver de même à des navigateurs qui, après s'être proposé un port pour s'y diriger, rencontrant dans leur voyage un lieu qui les charme par son agrément, renoncent à leur première course, s'arrêtent dans ce lieu même, et s'y établissent avec toute leur

tere ea bonis et acutis et vigilantibus ingeniis, iisque ad comprehendendum parata expositaque esse : tardis autem, atque hebetibus, et imbecillitate desidiaque corruptis, apparere difficillima, verissimè, ut dictum esse videatur, aut citò ea percipi, aut nunquàm : quòd non varietatis in illis, neque artium difficultatis, sed ingeniorum et voluntatum omne sit discrimen. Nec si qui extiterunt, extantque quotidiè, qui singularem aliquam ex his artem cùm sibi tractandam cognoscendamque proposuissent, omnem suam ætatem in ea consumpserunt, id sanè mirandum est : quod idem potest contingere navigantibus, ut cùm sibi portum aliquem proposuerint, quo velint proficisci, capti fortè internavigandum

fortune. Quant à nous qui, comme vous venez de le dire, avons hâte d'arriver à la philosophie, dans laquelle est situé le port destiné à nos richesses, nous devons nous servir des arts comme des hôtelleries, nous y arrêter, tant que cela nous est avantageux, le temps nécessaire pour connaître la situation des lieux, les mœurs, le costume, non comme un citoyen, un habitant du lieu, mais comme un voyageur curieux semble voir les choses ; de manière que, si par hasard on y revient, on n'ait pas besoin de demander un guide, mais qu'on aille à une auberge connue et familière.

Ainsi, dans les sciences et les arts par lesquels nous marchons, nous nous dirigeons vers la philosophie, les principes, les fondements doivent être connus ; et ces origines des choses d'où découle en-

alicujus loci amœnitate, dimisso pristino cursu, resideant ibidem et sua omnia componant : properantibus quidem ad philosophiam, ut tu modò dixisti, in qua est portus nostris fortunis constitutus, hæc tanquam diversoria capienda sunt, commorandumque in his quoad expedit, et cognitioni satis sit, quæ hactenùs esse debet, ut locorum situm et mores, cultusque hominum non tanquàm civis et incola, sed ut curiosus viator inspexisse videare : ut cum eodem fortassè redeundum tibi fuerit, non itineris monstrator quærendus, sed notum et familiare hospitium sit ineundum. Sic in disciplinis et artibus cæteris, per quas gradimur tendimusque ad philosophiam, ipsa artium principia et fundamenta cognoscenda sunt, capi-

suite toute argumentation pour traiter et confirmer chaque chose en particulier, doivent être tout à fait comprises et gravées dans la mémoire. On doit même savoir quelques questions particulières d'un art, non pas cependant toutes celles qui peuvent être réunies et contenues dans cet art, ce qui est alors sans bornes, et beaucoup de bons esprits y ont employé tout leur temps et leur loisir, étant captivés par les charmes d'une certaine délectation paresseuse. En effet, l'étude assidue d'un art quelconque engendre toujours d'elle-même quelque chose que l'on contemple avec volupté, si l'on veut minutieusement examiner tout ce qui entre dans la connaissance de cet art. Personne ne sait s'y borner, à moins de s'en arracher et de s'en débarrasser, à l'exemple d'Ulysse, qui usa envers lui de trop de violence, pour qu'il pût même

taque illa rerum è quibus omnis posteà ad singulas tractandas et confirmandas res argumentatio ducitur, percipienda penitùs et in memoria sunt constituenda : aliquæ etiam singulares noscendæ quæstiones, neque omnes tamen, quæcumque in illa arte colligi et concludi possunt : id enim jàm infinitum est, et in quo complures viri boni tempus omne suum atque otium disposuére, capti illecebra desidiosæ cujusdam delectationis : parit enim ex sese semper aliquid atque gignit ipsa in unaquaque arte assidua volutatio, quod cum voluptate contemplare, dùm res cunctas minutatìm obire vult, quæ sub illius artis cadunt notionem : nec modum sibi facit, nisi is se evolvat et explicet qui quemadmodum Ulysses

s'attacher aux chants des sïrènes. Ce que je peux moi-même affirmer et promettre hardiment, c'est que, si l'on marche à la philosophie par cette voie des sciences et des arts, si, sans posséder toutes ces connaissances, après en avoir été modérément imbu, on s'adonne tout entier à cette maîtresse de toutes les sciences; et que, retournant ensuite, quand il le faudra, à l'une quelconque de ces sciences, on entreprenne de la connaître et la traiter, on le fera beaucoup plus facilement et beaucoup mieux, que si l'on avait employé toute sa vie à cette unique étude, sans aucune notion de la philosophie; car on retourne de ces abondantes richesses de la philosophie beaucoup mieux disposé de cœur et d'esprit.

Paul. — Je comprends maintenant, mon père, cette facilité dont vous parlez, la mesure, l'ordre

majore vi ad se ejiciendum nixus est, quam ut ad Sirenarum cantus possit adhærescere. Illud possum ego confirmare et polliceri audacter, si quis per hasce facultates et disciplinas contenderit ad philosophiam, et illarum cognitione doctrinaque mediocri non tàm instructus quàm imbutus, huic omnium scientiarum dominæ totum se dediderit, fore uti posteà cùm usus acciderit, ad illarum unamquamcumque rediens, et aliquid in ea nosse tractareque instituens, multò id et faciliùs agat et meliùs, quàm si expers philosophiæ, in illius unius studio ætatem totam contrivisset : revertetur enim ex opibus copiisque philosophiæ et animo et ingenio multò paratior.

Paulus. — Jam intelligo, mi pater, et facilitatem

que vous pensez qu'on doit y mettre, et je suis tout
à fait persuadé qu'il faut en agir ainsi. Mais, chose
qui m'est souvent arrivée pendant que vous parlez,
d'être transporté d'amour pour la philosophie, je
sens maintenant que je l'aime avec d'autant plus
d'ardeur, que je ne vois nulle part rien de beau,
rien de désirable qui ne nous vienne d'elle ou à
cause d'elle. Quand verrai-je donc le jour où je me
saurai possesseur d'un aussi grand bien par la haute
faveur des dieux immortels et par la vôtre?

JACQUES. — Il est court le chemin qui vous reste
encore à faire, et tout deviendra facile à tant de
bonne volonté. Vous en êtes déjà aux principes de
la philosophie morale. Quant aux parties et aux
questions les plus élevées, les plus sublimes de la
philosophie, je vous y mènerai par une voie sûre

illam quam dicis, et modum, et ordinem, quem tenendum putas, prorsùsque ità agi oportere persuasus sum.
Sed quod sæpiùs jàm mihi te loquente accidit, ut amore
quodam ferrer ad philosophiam, eo nunc vehementiùs
me inflammari sentio, quòd nihil usquàm præclarum
neque appetendum esse video, quod non ex illa, aut
propter illam sit. Ecquis igitur mihi ille erit dies, cùm
in tanti possessione boni deorum immortalium summo,
et tuo, pater, beneficio positum esse me cognoscam?

JACOBUS. — Et breve est quod tibi viæ etiam nunc
restat, et omnia futura sunt tuo isti animo facillima :
ac moralis quidem philosophiæ initia jàm attigisti, ad
summas autem et altissimas philosophiæ partes ac ratio-

quand vous aurez terminé ce cours, qui est du reste presque fini ; car, ayant appris déjà les autres scien- ces, il vous reste à consacrer un peu plus de temps et d'étude à la géométrie, ainsi qu'à l'astronomie. Un seul été suffira pour les deux, quoiqu'il soit né- cessaire de tout demander aux auteurs grecs, ces matières étant écrites d'une manière plus confuse en latin. Et comme nous n'avons encore rien dit de l'as- tronomie, il me semble que nous ne devons pas la passer sous silence, elle qui n'est pas tant la science de la nature et des corps célestes, ce qui regarde la philosophie, que de leurs mouvements si grands et si nombreux, que des révolutions nocturnes et diur- nes, et des circuits tant de l'univers qui renferme tout, que des astres et des étoiles. Il n'est pas néces- saire de connaître toutes les parties de cette science,

nes certa semita est, qua ego te deducam, cùm curri- culum hoc confeceris, quod tamen totum penè per- cucurristi : cæteris autem liberalibus disciplinis à te perceptis, geometriæ aliquantùm plus et astrologiæ quo- que studii ac temporis est impendendum : quod tamen utrumque una æstas effecerit, atque ità ut omnia è græcis scriptoribus petas, quandò latina perturbatiùs scripta sunt. Et quoniam de astrologia adhuc nihil dixi- mus, ne eo quidem silentio videtur prætereunda esse, quæ est cœlestium non tàm naturarum et corporum (id enim philosophiæ munus est) quàm motuum illorum tot atque tantorum, et diurnarum ac nocturnarum concur- sionum circuitionumque tàm in universis globis conti-

ni chacune d'elles en particulier, à moins d'en vouloir faire sa profession ; mais il est certainement digne d'un homme qui aspire à la philosophie d'en apprendre suffisamment, et d'avoir la notion de ce qui constitue ses principes. Quel est l'homme, en effet, d'un esprit si inculte, et dont l'oreille est tellement fermée à la voix même de la nature, qui, par le spectacle et la contemplation de tant de grandes lumières, n'est pas excité à y porter quelque attention, ou qui ne désire connaître le lieu où nous sommes placés ; s'il est au milieu, au plus bas ou bien au plus haut de l'espace ; le lever et le coucher des signes célestes, du soleil, de la lune, les révolutions des autres corps errants, non-seulement inégales entre elles, mais ayant encore chacune son habitude constante,

nentibus omnia quàm in ipsis stellis sideribusque scientia : cujus non omneis partes, neque singula articulatìm membra nosse necesse est, nisi si quis illam artem velit profiteri : scire quidem quantùm satis est, ad philosophiam tendentibus, et quod in facultatis illius principiis consistit addiscere, certè humanum est. Quis enim est tàm agresti animo, et tàm aversus aureis suas ab ipsa voce naturæ, qui non spectaculo et contemplatione tantorum luminum, ad aliquam eorum considerationem moveatur? Aut qui non studeat nosse locum in quo siti sumus, medius, infimus, an summus ille sit : ortus quoque signorum et obitus, solisque et lunæ et cæterorum errantium conversiones, tùm dispares inter se, tùm suis tamen unamquamque spatiis et temporibus solemnes

ses espaces et son temps? Comment, parmi les astres mêmes, l'un s'approche de l'autre, souvent passe devant lui, et quelquefois prend subitement la fuite, les différentes éclipses du soleil et de la lune, comme dit le poëte? Pourquoi, pendant l'hiver, le soleil se hâte-t-il de se baigner dans l'Océan, ou bien quelle est la cause de la longueur des nuits, et d'autres choses de ce genre?

Quant à ceux qui dédaignent d'occuper leur esprit d'un sujet pareil, ce n'est pas la philosophie qu'ils doivent tâcher de comprendre, mais ils doivent se mettre en peine de faire croire qu'ils sont hommes.

Paul. — C'est la vérité; car si de l'admiration est né le besoin de connaître et de comprendre, comme je vous l'ai souvent entendu dire, certainement il

atque statas : astrorum quoque ipsorum unius ad aliud accessus, et plerùmque antecessus, subitos etiam interdùm recessus : defectus item (ut poeta inquit)

solis varios, lunæque labores;
Cur tantum Oceano properent se tingere soles
Hyberni, vel quæ tardis mora noctibus obstet,

et cætera ejusdemmodi, quæ quis percipere animis suis contemnunt, non ut philosophiam iidem percipiant, sed ut homines esse existimentur magnoperè est illis elaborandum.

Paulus. — Verè ità est, nam si orta est ex admiratione cura cognoscendi et percipiendi, ut te sæpè audio

n'y a rien de plus admirable que la contemplation des choses qui sont dans le ciel.

JACQUES. — Ce cours étant terminé, Paul, puisque nous avons parcouru toutes les années de votre âge, et qu'il ne vous manque rien ou peu de toutes les connaissances dont nous avons parlé plus haut, il nous faut enfin entrer dans les champs largement ouverts de la philosophie, dans ces champs fertiles et abondants en toutes sortes de fruits, dont l'emploi et l'utilité peuvent rendre la vie très-heureuse. Nous avons déjà commencé en dirigeant vos études vers l'*Éthique* d'Aristote. Vous comprendrez, en la lisant, que ce qui dans la droiture et la noblesse de vos mœurs, est le produit de l'usage et de la discipline, n'est pas la vertu même, mais le simulacre et l'image de la vertu. Et pourtant, comme nous l'avons

loqui, nihil est profectò rerum istarum quæ in cœlos sunt contemplatione admirabilius.

JACOBUS. — Hoc quidem, Paule, cursu confecto (quoniam ad tuæ ætatis jàm spatia accessimus, nihil enim tibi, aut paulùm quiddam adhuc deest ex his quæ suprà dicta sunt) intrandum demùm est in philosophiæ campos latos atque patentes, eosdemque feraces et frugiferos rerum omnium, quarum ad alendam beatissimam vitam usus esse aliquis atque opportunitas potest : quod nos quidem facere in te cœpimus, qui te admovimus ad Aristotelis Ethica : qua ex lectione intelliges quæ tibi in moribus recta atque ingenua sunt, usu et disciplina comparata, non ipsam virtutem esse, sed simulacrum

dit ailleurs, la philosophie, en y infusant l'esprit et l'âme, donnera à cette image inanimée et muette la parole et la vie. Mais à cette étude de la philosophie il faut ajouter la dialectique, à laquelle nous donnons également le nom de logique. Nous vous avons depuis longtemps enseigné la partie de cet art qui traite des formes et des manières d'argumenter, et vous avez reconnu déjà vous-même, dans beaucoup de circonstances, l'emploi et l'utilité de ces argumentations. Mais il reste plusieurs difficultés qu'il faut traiter et comprendre ; sans cela, il est presque inévitable que notre esprit ne s'égare dans l'investigation des plus grandes choses.

En effet, il y a une voie sûre, une manière subtile pour découvrir dans chaque genre qu'on examine, ce qui appartient principalement à ce genre,

imaginemque virtutis : cui tamen, ut alio loco diximus, spiritum atque animam philosophia infusura, et simulacrum exanime ac mutum, vitale simul ac vocale effectura est. Verùm huic philosophiæ studio dialecticam esse adjunctam opportet, quam eandem et logicam appellamus : cujus artis partem eam, in qua de figuris et modis argumentandi traditur jampridem te docuimus, quarum ipse argumentationum multis jàm rebus usum utilitatemque cognosti : sed restant multa atque ardua, quæ si intractata imperceptaque sint, labare mentem nostram in maximis investigandis rebus fermè sit necesse : est enim certa quædam via et persubtilis ratio explorandi in unoquoque genere quo de quæratur

ce qui lui est propre, d'où l'on déduit très-solidement, pour conclure et démontrer, le sujet et l'argumentation : ce qu'il faut savoir et distinguer avec d'autant plus de clarté, qu'il y a presque une infinité de raisons propres à tromper, et très-éloignées en soi de la vérité, mais qui lui ressemblent en apparence. Non-seulement elles confondent ceux qui n'ont qu'une médiocre teinture des sciences, mais souvent encore les plus doctes et les plus savants, qu'elles renversent, malgré leur résistance, et qu'elles abusent, malgré leurs précautions. A moins de se servir savamment, habilement contre elles des armes de la dialectique, il est impossible de leur résister. Mais parce que vous allez bientôt connaître dans les livres mêmes d'Aristote, à l'aide de nos explications, ce que nous venons de dire sur la dialectique,

aliquid, quid sit illius generis cognatum imprimìs et proprium, undè ad concludendum et demonstrandum firmissimè res argumentationesque ducantur, quod hoc enucleatiùs scire, nosseque oportet, quod infinitæ penè sunt aptæ ad fallendum et in se quidem ipsæ longè alienæ à vero, sed veri tamen similitudinem præ se ferentes rationes : quæ non imbutos modò mediocriter, sed sæpè homines doctissimos eruditissimosque pervertunt, stantesque dejiciunt, et circumveniunt cautos : quibus nisi arma dialecticæ scienter peritèque tractentur : minimè possit obsisti. Sed quoniam et hæc ipsa quæ nunc de dialectica dicimus et totam illius vim et potestatem paulò post in ipsis Aristotelis libris nobis

et toute sa force, toute sa puissance, il est inutile d'en parler davantage, si ce n'est seulement pour vous avertir et vous conseiller, maintenant que vous voilà sur le seuil de la philosophie, de vous faire une loi de lire et méditer sans cesse les meilleurs auteurs de cette belle science, principalement Platon et Aristote, dont le divin génie et l'admirable savoir sont cause que la Grèce se croit à juste titre supérieure à toutes les nations. Mais il faut les lire de préférence dans la version grecque ; car je pense qu'on doit bien se garder de suivre ceux qui les ont traduits en latin, lesquels ont porté dans tout la barbarie et la corruption, et, par leur style grossier et leurs questions à contre-sens, ont couvert de ténèbres la philosophie. Il n'y a chez eux ni naturel, ni rectitude dans le jugement. Comme ils ignorent la vé-

monstrantibus cogniturus es, non attinet plura loqui, nisi id tantùm monere et præcipere, quoniam in ipso jàm limine philosophiæ constitutus es, ut optimos autores scientiæ præstantissimæ, tibi semper legendos volutandosque proponas : Platonem imprimìs et Aristotelem : quorum quidem duorum cœlestibus ingeniis admirabilique scientia, jure se omnibus gentibus anteponit Græcia, tùm autem Græcos potissimùm interpretes : nam hos qui latinam scriptionem professi, barbara omnia, pollutaque reddiderunt, et inquinatis litteris, præposterisque quæstionibus, magnas effuderunt philosophiæ tenebras, magnoperè tibi vitandos et fugiendos esse sentio : nihil enim afferunt ingenui neque recti : sed

ritable force de la philo   e, comme ils prennent
les raisonnements bâtar   que les Grecs appellent
sophismes pour de légitimes et véritables raisonnements, ils sont, à la vérité, très-forts pour crier et
se disputer, mais très-faibles dans la doctrine et
dans la sagesse même ; encore que, abusés par leur
vanité et leur ignorance, ils poursuivent les applaudissements populaires pour des choses dont ils de-
vraient surtout rougir. Quant à vous, Paul, repous-
sant loin de vous la foule de ces gens-là et leurs
sottises, vous embrasserez la philosophie de manière
à comprendre qu'elle est l'art de vivre hounêtement
et heureusement ; qu'elle n'enseigne pas seulement
à penser, mais encore à bien agir et à bien faire.
C'est elle qui vous donnera la constance et la fermeté
dans les bonnes mœurs ; c'est elle qui fournira à vos

cùm veram ignorent philosophiæ vim, et rationes notas,
quas Græci sophismata vocant, pro legitimis et veris
rationibus consectentur, ad clamandum quidem et liti-
gandum valdè robusti sunt, in doctrina verò, et in ipsa
sapientia prorsùs sunt imbecilles : qui etiam vanitate
quadam ingenii ignorantiaque inducti, in eis rebus populi aucupantur famam, quarum eos rerum maximè
pudere oporteret : sed horum turba ineptiisque rejectis,
tu, Paule, sic philosophiam amplexator, ut eam intelligas artem esse benè beatèque vivendi : nec intelligendi
solùm, sed etiam agendi, faciendique magistram : hæc
tibi constantiam et firmitatem in bonis moribus allatura
est : hæc copiam et ubertatem pulcherrimarum rerum

discours l'abondance et la fécondité des plus beaux
sujets et des plus belles maximes ; elle qui sera toujours pour vous la maîtresse des meilleurs conseils
et des meilleures volontés, de la bonne foi, du devoir et de l'intégrité. Elle fera que ce qui est dans
l'âme noble, élevé et libre, et qui constitue la dignité, ne cède jamais à la fortune, et ne soit troublé
ni par la prospérité ni par l'adversité.

Que si, après en être arrivé là, après s'être nourri
pendant quelque temps de ce lait de la philosophie,
on passe ensuite à d'autres études, soit qu'on veuille
s'appliquer au droit civil ou à l'administration de
l'État, dans la paix comme dans la guerre, ou bien
à tout autre art, à tout autre emploi de ceux qu'ac-
compagnent l'honneur et la considération, que l'on
sache bien que, quelle que soit la partie qu'on ait
embrassée, on aura en soi beaucoup plus de facilité

ac sententiarum orationi tuæ suppeditabit : hæc te optimis instituet, et consiliis et voluntatibus, fideique tibi
erit et officii et integritatis semper magistra : hæc efficiet
ut illud excelsum et erectum, et liberum in animo, in
quo inest dignitas, nunquàm cedat fortunæ, non secundis illis rebus, non adversis permoveatur. Quòd si qui
hùc pervecti et uberioribus philosophiæ aliquandiù aliti,
ad alia vitæ studia deindè se converterint, sive jus civile
voluerint exequi, sive reipublicæ curam domi bellive,
sive quancumque aliam artem sectamque earum quæ
cum honore laudeque suscipiuntur, sciant illi ad quam
se cùmque dederint partem, et facilitatis multò plus in

pour la comprendre, et pour s'y conduire, beaucoup plus de prudence et d'habileté. Quant à ceux qui auront élu domicile dans la philosophie pour leur vie entière, on devra plutôt les regarder comme semblables à Dieu, que de la commune condition et de la nature des hommes. C'est du nombre de ceux-là que je souhaite surtout que vous soyez, Paul, afin que votre inclination pour la vertu et notre désir aient la meilleure et la plus belle fin. Pour moi, qu'aucune peine ne rebute pour vous instruire et vous élever, puissé-je conserver principalement en vous cette espérance et cette consolation de ma vieillesse!

assequendo, et in agendo prudentiæ atque industriæ esse secum delaturos. Qui verò in philosophia perpetuum vitæ suæ domicilium constituerint, eos Dei potiùs similes, quàm ex communi hominum more ac natura judicandos esse. Quorum quidem de numero te imprimìs cupio esse, Paule, ut tua ad virtutem indoles, nostrumque desiderium optimo ac præclarissimo fini terminetur. Egoque, qui nullos refugio ut te erudiam et instituam labores, hac potissimùm in te posteritatis spe consolationeque sustenter.

PIÈCES JUSTIFICATIVES.

LETTRE
DU CARDINAL POL
RELATIVE
AU TRAITÉ D'ÉDUCATION DE SADOLET.

Le cardinal Polus (Reginald Pool ou Pol) était issu du sang royal d'Angleterre. Henri VIII fit mourir son frère et sa mère pour le punir d'avoir refusé d'abjurer la religion catholique. Il fut l'un des présidents du concile de Trente, l'un des plus grands et des plus saints prélats du seizième siècle. Il ne tint qu'à lui d'épouser la reine Marie, qui fit des démarches auprès du Pape pour faire rompre ses vœux. Mais le cardinal Pol ne voulut pas y consentir. Il aima mieux consacrer son temps et sa vie au rétablissement de la religion catholique en Angleterre; et il y serait parvenu, disent les historiens protestants de ce pays, si tous les autres prélats anglais avaient été aussi vertueux que lui.

Pendant l'année 1532, le cardinal Pol, passant par le Comtat Venaissin, s'arrêta quelques jours à Carpentras auprès de Sadolet, qu'il avait, dit-on, connu à Padoue. Obligé de partir subitement pour Rome, il se chargea de remettre à Pierre Bembo le manuscrit du *Traité d'éducation* de Sadolet, qu'il lut pendant son voyage. Il écrivit de Venise à son ami les impressions qu'il avait reçues de la lecture de son ouvrage. Cette lettre nous a paru si intéressante qu'on nous saura gré, du moins nous le pensons, d'en trouver ici le texte latin et la traduction.

20.

Reginald Pol à Jacques Sadolet, évêque de Carpentras.

Je vous remercie d'abord, ainsi l'exigent l'ordre des choses
et la règle de mon devoir, je vous remercie de vos bons offices envers moi pendant que j'étais auprès de vous, que je
recevais dans votre maison une honorable et somptueuse
hospitalité ; lorsque vous reteniez et nourrissiez de vos savantes et graves paroles mon esprit avide de vos entretiens,
et que, s'il cherchait en hésitant une solution en traitant des
plus grandes choses, vous le délivriez aussitôt de tout scru-
pule et de tout doute. Toutes les fois que j'y pense, et j'y
pense très-souvent, je me rappelle ce que dit Timothée du
dîner de Platon. Après avoir été invité par lui, et l'ayant vu
le lendemain : « Les dîners de Platon, dit-il, ne sont pas seulement agréables dans le moment, mais encore le jour d'a-
près. » Je peux dire la même chose, pour un temps beaucoup plus long, de votre hospitalité. Non-seulement elle fut
agréable pour le moment, mais elle l'a déjà été pour quelques mois, et le sera encore, je l'espère, pour plusieurs
années.

Mais lorsque je souffrais avec peine d'être enlevé à votre
société, dont je commençais pour la première fois comme
à goûter la douceur, et d'en être séparé par une longue
distance, n'étant pas le maître de faire autrement, mes
affaires m'entraînant presque dans ces lieux, vous n'avez
pas même manqué d'adoucir mon chagrin ; car vous m'a-
vez fourni le moyen de n'être pas entièrement privé de ce
qui faisait mon bonheur. Et pour que, même en mon absence, je fusse en possession de quelque partie de vous-
même, j'avais reçu de vous un compagnon de voyage qui
chaque jour vous rendait à moi, qui me rapportait sans
cesse vos doux et graves entretiens, qui ne permettait en
aucune manière que le plaisir que j'avais pris à votre société

fût interrompu. En effet, qui aurait pu vous représenter mieux vous-même, que vous, que vos écrits, que ce livre, votre ouvrage, que vous avez voulu me donner pour le remettre à Bembo? ce livre dans lequel brillent votre sagesse, votre gravité, votre science qui avaient pour moi tant de charmes? Certes je l'ai reçu pour compagnon ce livre qui, non-seulement dans le court trajet de peu de jours que j'avais à faire en me hâtant de retourner en Italie, m'a servi de véhicule, comme on a coutume de le dire d'un compagnon beau parleur, mais qui tiendrait facilement lieu de véhicule et de guide dans le long trajet de la vie entière, où l'on a surtout à souffrir et à courir des dangers.

A la première vue, il m'a donné ce plaisir, que je n'ai plus du tout pensé au chemin que j'avais pris, quoique impraticable et pénible, et qu'il m'a occupé tout entier de la contemplation de cette belle route dont vous êtes le guide et l'*indicateur* (demonstrator), et que vous proposez comme sûre et glorieuse à l'adolescent qui cherche la gloire et l'honneur. Grand était mon bonheur, quand je vous voyais avec mon esprit comme avec mes yeux, vous, grave et prudent vieillard, semblable à un habile pilote, connaissant les lieux et la mer, les astres et toutes les tempêtes, d'un esprit si prévoyant, apercevant si bien au loin et au large tous les dangers, que rien dans vos prédictions et vos précautions ne pouvait entraver un si beau voyage.

Vous ne vous offrez pas pour guide au premier venu, à un adolescent élevé dans des mœurs communes, né de parents vulgaires qui regarderaient l'éducation des enfants comme la moindre des choses ; mais à celui qui, dès l'enfance, presque avant de voir la lumière, a été destiné par de bons parents à une si belle expédition, et à l'éducation duquel la nature ne mettrait pas d'obstacle, mais, en le gratifiant avec bienveillance de ses propres dons, lui garantirait qu'elle lui serait favorable ; à celui qui, dès le berceau, aura été ainsi élevé, ainsi formé aux mœurs et aux lettres de la manière que vous l'avez très-saintement et très-sagement prescrit. Or comme vous avez vous-même, par vos discours, formé ainsi pour vous cet adolescent, ou mieux, comme vous avez reçu votre Paul ainsi formé par la nature, et destiné à cela par les vœux de ses parents, quel plaisir ne m'a pas causé ce noble appareil de son éducation que vous passez en revue?

Ensuite, quand vous l'aviez retiré de l'éducation de l'enfance comme d'un défilé, et que vous l'aviez amené dans l'espace qui s'ouvrait devant l'éducation de l'adolescent comme une mer, j'aimais surtout alors à vous voir, dans cette course heureuse de votre discours, les voiles pleines d'éloquence, parcourir tous les arts, toutes les sciences, de manière à montrer que la seule chose que vous vous proposiez, c'était de reconnaitre les lieux, la demeure de ces arts où l'on doit s'arrêter et séjourner quelque temps pour passer de là à de plus grandes choses. Et cependant tout cela est si embelli par votre discours, les forces, les vertus de chaque art sont si bien expliquées, que vous paraissez, en les montrant, les donner en possession à l'adolescent, et les enseigner, en les passant en revue. Mais plus elles me charmaient, plus avidement j'attendais où vous dirigiez cette noble course que vous aviez commencée avec tant d'éclat, quel port vous vous proposiez. J'étais dans l'attente, quand aussitôt s'offrit à mes regards le port de la philosophie, vers lequel je vous voyais faire force de voiles et de rames, et bientôt après y laisser votre élève.

Ce serait là, à la vérité, un beau port et préférable à tous les autres, si votre course avait commencé aux temps antiques d'Aristote et de Platon, ou même aux temps plus rapprochés de Cicéron ; ou bien s'ils avaient servi de pilotes à votre adolescent ; car certainement ils n'en auraient pas choisi d'autre, et il n'eût pas été facile alors d'en trouver un plus commode et plus sûr. Mais puisque vous avez commencé votre course

dans ces temps heureux où, de même que beaucoup de contrées nouvelles, d'îles et de ports inconnus à l'antiquité ont
été découverts, et qu'un grand nombre de ceux qui étaient
jadis célèbres sont submergés par la mer ou détruits par la
vétusté; de même il a été ouvert à nos âmes un port beaucoup
plus sûr et plus tranquille, où Dieu lui-même nous conduit,
ainsi que le Fils de Dieu, un port ignoré des anciens, et que
Dieu nous a découvert; puisque Sadolet lui-même, qui dans
cette course sert de pilote, s'il a, à la vérité, abordé au
port des anciens, a pourtant passé au delà, n'y ayant sé-
journé qu'afin d'y prendre les choses nécessaires pour achever le reste de la traversée; qu'il s'est enfin retiré dans celui
que le Fils de Dieu lui montrait, où il vit maintenant dans la
plus grande tranquillité d'âme et dans la sécurité; pourquoi
votre Paul ne se plaindra-t-il pas de vous, si vous le laissez dans
un port étranger et qui n'est pas sûr, et que vous vous soyez
établi vous-même dans le meilleur et le plus abrité? Certainement je ne craindrais pas de me plaindre en son nom, si vous
laissiez ce jeune homme, doué de toutes les qualités naturelles,
muni par vos soins des secours de la science, tel, en un mot,
que vous proposez aux parents de le souhaiter, si vous laissiez, dis-je, ce jeune homme flotter dans le port de la philosophie, qui maintenant ne mérite pas même le nom de port;
mais qui, comme le poëte dit de Ténédos, n'est maintenant
qu'une baie où les vaisseaux ne sont pas en sûreté.

Or, un si grand appareil pour l'instruire, de si beaux préceptes d'éducation ne nous donnaient pas la promesse qu'il
demanderait enfin à la philosophie les règles de sa conduite;
ou qu'il lui serait nécessaire, pour la sécurité de son âme, de
se réfugier dans ce port; mais bien qu'il montrerait aux
princes mêmes des philosophes, s'ils revenaient sur la terre,
un plus beau genre de vie auquel ils n'ont pu jamais aspirer,
une sagesse, une tranquillité d'âme bien différentes, et qu'il
faut demander à autre chose qu'aux préceptes de la philoso-

phie; l'emportant d'autant plus en beauté et en durée sur les promesses de la philosophie, que les choses divines l'emportent sur les humaines.

Courage donc! mon cher Sadolet, ne pensez pas avoir satisfait à votre promesse pour l'éducation d'un tel jeune homme, si .vous l'avez amené aux confins de la philosophie, si vous lui avez même enseigné la philosophie tout entière! Il faut le tirer de là, et ne vous reposer qu'après l'avoir conduit dans le saint port, où vous vivez vous-même dans une souveraine tranquillité d'âme. Il ne convient pas à une si belle éducation, ni à celui que vous devez, dans l'opinion de tous, laisser pour héritier de votre vertu et de votre sagesse, qu'il se repose dans un autre port que celui où vous avez vous-même planté votre tente.

Je vous ai trop longuement écrit à ce sujet, soit pour obéir à vos ordres, ayant vous-même voulu que je vous écrivisse ce que je pensais de votre livre que je ne pouvais assez admirer; soit pour contenter mon amour pour les muses sacrées, que je vous voyais à peine avec calme passer, sans les louer ni les mentionner, quand vous honoriez de dignes éloges les autres arts et les autres sciences; soit encore parce que je ne doutais pas que notre ami Dubellay de Langey, pour élever les enfants duquel vous avez principalement entrepris cet ouvrage, le trouverait surtout de son goût, si ce que vous faites à l'égard de la philosophie et des autres arts, pour exciter, en touchant à l'éloge de chacun d'eux, l'esprit des jeunes gens à se livrer à leur étude, vous ne négligiez pas de le faire envers la théologie, dans laquelle toutes les autres sciences, comme elles le doivent, ont coutume de se confondre.

Il est certainement convenable, la théologie étant votre principal ornement, et devant l'être de jour en jour et de plus en plus, lorsque dans un dialogue vous parlez de ces sciences dont la possession polit les âmes et les perfectionne, de ne pas taire sa louange, surtout quand vous écrivez à

Langey, qui, je le sais, toutes les fois qu'il lui est permis de sortir des flots des affaires, dans lesquels, étant à la cour, il se trouve nécessairement plongé, ne se repose dans aucun port plus volontiers que dans celui de la théologie.

Vous me pardonnerez ma loquacité : je peux vous faire le serment que depuis quatre ans je n'ai pas, en vérité, lu tant de latin que je viens de vous en écrire, à l'exception des livres des théologiens, que je ne mets pas dans le genre des écrivains latins. Contre mon habitude, je me suis laissé aller à cette humeur verbeuse d'écrire en latin. Mais comme le bonheur que j'ai de parler avec vous, celui de vous écrire, qui fait qu'en votre absence il me semble que je vous parle, m'a entraîné bien au delà des bornes d'une lettre, il faut que votre bienveillance me le pardonne. Maintenant je viens à vos commissions. Je serai d'autant plus court, que ceux pour lesquels vous m'avez donné des lettres et des commissions, m'ont laissé peu de chose à écrire. J'espère que vous avez déjà leurs réponses. Ils ont tous promis que dans quelques jours, pour pouvoir le faire plus commodément, ils contenteront votre volonté. Je vous envoie avec ma lettre celle de Bembo. Quand je lui ai fait ma visite à Venise, et que je lui ai remis votre lettre avec le livre, il vous est plus facile à vous d'imaginer, à cause de l'étroite amitié qui vous unit, qu'à moi de vous écrire, combien il était heureux de m'entendre parler de vous et de vos études. Quant à l'évêque de Vérone, que j'ai salué à Vérone, je lui ai également remis votre lettre. Il m'a retenu un jour chez lui; nous n'avions presque pas d'entretien sans qu'il y fût question de vous et de vos études ; et souvent il montrait une grande douleur d'être privé de votre charmant commerce, à cause de la distance qui vous a séparés. J'ai rencontré à Padoue votre ami Lazare, auquel j'ai aussi remis votre lettre, lorsqu'il m'a fait la politesse de venir me voir. Tous vous félicitent de votre tranquillité d'âme et de votre repos, qu'ils voient produire tant de beaux fruits, et

servir au bien public. Ils vous souhaitent que cela dure toujours. Pour moi, qui sais que les œuvres que vous enfantez
dans ce moment ne sont pas moins belles que celles que
vous avez mises au jour, je ne cesserai jamais de vous le
souhaiter également, tout en faisant des vœux pour le plus
heureux enfantement de ces ouvrages. Adieu. IV des calendes
de novembre, à Venise.

Reginaldus Polus Jacobo Sadoleto, episc. Carpent. S. P. D.

Gratias tibi agam priùs (ità enim rerum ordo et mei officii ratio postulant), deindè ad mandata tua convertar. Neque verò illa solùm me ad agendum gratias impellunt. Quæ tu in me præsentem officia contulisti : cùm me domo atque hospitio honorificè sanè lautèque acciperes, cùm animum meum, tui congressus cupidissimum, erudito illo et pleno gravitatis sermone retineres et planè pasceres : atque maximis de rebus quærentem et hæsitantem, omni prorsùs scrupulo et dubitatione liberares. Quæ quidem quotiès in mentem revoco (revoco autem sæpissimè) quod de Platonis cœna dixit Timotheus : cùm ab eo invitatus esset, et eundem postero die vidisset, cœnas Platonis non modò in præsentia, sed in posterum quoque diem esse jucundas : idem ego multò prolixiùs de tuo hospitio dicere possum. Non modò in præsentia fuisse jucundum, sed in aliquot menses jàm fuisse, atque idem, ut spero, in multos annos futurum. At verò cùm à tua consuetudine, cujus ego suavitatem tùm primùm quasi gustare cœperam, tam citò dirimi, ac tanto locorum intervallo disjungi, animo sanè molestè ferrem, cùm nec mihi tùm integrum esset aliter facere, rationibus meis sic ferentibus, et in hæc loca penè trahentibus : ne huic quidem dolori meo defuisti. Inita enim à te ratio est, quemadmodùm eo quo tantoperè delectabar, non usquequaquè privarer. Sed ut te etiam absens aliqua ex parte fruerer, adjuncto mihi ejusmodi itineris comite, qui te mihi quotidiè reddebat, qui jucundissimos tuos, et gravissimos sermones sine intermissione referebat, nec sanè intermori eam, quam ex consuetudine tua voluptatem cepi, ullo pacto sinebat. Quis enim teipsum meliùs exprimere potuit, quàm tu, quàm scripta tua, quàm liber ille tuus quem per me Bembo reddi voluisti? In quo prudentia tua, gravitas, doctrina, quibus maximè delectabar, elucent. Hunc certè mihi comitis loco accepi, qui non modò mihi in brevi illa et paucorum dierum via, quæ in Italiam properanti instabat, pro vehiculo fuit, quod de facundo comite dici solet : sed in longo totius vitæ cursu, in quo maximè, et periculosissimè laboratur, et vehiculi, et ducis locum facilè obtineret. Ex quo quidem hanc primo aspectu voluptatem cepi : quòd mihi cogitationem omnem de eo in quod ingressus eram itinere, impedito sanè et molesto, abstulit, meque totum in contemplationem præclari illius itineris abduxit, quod te duce et monstratore, adolescenti ad laudem et decus tendenti, certum et gloriosum proponebatur. In quo quidem valdè delectabar, cùm quasi oculis, sic animo cernerem, te gravissimum et prudentissimum senem, ut peritum gubernatorem, gnarum et locorum et maris, siderumque et tempestatum omnium, sic animo providum, sic omnia pericula longè latèque perspicientem, ut nihil non prædiceres ac præcaveres, quod vel impedire tàm præclarum cursum, vel in periculum adducere posset. Qui non cuivis adolescenti, in vulgi moribus educato, vulgaribus parentibus orto, et qui filiorum educationem in postremis haberent, te ducem profitearis : sed illi qui ab optimis parentibus, penè antequàm in lucem puer ederetur, huic tam præclaræ expeditioni fuerit destinatus : cujus educationi natura non obsistere, sed suas dotes benignè largiendo, se fautricem sponderet. Qui ab incunabulis sic eductus, sic litteris et moribus formatus fuerit, quemadmodùm est à te sanctissimè et prudentissimè præscriptum. Hunc verò talem cum tibi ipse oratione formasses, vel potiùs natura sic formatum, et parentum votis huic rei destinatum, cùm Paulum tuum accepisses, quid non voluptatis mihi præbuit, præclarus ille quem recenses, in eo instituendo apparatus? Deindè cùm ex puerili institutione, tanquàm ex angustiis eum abduxisses, et in latum illud, quod adolescentis institutioni quasi pelagus patebat, adduxisses; tùm sanè maximè delectabar, cùm te secundissimo illo orationis cursu, plenis eloquentiæ velis, ità omnes artes doctrinasque percurrentem videre, ut cùm nihil tibi tùm aliud propositum esset, nisi ut earum artium sedes et loca, ubi ad tempus assistendum, atque ad majora et ulteriora tendenti commorandum esset monstrares : ea tamen sic oratione illustras, sic artium singularum vires et virtutes explicas, ut propè monstrando in earum jàm possessionem mittere adolescentem videaris, atque eas recensendas tradere. Hæc certè magna cum voluptate contemplabar. Sed quò magis me delectabant, eò sanè avidiùs expectabam, quo tandem præclarum istum cursum, quem tanto apparatu instituisti, dirigeres; quem tibi portum proponeres. In qua expectatione statìm se mihi in conspectum obtulit philosophiæ portus, quò te velis remisquè properare, atque illìc paulò post alumnum tuum relinquere videbam. Præclarus ille quidem, et omnibus aliis portus præferendus, si antiquis illis Aristotelis et Platonis temporibus, vel etiam si recentioribus M. T. Ciceronis, hic cursus abs te institutus fuisset, aut si ii gubernatores adolescenti tuo contigissent : nec enim illi profectò alium elegissent, nec facilè tùm alius tutior vel commodior reperiri potuit. Sed cùm his felicibus temporibus cursum institueris tuum, quibus ut multi terrarum novi tractus, insulæque et portus antiquitati incogniti, inventi sunt : pluribus eorum qui antiquitùs celebres erant, vel mari obrutis, vel vetustate consumptis : sic etiam animorum portus multò tutior et tranquillior, Deo ipso, et eodem Dei Filio duce, et inventore nobis apertus sit, quem antiqui ignorabant. Cùmqu· Sadoletus ipse, qui in hoc cursu gubernatoris locum obtinet, etsi appulsus quidem ad antiquorum portum, tamen prætervectus sit, nec diutiùs ibi commoratus, quàm ut necessaria sibi indè sumeret ad reliquum cursum perficiendum : in hunc tandem, qui à Deo filio monstratus sit se receperit, ubi nùnc summa cum animi tranquillitate et securitate vivit : Quid est cur non Paulus tuus meritò tecum conqueratur, si in alieno et infido jam portu eum reliquas, cum teipsum in optimo et tutissimo collocaris? Ego certè illius verbis tecum expostulare non dubitabo, si juvenem omnibus vel naturæ dotibus, vel doctrinæ præsidiis tua opera instructissimum, et planè talem qualem tu parentum votis expetendum proponis, fluctuantem jàm in philosophiæ portu reliqueris : quæ ne portus quidem jàm nomine digna sit : Sed ut de Tenedo dixit poëta :

Nunc tantùm sinus, et statione malefida carinis.

Atqui non nobis tantus iste in eo educando apparatus, nec præclara ista tua institutio, talem nobis promisit, qui præcepta tandem vivendi à philosophis peteret, aut qui animi securitatis causa in illorum portum confugere necesse haberet : sed qui vel principibus ipsis philosophorum, si jàm reviviscerent, novum et præstantiùs vivendi genus ostenderet, quo illi nunquàm aspirare potuerunt. Sapientiam autem et animi tranquillitatem longè aliam, et aliundĕ quam à philosophiæ præceptis petendam, tantò præstantiorem et diuturniorem ea quam philosophia promitteret, quantò humanis præstabiliora divina sunt. Quarè age, mi Sadolete, noli promisso tuo, in tali juvene instituendo satisfactum putare, si eum ad philosophiæ limites perduxeris, aut etiam ad philosophiam ipsam integram tradideris. Solvas indè oportet, neque unquàm defatigere, donec in sacrum eundem portum, in quo tu ipse summa cum animi tranquillitate vivis, illum perduxeris. Nec enim convenit tàm præstanti educationi, et illi quem omnium opinione, hæredem virtutis et sapientiæ tuæ es relicturus, in alio quàm quo ipse tabernaculum vitæ posueris, portu conquiescere. Hæc ad te verbosiùs scripsi, vel tuo imperio obsequutus, qui me etiam de illo tuo libro, quem satis admirari non poteram, quid sentirem ad te scribere voluisti, vel meo in sacras istas musas amori satisfaciens. Quas abs te illaudatas et tacitas præteriri, cùm reliquas omnes artes et disciplinas dignis præconiis ornaris, vix æquo animo spectabam. Vel etiam quòd Langæo nostro cujus liberis instituendis iste abs te labor præcipuè sumptus sit, hoc imprimis gratum fore non dubitabam, si quod in philosophia et reliquis artibus facis, ut singularum laudes attingendo ad earum studium adolescentum animos erigas, idem in theologia facere non neglexeris : in qua reliquæ omnes, ut in Oceano flumina, se immergere solent et debent. Et certè convenit, ut quæ teipsum maximè ornat, et in dies magis magisque ornatura est, cum de iis disciplinis sermo sit, quarum cognitio humanos animos colit et perficit : ejus laudem haudquaquàm silentio involvas : præsertim cùm ad Langæum scribas, quem scio, quotiès è negotiorum fluctibus, quibus in aula versantem jactari necesse est, emergere licet, in nullo libentiùs, quàm in theologiæ portu conquiescere. Sed tu meæ loquacitati ignosces, qui cum sanctè adjurare possim, me his quatuor annis non tantùm quidem latinè legisse, quantùm nunc ad te scripsi, theologorum libris avocatum, quos tamen in genere latinorum scriptorum non pono : in hanc insolitam latinè scribendi loquacitatem erupi. Sed ut loquendi tecum, sic etiam scribendi ad te, quo cum absente quasi loqui videor, dulcedo quædam me longiùs ultra epistolæ fines provexit. Cui tu pro tua humanitate ignoscas oportet. Nunc ad tua mandata venio. In quo eò brevior ero, quò pauciora mihi scribenda reliquerunt eorum litteræ, ad quos mihi mandata et litteras dedisti : quas jàm spero ad tuas rescriptas te habere. Omnes enim receperunt, post paucos dies, quibus id commodè facere possent, se tuæ voluntati esse satisfacturos. Bembi verò litteras cum his ad te mitto : quem eum Venetiis salutarem, eique tuas litteras unà cum libro darem, quantoperò delectaretur de te, et de tuis studiis audire, pro vestra conjunctissima necessitudine, faciliùs est tibi existimare, quàm mihi scribere. Veronensi verò pontifici, quem Veronæ salutavi, etiam tuas litteras tradidi : qui me unum diem apud se detinuit, cum nullus penè nobis sermo esset, nisi de te, et de tuis studiis : cùm sæpè se valdè dolere ostenderet, suavissima consuetudine tuâ propter locorum intervallum, quo disjuncti estis, se privari. Lazarum tuum Patavii offendi, cui etiam tuas litteras tradidi, cùm ad me salutatum humanissimè venisset. Omnes verò tibi de ista animi tranquillitate et otio gratulantur : ex quibus tàm præclaros fœtus oriri, et prodire in utilitatem publicam vident. Quæ ut tibi perpetua sint optant. Egoque imprimìs, qui non minùs præclaros sciam te jàm parturire, his qui à te jàm sunt in lucem editi, hoc idem optare non desinam, portumque felicissimum optari. Vale. Venetiis, IIII calend. novemb.

RÉPONSE DE SADOLET

A LA LETTRE DU CARDINAL POL.

Le cardinal Pol avait fait dans sa lettre, au système d'éducation de Sadolet, une objection qui, dans les idées du temps, ne manquait pas de gravité : à savoir, qu'il aurait dû ne pas s'arrêter à la philosophie, et conduire son élève à la théologie qui lui avait donné, à lui Sadolet, la paix de l'âme et la tranquillité. Sadolet répondit en décembre 1532. Nous donnons ici le texte latin de cette lettre et la traduction du passage qui contient la réponse de Sadolet à l'objection du cardinal Pol.

. . . .

. . . . Quant à l'objection que vous me faites de n'avoir pas réservé de place à la théologie dans l'énumération des beaux-arts que renferme une bonne éducation de l'adolescence, et d'avoir établi l'homme tout entier dans la philosophie, je la reçois, cher Pol, de telle sorte que j'approuve du fond du cœur la vertu de votre âme dans vos actions comme dans vos paroles, et votre volonté soumise à Dieu. Mais d'abord je n'ai rien dit nommément de la théologie, parce qu'elle est contenue dans le nom de philosophie; car la théologie est en quelque sorte, comme vous le savez vous-même, le sommet et le faîte de la philosophie. Puisque ce grand corps a comme plusieurs membres, ainsi qu'Aristote l'a clairement démontré, la partie qui traite de Dieu et de la cause première est censée presque la seule qui mérite le nom de philosophie. Quoique nos auteurs en aient traité autrement que ne l'ont fait les anciens, cependant je vois qu'elle est ainsi appelée par les hommes les plus savants et les plus saints, par Chrysostome, Basile *et les* autres. Ensuite, comme je ne conduis l'adolescent que jusqu'à l'âge de vingt-cinq ans révolus et que je le laisse après à son libre arbitre, il ne m'a pas paru convenable de mentionner avec plus de soin la théologie pour cet âge-là, puisque c'est un art, une science qui convient surtout à la vieillesse et aux années plus calmes. Que si des préceptes sont nécessaires à la jeunesse pour suivre la religion, comme ils le sont certainement, ils ont été enseignés dans ce livre, en tant qu'ils concernent l'adolescence. Enfin, comme dans *Hortensius* je dois traiter spécialement de la philosophie et la distinguer dans toutes ses parties, et comme il y sera proprement question de la théologie, je n'ai pas cru qu'il fût convenable d'effleurer auparavant dans ce livre l'ornement qu'en doit principalement tirer le dialogue d'*Hortensius*, puisqu'il ne sera que plus agréable, s'il arrive aux oreilles des hommes dans sa nouveauté et dans son intégrité. Voilà le motif de cette omission; je désire que vous l'approuviez, car j'ai certainement fait pour le mieux, et maintenant il serait difficile d'y faire quelque changement; il faudrait en opérer plusieurs dans ce livre, ou plutôt refaire dans un autre ordre le livre tout entier. Mais c'en est assez là-dessus.

. . . .

. . . . . . Carpentras, III des nones de décembre 1532.

Jac. Sadoletus, episc. Carp. Reginaldo Polo. S. P. D.

Illum primum cepi ex litteris tuis fructum, quod cognovi ex his manu tua scriptis, te valetudine bona jàm uti : de qua ad me fueram meherculè aliquot anteà diebus non parùm sollicitus, cùm Thomas tuus Avenione scripsisset, te in eum morbum quo hìc laborabas, Venetiis denuò incidisse : nunc tuæ mihi peroptatæ litteræ omnem mihi hujusmodi de te metum et sollicitudinem meam penitùs absterserunt. Confido enim (quæ tua temperantia est) hunc nuncium valetudinis tuæ, et lætitiam quam nos ex eo capimus, diuturnam nobis fore. Alter autem fructus ex tuis litteris non tàm fortassè necessarius, quàm hìc de quo dixi, sed certè ad voluptatem animi aliquandò uberior : quòd quantùm tu me ames, et quàm de me honorificè sentias, ex eisdem planè litteris perspexi. Etiam meherculè cujusmodi tu sis, quàm doctus, quàm humanus, quàm elegans, quàm dignus qui ab omnibus his ameris atque colaris, qui virtutem, et comitatem, et optimum sibi morem esse colendum putent. Sed quæ tu ad me de meipso scribis, in quibus judicium tuum est de me cum singulari benevolentia conjunctum : omnia sunt ejusmodi, ut cuivis intuenti facilè appareat, amantis illa esse hominis magis, quàm judicantis. Etsi enim tu hac ingenii quoque, et sapientiæ laude mirificè ornatus es ut possis commodè judicare de altero : tamen id quoque tibi esse impedimento, quod plurimis officit, ut amore inductus, amici bona cariùs æstimes, quàm quanti illa sunt, minimè mirandum est : præsertìm cùm naturæ humanitatem habeas ingenio et prudentia non inferiorem. Mihi quidem, cùm ea quæ mihi tribuis, non continuò agnoscenda esse videantur, libenter illa refero et converto ad amorem : quo sanè dùm charus tibi jucundusque sim, satis tuo judicio me ornatum esse puto. Non enim mediocris est operæ, neque virtutis, tali viro qualis es tu, tantoperè placere. De te verò, mi doctissime atque humanissime Pole, si ea dixero quæ sentio, nunquid tu illa certo judicio ac benevolentiæ in te meæ es adscripturus? Utinàm quidem possem verbis omnia complecti, quæ mihi de te in animo insita, penitùsque affixa sunt : non vererer nimiùm amantis suspicionem. Sed si hoc non queo, quod meos eloquendi, exprimendique conatus, tuorum ornamentorum copia obruit : illud quidem dicam quod in promptu

est : usquè eò me aspectu, sermone, sanctissimis tuis illis et mo-
destissimis moribus, fuisse captum : ut nunquàm posteà mihi ex
animo nostri illius congressus memoria exciderit. Quanquam enim
perspiciendi tui penitùs, ac fruendi exigua mihi potestas fuit facta,
propter subitum à nobis discessum tuum, qui mihi mœroris non
minùs reliquit, quàm tuus lætitiæ adventus tulerat : tamen vitæ
cursum tuæ mecum ipse considerans, et summorum hominum
testimonia, quæ tibi sæpè egregia apud me ab illis data sunt, cogitatione mea repetens, quibus præsertìm testimoniis brevis illa
mecum congressio tua apprimè fidem fecisset : talem te in animo
gerere cœpi, qualis profectò tu es. Neque aliter statuere potueram,
quàm eum, qui et nobilitate domi, et fortuna amplissimus, cognatos, familiareis, patriamque reliquisset : et cùm flagraret studio
atque amore artium optimarum, ex ultimis orbis terrarum regionibus illarum adipiscendarum causa in Italiam se contulisset :
ibìque annos complures còmmoratus, ità se dedisset familiarita-
tibus amicitiisque doctissimorum ac præstantissimerum hominum,
ut illorum omnium judicio imprimìs dignus ipse haberetur, quem
et propter fidem atque integritatem vitæ venerarentur omnes, et
propter ingenium doctrìnamque colerent : hunc ego (inquam) existimare alium non poteram, quàm summum et singularem virum :
hominemque ejusmodi, cui nos ista qui pendimus et judicare aliquid possumus, non benevolentiam modò, aut honorem tacitum,
sed omnia cultus et officii aperta et perspicua studia deberemus.
Accesserunt litteræ tuæ præclaræ testes ornamentorum tuorum,
atque amoris summi erga me tui : quæ me totum tibi addixerunt.
Quàm illæ humaniter scriptæ? quàm eleganter? quàm argutè?
Nihil ut ingenii luminibus his quæ in eis plurima elucent, nihil ut
præclara effigie pietatis tuæ, ac religionis erga summum Deum,
quæ in illis expressa est, fieri possit illustrius. Et tamen tu is cùm
sis, qui alicujus domum ingressus, intrò tecum feras lætitiam
hospiti tuo atque honorem : agis mihi per litteras gratias quòd te
domi meæ libenter acceperim. Quasi non maximo mihi ornamento
fuerit adventus tuus, et voluptati sermo atque congressus. Aut tu
plus ex me, quàm ego ex te, et ex sermonibus tuis, adeptus fueris
et suavitatis, et commodi. Ast ego tuum illud consilium fidele et
sapiens nunquàm è memoria depono : cum tu mihi dubitandi,
quodnam genus potissimum sequi studiorum deberem, et quorum
auctoritati atque opinionibus assentiri : quòd erant, qui alia mihi

studia quædam, et diversas scribendi rationes proponerent : fiden-
ter et promptè consuluisti, ut ea præcipuè sectarer studia, quorum
fructus in hac vita non solùm, sed in omni æternitate integri manere possent. Quo ego responso maximè adductus sum, ut me litteris sacris totum dedendum putarem, ad quas eram jàm quidem
sponte mea propensior. Simulque integritatem, et virtutem et religionem tuam admiratus sum. Qui cùm inter eos homines diù
versatus esses, quibus hæc studia minùs probantur : atque eis
artibus ipse instructus quorum videtur lepos, eruditio, elegantia,
ab his rudioribus (ut existimatur) studiis abhorrere : bonitate tamen naturæ, et ingenii vi, ac cæteris, anteponenda studia duce-
res : quæ non præsentem modò suavitatem, sed multò magìs rationem perpetuæ utilitatis habeant. Sed quid ago : majoris ista sunt
operæ et temporis longioris quàm ut una epistola comprehendi
possint. Veniamus ad litteras. In quibus quòd scribis, librum meum
in via tibi pro vehiculo fuisse, valdè medius fidius id lætor; quòd-
que eum probas ac laudas mihi vehementer gratum (quid enim
dissimulare est opus). Sed illud gratius tamen est, quòd ex illo te
intelligo memoriam et cogitationem mei crebriùs aliquantò et diligentiùs usurpasse : quo nihil mihi quidem accidere potest opta-
tius. Mandata mea, quæ abeunti tibi dederam, diligenter te confecisse, neque miror (novi enim fidem et integritatem tuam) et te
de ea re plurimùm deamo. Accepi jàm quidem à Bembo meo litteras, cùm uberes ad ea quæ ab eo requirebam, imprimìsque et
elegantes et eruditas tùm omnibus refertas officii ac benevolentiæ
signis. Expostulationem tuam qua uteris mecum, quòd locum theologiæ in enumeratione earum artium, quibus recta institutio adolescentiæ continetur, nullum dederim, sed in philosophia totum
hominem constituerim : sic accipio, mi Pole, ut in omnibus tuis
dictis atque factis tua animi virtus, et Deo dedita voluntas vehementer mihi probetur. Sed ego primùm nominatim de theologia nihil
dixi, quòd eo in philosophiæ nomine continetur. Etenim theologia
(ut ipse nosti), apex quodammodò philosophiæ, et fastigium. Cujus
tanquàm magni cujusdam corporis, cùm plura membra sint, ut
ab Aristotele est perspicuè demonstratum : illa quæ de Deo pars,
et de principe causa pertractat, sola propè digna est quæ philosophiæ nomine censeatur. Quæ etsi aliter ferè tractata à nostris est,
ac veteribus fuit : eam tamen philosophiam nunc appellari video
à doctissimis et sanctissimis viris, Chrysostomo, Basilio, cæterisque.

Deindè cum adolescentem sic institutum, ut eum duntaxat deducam ad annum ætatis quintum suprà vigesimum, post id autem suo eum arbitrio permittam : non visum mihi fuit convenire, accuratius ad ætatem illam de theologia verba facere : cùm hæc ars una atque scientia senectuti maximè et sedatioribus annis apta sit. Etsi præcepta suscipiendæ religionis necessaria etiam juventæ sunt, quemadmodum utique sunt ; satis illa à me in eo libro, quatenùs quidem ad adolescentiam pertinet, sint tradita. Postremò cùm in *Hortensio* distinctiùs de philosophia acturus sim, eamque in suas partes omnes distributurus, veluti de qua propriùs ibi sermo habendus est : non duxi ejus dialogi ornamentum, quod in laudatione theologiæ vel præcipuum futurum est; in hoc priùs libro delibari convenire : cùm id jucundius tùm futurum sit, si ad hominum aures novum atque integrum accedat. Habes rationem ejus prætermissionis meæ, quam tibi cupio probatam esse. Certè enim ego quod judicavi esse congruentius, id secutus sum. Et nunc quidem perdifficilis foret commutatio. Plura enim mihi invertenda in eo libro, vel totus potiùs liber alio ordine pertexendus esset. Verùm de his satis. Te amari à me mirificè, et coli, valdè tibi persuasum esse volo : neque me magis appetere quicquam, quàm ut meæ ergà te voluntati tua mutuò voluntas in me amando respondeat. Vale. III nonas decembris M. D. XXXII, Carpentoracti.

LETTRE

DE PIERRE BEMBO

RELATIVE

AU TRAITÉ D'ÉDUCATION DE SADOLET.

Pierre Bembo à Jacques Sadolet.

J'ai lu avec beaucoup de plaisir votre livre sur la manière de bien élever les enfants, que Reginald Pol m'a remis à Venise. J'ai reconnu que vous avez en l'écrivant complétement rempli les fonctions et les devoirs d'un homme très-distingué comme savant, comme orateur et comme philosophe. En effet, dans cet écrit vous avez répandu tant de grâce dans les menus préceptes, comme il y en a beaucoup qui conviennent au premier âge; vous montrez pour l'enfance tant de sollicitude, et dans tout le reste tant de science, tant de dignité; vous avez tellement embelli ces qualités de toutes les couleurs et de l'éclat de l'art, qu'on ne peut rien voir de plus beau, de plus estimable, de plus judicieux. Vous avez pris aux écrivains grecs beaucoup de choses qui ont facilement passé chez vous; mais vous les avez tellement améliorées, qu'elles ne semblent pas moins maintenant vous appartenir qu'à eux-mêmes. Vous avez emprunté peu aux Latins, car il y avait peu de choses remarquables à prendre, excepté ces passages de Térence que vous avez rappelés avec beaucoup d'à-propos. Je ne pense pas qu'il y ait personne qui lise désormais Pierre-Paul Vergerius, qui a écrit un livre presque sur le même sujet que vous; car l'éloquence qui convient à cet âge n'a pas d'ordre déterminé; elle ne comporte pas de propositions, de divisions, ni beaucoup de science. Votre méthode, au contraire, les points principaux du sujet que vous aviez à traiter, leurs divisions, leur répétition faite en son lieu, avec quelle sagesse, avec quelle science tout cela a été conduit! Que de maximes et de préceptes! et avec quelle dignité du discours! Enfin sur un sujet si humble et presque stérile, et dans un rôle conforme au sujet, de combien de choses ne traitez-vous pas avec abondance et subtilité! Et les choses que vous embrassez apportent non-seulement avec elles de la fécondité, de la variété, mais encore et surtout une gravité soutenue. Et ce perpétuel entretien poursuivi sans interruption entre vous et Paul, le fils de votre frère, comme il est convenable, comme il est charmant! C'est pourquoi je vous félicite de cet opuscule; j'aime mieux dire ce mot que celui de travail; car je sais avec quelle facilité, avec quelle célérité vous avez coutume d'écrire, et cependant combien il est impossible aux autres hommes, avec du travail et du temps, de vous atteindre et de vous égaler. Je vous félicite même d'autant plus d'avoir écrit ce livre délicieux, que probablement ce n'est pas sans la volonté des dieux immortels que vous avez cru devoir le terminer avant celui d'*Hortensius*. Il sera comme le vestibule de l'édifice pour servir aux apprêts de ceux qui doivent être admis dans la chambre nuptiale, dans le sanctuaire de la philosophie. Aussi bien, puisque vous m'écrivez que vous attendez de moi, en le lisant, des secours et non des éloges, et que c'est pour cela qu'avant de l'imprimer vous me l'avez envoyé, afin que, les fautes étant corrigées, le livre soit plus beau et plus achevé; je reconnais là votre grande amitié et l'opinion très-honorable que vous avez de moi. Je sais bien que dans l'une je n'ai pas de déception; c'est à vous de prendre garde de ne pas en avoir dans l'autre. Au reste, je le dis de très-bonne foi et avec assurance, votre livre est tel, qu'il me semble devoir vous mériter certainement auprès de tous les hommes et de toute la postérité une rare réputation de science et d'intégrité. J'ai fait pourtant ce que vous m'avez demandé; j'ai noté certains passages, vous jugerez du cas que vous devez en faire. J'ai écrit ces notes sur une petite page qui accompagne cette lettre [1], non pas tant parce que je les croyais nécessaires, que pour vous montrer que j'ai lu le livre avec attention.

Quant à ce que vous m'écrivez d'envoyer le livre à Hercule de Gonzague et à Jean-François Pic, s'ils le demandent, et de le donner à copier à d'autres, si cela me semble bon; pour moi, je ne souffrirai pas qu'il soit connu du public avant que vous m'ayez répondu relativement aux changements que vous voulez faire dans les endroits où je vous ai marqué, sur cette petite page, ce que je pensais. En attendant, je ne laisserai pas de le soumettre, comme vous le demandez, à l'appréciation des docteurs, et je le ferai lire à Lampridius, dont j'estime au plus haut degré le sens et le jugement; car il vous importe de le permettre, soit parce qu'il s'occupe assidûment d'études oratoires, soit parce qu'il s'adonne plus assidûment encore à la philosophie. Notre ami Lazare l'a déjà lu. Je le lui ai prêté pendant que j'étais à Venise, et que je ne jouissais pas d'une bonne santé, ce qui a fait que je vous ai répondu plus tard que je ne voulais.

Je finirais là de vous écrire au sujet de votre livre, si je ne voulais ajouter une seule chose : autant j'ai lu avec le plus vif intérêt chacune de ces parties, autant j'ai été incroyablement enchanté de la dédicace que vous en avez faite à du Bellay. Elle est si bien liée avec tout l'ouvrage, elle y est si bien assortie; elle est exprimée en si belles paroles, et, ce qui est l'essentiel, elle est si prudente et si grave, qu'il n'y a absolument rien au-dessus. Je reviens donc à ce que je vous ai dit plus haut, je vous réitère mes félicitations pour ce livre; car j'ai la confiance qu'il n'ajoutera pas peu d'honneur et de gloire

____

[1] Cette page ne se trouve pas dans la collection des lettres de Pierre Bembo.

à votre ancienne réputation, à l'opinion qu'on a de votre science, de votre jugement et surtout de votre probité, opinion qui est certes depuis longtemps très-grande et très-considérable.

Ce qui me reste à dire, c'est que Pol m'a beaucoup parlé de vous, de vos écrits que vous avez maintenant en main et même de votre *Hortensius;* et, à ce propos, la conversation étant tombée sur vos commentaires des épitres de saint Paul, il m'a dit que vous lui aviez demandé auquel de ces deux genres il pensait que vous deviez travailler de préférence, et qu'il vous avait répondu : A saint Paul. Pour moi, je ne suis pas de cet avis. Il est pour vous de la dernière importance d'achever le dialogue d'*Hortensius,* car ayant fait un premier livre qui a excité chez les hommes une grande attente pour ces sortes d'écrits, si vous la prolongez pendant tant d'années, et que vous ne la remplissiez pas, ayant surtout beaucoup de loisir, prenez garde qu'on ne vous fasse moins de concession que si, n'ayant encore rien produit dans ce genre, on n'attendait rien de vous. Mais vous verrez. Pol passera l'hiver à Venise. Il compte venir ensuite à Padoue. S'il y vient, j'en serai charmé, et je lui rendrai tous mes devoirs. Marc-Antoine Michel vous fait bien ses salutations. Adieu, mon excellent et très-cher Sadolet; encore une fois adieu.

Le 7 des calendes de novembre 1532, à Padoue.

Petrus Bembus Sadoleto episcopo. S. P. D..

Librum de rectè instituendis liberis tuum, à Reginaldo Polo mihi
Venetiis redditum, legi magna cum voluptate. Cognovi enim te in
eo præscribendo, sanè omnia præstitisse summi et doctoris, et ora-
toris et philosophi hominis officia, atque partes. Nam et in tenuibus
præceptis, ut sunt multa ætatis primæ tempori consentanea, ama-
bilitatem, et in puerilibus diligentiam, in reliquis cùm doctrinam,
tùm dignitatem, ità tuis scriptis aspersisti, easque virtutes omnibus
artis coloribus atque luminibus perpolitas reddidisti, nihil ut fieri
possit splendidius, probatius, consideratius. Multùm græcis scriptoribus sumpsisti, quæ percommodè in tuam migraverunt; sed ea
omnia tanto intervallo fecisti meliora, ut jàm non minùs tua esse,
quàm illorum videantur. De Latinis perpauca. Neque enim erit
præclarum quippiam ferè quod sumeres, præter illa Terentiana,
de quibus quidem aptissimè meministi. Nàm Petrum Paulum Ver-
gerium qui eadem propè qua tu, de re librum conscripsit, posthàc
qui legat, neminem futurum esse arbitror. Est enim nullo ordine,
nulla propositione, nullis partibus, doctrinà non multa, eloquentia,
quam illa ætas tulit. Tuus verò ordo, tua rerum, quibus de rebus
dicendum erat, capita, tùm eorum partes, ac sua facta loco repeti-
tio, quàm prudenter, quàm doctè singula! Quanto monitorum et
sententiarum, quanta orationis cum dignitate! Quàm multo denique
in humili et propè jejuno scriptionis argumento, atque persona,
copiosè subtiliterque tractas! eoque complecteris, quæ maximam
secum afferant cùm ubertatem et varietatem, tùm verò etiam atque
imprimis quidem gravitatem atque constantiam. Quid etiam perpetua illa atque continens, cum Paulo fratris tui filio, tecumque
illius colloquutio, quàm apposita, quàm suavis! Itaque gratulor
lucubratiunculæ isti tuæ : sic enim malo dicere, quàm labori. Scio
enim quàm facilè, quàmque celeriter soleas conscribere; sed tamen
quam nullus aliorum hominum in scribendo, vel labor, vel mora
consequi, et æquare possit. Eòquè magis etiam gratulor, quòd
quemadmodùm ipse tuo in libro suavissimè scripsisti, non sine
deorum immortalium fortassè numine, hunc te librum ante *Horten-*
sium confecisse. Erit hoc illius ædificationis quoddam quasi atrio-
lum, in quo se appareat ii, qui intimos philosophiæ thalamos atque
adyta erunt admittendi. Quare quòd scribis, in eo à me legendo libro

opem te expectare, non laudem ; eaque te causa antequàm ederes, ad me misisse, ut sublatis erroribus, liber splendidior et limatior prodeat ; agnosco in eo et amorem summum erga me, et judicium honestissimum de mea tuum , quorum in altero , me non decipi ego certò scio : in altero , ipse ne decipiare, tua cautio est. Quamquàm quæ dico, summa fide constantiaque dico, librum istum tuum ejusmodi esse, singularem ut tibi cùm doctrinæ, tùm integritatis laudem apud omnes homines, omnemque posteritatem, planè allaturus videatur. Feci tamen quod petiisti, notavique aliqua, quæ quanti faciendæ sint, statues ipse. Nam ego non tàm quidem quòd necesse esse ducerem, quàm ut scires tuum me librum diligenter perlegisse, ea in pagellam contuli, quæ erit cum his litteris. Quòd autem scribis ut tuum librum mittam cùm Herculi Gonzagæ , tùm etiam Joanni Francisco Pico, si petierint, aut etiam aliisdem , si videbitur, describendum , ego verò exire illum in vulgus non patiar, quoad tu mihi rescripseris, velisne quid ejus mutari propter eos locos, de quibus id pagella scripsi quid sentirem. Neque tamen non intereà de eo doctorum judicia exquiram, ut postulas, daboque Lampridio legendum, cujus ego sensus atque judicium facio meherculè plurimi. Est enim cùm oratoriis in studiis sanè frequens, tùm in philosophia etiam frequentior, acri ipse præstantique ingenio, et doctrina propè singulari, cui rectè permittas tua. Lazarus quidem noster librum etiam legit, præbente me, dùm Venetiis non bona valetudine uterer, quæ res fecit, ut tibi tardiùs rescriberem quàm volebam. Sed de tuo libro finem faciam scribendi, si unum priùs addidero : me cùm singulæ ejus partes libentissimè tenuerunt, valdè enim mihi probabantur, tùm verò sum præmio illo tuo, librique ad Bellaium missione incredibiliter sum delectatus. Est enim toti rei ità conjuncta, ita decens, ità verbis illustribus declarata, ita etiam , quod caput est, et prudens et gravis, ut omninò nihil suprà. Redeo igitur ad illud quod superiùs dixi, ut tibi de eo etiam etiamque gratulor. Confido enim ex illo non parùm laudis et gloriæ, tuæ pristinæ dignitati, hominumque de tua doctrina, tuoque judicio, atque inprimis probitate opinioni, quæ quidem certè maxima jampridem amplissimaque est, accessurum. Quod reliquum est, multa mecum Polus de te, de tuis scriptis, quæ habes nunc quidem in manibus, de Hortensio etiam tuo; de quo, de Pauli epistolis interpretandis cùm esset sermo inter nos, ut aiebat, institutus, quòd tibi ille quærenti, in utro potissimum scriptionis genere tuam tibi operam esse ponendam existimaret, in Paulo responderit, sanè non probo. Confici enim illum abs te dialogum quàm primùm, tua interesse valdè puto. Nàm quòd magnam eis de libris, priore confecto libro, hominum expectationem excitasti, tot jàm illam annos cùm differas, neque expleas, magnum præsertîm nactus ocium, vide ne hoc aliquantò tibi minùs concedatur, quàm si nihi jàm ejus confecisses, nihil abs te homines expectarent. Sed de eo tu videris. Polus quidem ipse Venetiis hiemem conficiet. Patavium deindè cogitat. Quò si veniet, erit mihi gratum, complectarque hominem omnibus officiis. Marcus Antonius Michael, tibi salutem plurimam dici. Tu, mi optime optatissimeque Sadolete, etiam atque etiam, vale. Septimo calend. novem. 1532. Patavio.

Ex epistolis Petri Bembi Argentoracti Lazari Zetznevi, 1609.

LETTRE
DE PIERRE BEMBO A SADOLET
RELATIVE
A LEUR AMITIÉ.

On ne lira pas sans intérêt la lettre suivante, qui offre un touchant témoignage de l'inaltérable affection qui unit pendant toute leur vie Sadolet et Pierre Bembo.

Pierre Bembo à Jacques Sadolet, évêque à Carpentras.

J'ai chargé Antoine Damasius, qui retourne auprès de ses parents et que vous m'aviez recommandé dans votre lettre, de vous instruire de ma position, si vous le lui demandiez, car il est venu fréquemment chez moi, et chez les miens plus souvent encore. C'est un jeune homme d'un caractère bouillant, plein d'ardeur pour toutes les études, et de plus, humain, facile et tout à fait aimable. Je vous remercie de me l'avoir adressé et de m'avoir conseillé de le prendre en amitié. Il ne m'a été à charge en rien. Plût à Dieu qu'il lui fût arrivé de pouvoir mieux reconnaître toute ma bonne volonté pour vous ! Mais il l'a reconnue cependant ; car, à mon grand plaisir, il a été question de vous dans nos nombreux entretiens, qui nous ont très-agréablement prouvé, à lui, combien je vous aime, et à moi, combien là-bas vous êtes aimé, vénéré de tout le monde. A la vérité, je n'avais en cela besoin d'aucun témoignage, moi qui dès vos plus jeunes ans ai connu, aimé, recherché votre personne, l'intégrité et presque la sainteté de votre vie[1]. J'étais encore un jeune homme et vous un adolescent, moins âgé que moi de quelques années, quand je m'attachai à vous d'une incroyable affection, et vous aussi, vous m'aimiez. Cette amitié, cette mutuelle inclination de nos volontés, non-seulement nous n'avons jamais cessé l'un et l'autre de l'entretenir, mais encore de l'augmenter par une infinité de bons offices et par l'intimité. Enfin, notre qualité de collègues dans la fonction considérable que nous remplissions ensemble sous le pontificat de Léon X, un commerce presque de tous les jours, nos études tout à fait communes, nos lettres, tout cela l'a tellement accrue, qu'il ne peut rien y avoir de plus uni que nous deux. Puisqu'il en est ainsi, puisque dans la pratique de cette ancienne amitié, moi je suis déjà devenu vieux, et que vous n'êtes pas fort éloigné de la vieillesse, une seule chose nous manque, ce me semble, pour que nous en goûtions toutes les délices, c'est le rapprochement des lieux comme celui de nos cœurs. Nous sommes, en effet, trop éloignés, trop séparés par la distance pour qu'il me reste l'espoir d'aller chez vous, comme j'ai souvent désiré de pouvoir le faire, et pour qu'il me semble possible qu'on vous donne un suffisant motif de retourner en Italie, parce que les Souverains Pontifes sont loin d'estimer autant qu'il faudrait le faire, les hommes les plus éminents par leur science et par leurs mœurs, les plus illustres par toutes leurs vertus. Mais puisque ce besoin que vous avez, je n'en doute pas, comme moi, de nous visiter l'un l'autre, de nous trouver ensemble, peut être beaucoup apaisé par un échange de lettres, comme vous me l'avez un jour délicieusement écrit, jouissons assidûment de l'avantage que

---

[1] Même pendant sa jeunesse, à l'âge où les passions sont le plus bouillantes, Sadolet se fit remarquer par la gravité de ses mœurs, et les vers que Ménage met dans la bouche d'une certaine Imperia ne prouvent absolument rien contre le témoignage unanime de tous ses contemporains.

(*Note du traducteur.*)

nous offre l'écriture de diminuer notre peine, et diminuons-la par la fréquence de nos lettres. J'ai la confiance que vous le ferez, comme de mon côté je vous promets de ne me livrer plus volontiers à aucun genre d'écrire que dans mes lettres pour vous. Mais je ne sais comment, pour vous parler de cela, notre entretien commencé sur Antoine Damasius, s'est prolongé par l'abondance de mon affection, plutôt que par celle du temps, dont je n'ai certainement pas de reste; car je suis, comme vous savez, fort occupé. J'ai écrit déjà près de trois livres de l'histoire de Venise, sans compter les embarras de mes affaires domestiques qui souvent m'empêchent d'écrire. Mais qu'y faire? Voilà la vie. Vous faites tantôt ce qui vous plaît, tantôt même ce qui ne vous plaît pas. J'apprends que vous avez là-bas un autre neveu pour le former aux études de la philosophie. Heureux maître! Heureux cet autre disciple que les dieux ont regardé d'un œil favorable! Adieu. Le 7 des calendes de mai 1533, à Padoue.

Petrus Bembo Sadoleto episcopo. S. P. D.

Revertenti ad suos Antonio Damascio, quem mihi per litteras commendaveras, mandavi ut te de meo statu, si quid peteres, erudiret. Mecum enim fuit sanè frequens, cum meis etiam frequentior : adolescens ingenio fervido et ad omnia quibus se det, addiscenda, sanè peracri, humano prætereà et comi planèque amabili : ut tibi gratias agam, qui mihi illum tradidisti, atque ut in familiaritatem meam susciperem, autor fuisti. Is mihi oneri nulla in se fuit. Utinàm fuisset ut clariùs meam ergo te voluntatem perspicere potuisset! Sed perspexit tamen. Multi enim de te habiti, summa cum mea voluptate, inter nos sermones; et ego quàm te amem illi et quàm tu omnibus ab hominibus et colaris et ameris istis locis, fidem mihi jucundissimam fecerunt. Tametsi testibus quidem ea in re nihil indigebam, qui te, moresque suavissimos tuos, et vitæ integritatem, ac propè sanctitatem ab ineunte tua ætate agnoverim, dilexerim; expetiverim. Juvenis enim admodùm cùm essem, te adolescentem incredibili benevolentia complexus sum, annis aliquot me ipso minorem, neque tu me non adamavisti. Qui quidem certè amor propensioque mutua voluntatum, non solùm posteà nunquàm est coli desita ab utroque nostrum, sed aucta etiam officiis innumerabilibus, necessitudineque vitæ, collegio demùm in Leonis decimi pontificatu clari muneris, ac propè quotidiano convictu, tùm studiis planè communibus, litterisque nostris ità crevit, ut nihil possit esse nobis duobus conjunctius. Quod cùm ità se habeat, atque in hoc nostro perveteris amicitiæ instituto ego jàm senes factus sim, tu non multùm absis à senectute; unum, ut video nobis deest ad plenam ex eo suavitatem percipiendam, locorum scilicet, ut animorum conjunctio. Nimis enim semoti atque discreti regionibus sumus, ut neque mihi ad te veniendi, quod sæpè possè facere concupivi, spes ulla jàm sit reliqua; neque tibi in Italiam revertendi causa posse dari satis apta videatur; quòd Pontifices Maximi, doctrina et moribus præstantissimos viros, clarissimosque omnibus virtutibus homines, non tanti omninò quanti opporteret, faciunt. Sed quoniam hos quoque desiderium, quod commune tibi mecum esse non dubito, visendi alterum, congrediendique unà, ut tu olim ad me in quadam epistola suavissimè scripsisti, litteris mittendis leniri multùm potest,

fruamur sedulò scriptionis munere ad hanc molestiam minuendam,
et crebritate nos litterarum minuamus. Quod et te facturum confido,
et de me facturum polliceor, ut nullo scribendi genere tàm libenter
sim usurus, quàm ad te. Sed nescio quo pacto ad hæc commemo-
randa, de Antonio sermo nobis instituta, defluxit, amoris abun-
dantia potiùs quàm temporis, quod mihi planè non superest : oc-
cupor enim, ut scis. Conscripsi autem tres jàm propè libros rerum
Venetiarum. Neque tamen non impedior domesticis etiam rebus,
quæ me à scribendo sæpè revocant. Sed quid agas? Sic vivitur :
quodlibet, quodque non libet etiam facias. Audio te alium fratris
filium isthic habere, quem in philosophiæ studiis item instituas,
miro ingenio, alacritateque discendi. O te magistrum planè felicem,
et illum alterum jàm discipulum, quem dii respexerunt. Vale. Septimo calend. maias 1533, Patavio.

NOTES

EXPLICATIVES ET JUSTIFICATIVES.

Note (1), page 15.

Antoine Florebelli, que le père Albi appelle l'évêque Florebeau
et *Ciaconius, episcopus Lavellensis in Apulia* (évêque de Lavello
dans la Pouille), était de Modène, comme Sadolet. Il vécut longtemps dans l'intimité de ce célèbre cardinal. Dans le volume qui
renferme les œuvres choisies de Sadolet, et qui porte la date de
Moguntiæ (Mayence) MDCVII, sont insérés trois discours de Florebelli : 1° *De auctoritate Ecclesiæ ad Sadoletum;* 2° *Ad Germanos
oratio de Concordia;* 3° *Ad Philippum et Mariam reges de resti-
tuta in Anglia religione.*

Dans le même recueil se trouvent deux lettres de Sadolet à Florebelli qui font connaître toute l'estime et l'affection de ce grand
homme pour son futur biographe, qui paraît lui avoir servi longtemps de secrétaire. Il lui exprime qu'il a toujours fait grand cas
de ses talents, de sa science et de sa probité. *De tuo ingenio,* lui
écrit-il, *doctrina, probitate singulare judicium semper feci.* Je
veux, ajoute-t-il, que vous soyez persuadé que non-seulement vous
devez partager mon intimité et ma familiarité, mais encore toute ma
bonne ou ma mauvaise fortune, *te in omnis fortunæ, tùm bonæ,
tùm dubiæ, societatem vocari.*

A propos du discours que Florebelli lui avait adressé, probablement celui qu'il lui a dédié sous le titre de *De auctoritate Ecclesiæ,*
Sadolet lui dit qu'il l'a lu avec un extrème plaisir, qu'il est écrit
d'un style riche et abondant, *ornatè atque amplè scripta.* « Conti-

nuez, dit-il, à répondre à nos espérances et à devenir un sujet de gloire pour notre commune patrie... De même que je m'intéresse à vous comme à un fils, de même j'applaudis à votre gloire comme si je pensais en avoir ma part. »

L'extrait suivant d'une lettre de Sadolet à son ami Pierre Bembo confirme ce que nous venons de dire des sentiments de Sadolet à l'égard de Florebelli :

« Florebellum meum, *dit-il*, tàm humanè à te, tàmque libera-
» liter tractatum, gratissimum mihi est. Ego illum juvenem non
» mediocriter diligo : summaque spe sum, fore eum huic seculo et
» suis temporibus ornamento. In quo tua quoque laus non minima
» futura est, quod ex domo tua, atque ex disciplina, tale ingenium
» prodeat. Is maximos tibi sæpe numero apud me per literas agit
» gratias. Quare eum tibi ne commendo quidem, video minimè esse
» id necesse. Hoc te scire volo : quicquid in eum comitatis et bene-
» volentiæ tuæ consuleris, id me existimaturum in me abs te colla-
» tum esse. » Carp. vi idus septemb. 1539, lib. XII, epist. xxi.

Note (2), page 18.

Dans le recueil précité des œuvres de Sadolet se trouvent le poëme des *Curtius* et celui de *Laocoon*. Voici à quelle occasion fut, dit-on, composé ce dernier poëme. Sadolet était secrétaire de Léon X lorsqu'on découvrit l'original de ce groupe célèbre, dont la reproduction orne depuis longtemps tous les musées de l'Europe. La vue de ce chef-d'œuvre inspira la muse du jeune poëte ; et ce fut dans une des salles du Vatican, devant le Laocoon, couronné de lauriers, que Sadolet récita ses vers à Léon X.

Le Pape fut si content du poëme, que le lendemain à son réveil Sadolet reçut, en témoignage de la satisfaction du Souverain Pontife, un beau manuscrit de Platon. Voyez Audin, *Histoire de Calvin*, t. i, p. 276 et suivantes.

Note (3), page 20.

Sed si ego in omni vita præcipuum comitem mearum actionum, consiliorum, voluntatum, pudorem semper esse volui; nihilque mibi fuit antiquius, quàm eum retinere perdiligenter, in quo ornamentum totius vitæ mihi decrevi esse positum patieris tu, etc..... lib. VII, epist. v, calend. octob. 1529. Sadolet, Benedicto Accolto cardinali. — L'éloge que Sadolet fait de la pudeur dans son *Traité d'éducation* est une des parties les mieux traitées de cet ouvrage. La peinture de cette affection de l'âme y est admirablement touchée.

Note (4), page 24.

Le traitement de Sadolet, comme secrétaire de Léon X, était de trois cents écus d'or, somme qui ne pouvait guère suffire aux dépenses qu'il était obligé de faire dans sa haute position, et pour satisfaire en outre ses goûts coûteux pour les manuscrits grecs et latins, pour les objets d'art et d'antiquité qu'on découvrait alors de temps en temps. Les juifs, qui étaient à l'affût de ces découvertes, ne manquaient pas d'exploiter la passion du jeune savant pour l'antiquité, et lui vendaient au poids de l'or ces objets rares et pour lui sans prix. Comme il était d'ailleurs d'une délicatesse et d'un désintéressement à toute épreuve, il se trouvait dans une gêne extrême quand le Souverain Pontife ne lui payait pas exactement sa pension, ce qui arrivait quelquefois. Un jour, son ami Bembo, qui était en même temps son collègue, dit à Léon X : « Votre Sainteté ne donne rien à Sadolet, et il n'a pas une robe à mettre. » Voy. AUDIN, *Histoire de Calvin*, t. I, p. 276 et suiv.

Note (5), page 33.

Les Gibelins entrèrent en armes dans la ville de Rome, ils pillèrent tous les meubles du Vatican et de l'église Saint-Pierre. Le Pape s'était sauvé dans le château Saint-Ange ; il y'fut garanti de leur fureur par l'arrivée de la faction des Guelfes, qui les força de se retirer. Mais en même temps l'armée impériale, ayant pris de vive force et saccagé la ville, assiégea le Pape dans le château, le prit et le tint prisonnier six mois durant, lui donnant, dit le père Albi, un long loisir de se repentir d'avoir plus aimé Sadolet que ses sages conseils. Voy. **ALBI**, *Vies des cardinaux illustres*.

Note (6), page 37.

Il paraît que les juifs, qui dans les autres contrées de l'Europe étaient alors en butte à toutes sortes de persécutions et d'avanies, jouissaient au contraire dans le Comtat Venaissin de nombreux priviléges, qu'ils avaient acquis en corrompant de leur or les autorités papales. Non-seulement ils pouvaient, comme les chrétiens, devenir propriétaires de biens-fonds ; mais, ayant en quelque sorte le monopole du commerce et de l'argent, ils pouvaient pratiquer l'usure de manière à ruiner leurs débiteurs. Ils avaient le droit, et ils en usaient sans merci, de les exproprier, de les incarcérer. De nombreuses familles, réduites par eux à la dernière misère, étaient obligées d'abandonner leurs foyers et d'errer sans ressource dans les contrées voisines. Presque tous les chrétiens, plus ou moins pressurés par eux, étaient plus ou moins sous leur dépendance. En un mot, les enfants d'Israël, ailleurs persécutés par les chrétiens, étaient devenus dans le Comtat leurs persécuteurs. *Il n'est permis aux chrétiens que de se défendre des injustices,* écrivait Sadolet ; *mais les juifs peuvent en faire impunément.*

C'est pour mettre un terme à tous ces criants abus que l'illustre prélat usa de son crédit auprès de la cour papale, et non par esprit de haine contre les juifs, comme semble l'insinuer un de ses biographes. On en jugera par les extraits suivants de ses lettres :

Extraits des lettres de Sadolet concernant les juifs de Carpentras.

« ..... De judæorum negotio videlicet ; quibus aliquandò frænum aliquid imponi profectò est necesse, si illorum avaritiæ infamiam qua gens illa præter cæteros laborat, transferre ad nos totam volumus. Sed dicam apertè ut se res habet. Qui potest amore religionis in suis provinciis lutheranos persequi, qui in eisdem provinciis tanto penè sustinet judæos? sustinet autem? Imò verò auget, condecorat, honestat? Nulli enim unquàm ullo à Pontifice christiani tot gratiis, privilegiis, concessionibusque donati sunt, quot per hosce annos, Paulo tertio Pont.; honoribus prærogativis, beneficiis non aucti solùm, sed armati sunt judæi. Ac cæteris quidem fidelibus et optimè meritis, nova juris beneficia, ad propulsandam, si qua illata sit injuriam conceduntur, judæis solùm ad inferendam. Quanquàm non est ista Pontificis culpa, sed eorum qui ad suum ex judæis questum, Pontificis nomine abutuntur, de quibus honestiùs est vos existimare, quàm me scribere. Alexandro Farnesio epist., calend. august. 1539...

» Sed meum animum misericordia moverat eorum, quibus non in pecunia et bonis (nam id esset aliquo modo tolerabile), sed in libertate et in corpore, ab hoc improbissimo hominum genere quotidianas inferri injurias videbam. Porrò quorum salus mihi ab Deo tamquàm parenti et pastori est concredita, eorum me incommodis et calamitatibus permoveri, mirumne cuiquam videri debet?...

» Sed ut revertar ad judæos, quod illi ferri et sustineri apud nos debeant, fateor christianæ hæc esse humanitatis; estque ità nobis à sacris patrum decretis præscriptum. Qui si privilegiis etiam muniendi sunt, ne afficiantur ipsi injuria : muniantur sanè nihil ego in hâc re magnoperè repugno. Non enim hominibus infensus sum, sed hominum illorum vitiis. Ut verò ad inferendas ultrò injurias, ad circumveniendos, evertendosque christianos, tot quotidiè decretis, concessionibusque instruantur, atque armentur : potestne hoc ullius hominis recta, et pretio et pecunia non contaminata ratio, æquum esse arbitrari? Liberiùs tecum loquor, etc., lib. XII, epist xvi. Carpent. pridiè id. januarii 1540. Guido Ascanio Sfortiæ cardinali.

» Præcipuè contra judæos, quorum est dominatus his locis non ferendus. Nam tot privilegiis istinc muniti sunt, ut planè domini christianorum sunt effecti, cum maxima quidem pernitie, et tanquàm strage horum populorum : è quibus quotidiè aliquos cedere bonis, et suis laribus familiaribus emigrare cogunt. Nonas octobris 1539. lib. XIII, epist. iiii, Contareno cardinali.

» Etenim ut tu scias, dilatio data debitoribus judæorum, injusta vel imprimis extitisti auctor, ad exitum jàm adducta est : neque qui quam jàm ultrà jàm in expectatione est, nisi ut secundum hoc biduum, compleatur carcer hominum miserorum, et ad solvendam impotentiam, durissimo tempore anni, annona carissima pauperibus pessimè affectis. In quo magnus quamplurimis, luctus, mihi animi dolor paratus est. Calend. febr. 1540, epist. vi, lib. XIII. Reginaldo Polo cardinali. »

Note (7), page 38.

La satisfaction qu'éprouva Sadolet de trouver, à son arrivée à Carpentras, une population de mœurs douces, paisibles, entièrement dévouée à sa personne fut mêlée du regret de la voir plongée dans une profonde ignorance des lettres et des beaux-arts. On ne lui enseignait guère que la pratique du droit civil, non pour rendre l'homme meilleur, mais, comme il le dit lui-même, pour lui apprendre à gagner de l'argent, *non ut discerent homines vivere liberaliter, sed ut lucro et arcæ consulerent.* Aussi l'excellent évêque songea-t-il d'abord à inspirer à ces peuples le goût des nobles études, et demanda-t-il à plusieurs de ses amis un maître qui pût enseigner le grec et le latin, offrant de lui donner de sa bourse soixante écus d'or par an, outre la table et le logement.

Quòd si unquàm, dit-il en terminant la lettre qu'il écrivit à ce sujet à son ami Jérôme Niger, videro fieri, ut hi quos charitate nimirùm Christiana in filiorum loco diligo, sectentur eas artes, quæ liberales sunt, avocantque ab omni sordida et inquinata cupiditate habendi, næ ego illi, crede mihi, cujuscumque opera hoc assequar, planè me obstrictum, et in perpetuum obligatum esse profitebor; omnique studio, diligentiaque curabo ut suum is hujusmodi officium non malè à se positum sit judicaturus... Carpentoracti iv nonas maii 1533.

Dans une lettre qu'il écrivit en 1535 à Paul Sadolet, qui était alors en Italie, à l'occasion de la mort de son père, il manda à son neveu de ne plus s'occuper de lui chercher un maître, parce que le hasard lui en avait amené un à Carpentras tel qu'il n'eût pas été facile d'en trouver un pareil, même en Italie. C'était un jeune Écossais, du nom de Florentius, qui avait étudié les lettres et la philosophie dans son pays, puis à Paris, où il avait été le précep-

teur du neveu du cardinal d'York. Mais laissons parler Sadolet lui-
même, qui raconte à son neveu cette histoire dans tous ses char-
mants détails.

Doctorem huic juventuti et magistrum ab te quæri non puto fore
amplius opus. Narrabo enim tibi, simulque tu agnosces quanto
plus sæpe fortuna polleat, quàm hominis consilium. Receperam
me forte in bibliothecam nudius quartus, cùm esset jàm nox; ibique
attentiùs libros quosdam volvebam, cùm cubicularius nuntiat esse
qui me conventum velit. Rogo, quis homo? — Togatus, inquit.
Jubeo intromitti. Accedit, interrogo quid sibi velit, quia illa hora
ad me, cupiebam enim absolvere ociùs hominem, et ad studia me
referre. Tùm ille, altiùs repetito, ità apte mecum accurate et modeste locutus est, ut mihi curam injecerit cognoscendi interiùs et
percunctandi. Itaquè, clauso libro, ad eum totus conversus, susci-
tari incipio cujus sit, quam disciplinam profiteatur, quid sibi quærens in has regiones venerit. Ac ille : — Scotus sum, inquit. — Ex
ultima, inquam, orbis terræ natione? — Etiam. — Ubi ergò disciplinis liberalibus operam dedisti? (Quod ideò interrogavi quia ejus
sermo, et latinitatem, et ingenium redolebat.) — In patriam primùm, inquit, complures annos philosophiæ operam dedi, deinde
Lutetiæ sum eruditus, ibique Eboracensis cardinalis fratris filium
in disciplina mea habui. Post cùm patrui mors à puero illo nos
detraxisset, ad Bellaium Parisiensem episc. me contuli; eramque
cum illo Romam profecturus, nisi me gravis in itinere ab eo disjun-
xisset. — Quid ergò hic expotis? inquam. — Cupiditas, inquit,
primùm tui invisendi, quod maximè optabam, hùc me compulit.
Deinde cùm Avenione esset mihi dictum, te alicujus hominis indi-
gere qui juventutem tuam hanc erudiret, si forte ego essem isti
negotio aptus, offerendum tibi ego me duxi, non tàm illud onus
appetens, quàm tibi gratum facere studens, et simul intelligens fore
mihi laudi quodcumque munus apud te, et tuo jussu, hortatuque
suscepissem.

Quid quæris? Usquè eò mihi placuit, ut primò manè Glocerium
consulem, atque Heliam accersierim. Exposui de homine quid spe-
rarem, et quæ mihi in eo egregiè complacita essent, omnia narravi.
Certè enim ejusmodi modestiam, prudentiam, compositionem oris,
vultus, vix in italo homine talem expectare potueramus. Neque
hoc contentus, ad prandium invito, cùm Florentium ipsum, hoc
enim illi est nomen, tùm medicum nostrum, de quo scripseram ad

te anteà, itemque Heliam unà cum consulibus. Post prandium, statim disputationes, me cohortante, inductæ sunt; argumenta physices assumpta. Certatum à medico nostro acriter, obtorto vultu, magnisque anhelatibus. Ille alter, modestus, placidus, nihil non ad rem, nihil non accuratè et sobriè, sanè quàm peritè omnia, et intelligenter. Quin cùm ego conclusissem argumentum quoddam adversùs medicum, tortuosum ac difficile, in quo erat enodando magnus illi labor, iste, petita venia, solutionem protulit, quàm maximè fieri potuit doctè, atque accommodatè. Quid quæris? Accensi omnes desiderio sunt retinendi hominis; consulesque eum sevocaverunt. Res pacta est aureis nummis centenis, tacita cum voluptate civium, sicuti ego audio, ut omnes novam quandam felicitatem huic urbi exortam putent. Quin circumferuntur sermones quos cum consulibus habuit, ità liberales atque ingenui, ut nihil possit suprà. Quamobrem spero huic negotio et muneri optimè provisum fore, et spero adhuc, tamen nondùm compertum habeo. Sed videbimus reliqua. Habet autem iste, quod mihi maximè voluptati est. Græcarum etiam litterarum quod pueris imbuendis sit satis. Quocircà tu de eo sine cura esse potes. viii et vii id. novembr. 1535.

Nous ne saurions dire combien de temps l'Écossais Florentius s'occupa de l'enseignement de la jeunesse de Carpentras. Dans une lettre de Sadolet, évidemment postérieure à la lettre précédente, quoique portant la date de janvier 1535, on lit : Florentium, magistrum hujus juventutis quotidiè magis probo; nisi quod videtur mihi factus taciturnior, et solitudinis amantior, in quo mihi est admonendus, quod facere cogito, ut caveat ne hoc sit μελαγχολίας vitium, non animi judicium; omnique modo ad hilaritatem est provocandus. Ei stipendum publicè constitum est satis amplum, cujus tertia pars illi a nobis solvitur quemadmodùm cum tu (*Paul, son neveu*) adesses, eramus civibus polliciti. v calend. januarii 1535 carpent.

En 1546, Sadolet lui écrivit de Rome en réponse à une lettre que Florentius lui avait adressée pour lui demander ses conseils sur la conduite qu'il devait tenir lorsqu'il serait de retour dans sa patrie, alors déchirée par les dissensions religieuses. Sadolet l'exhorta avec force à demeurer inviolablement attaché aux préceptes de l'Église catholique. Hæc profectò una rectissima ad æternam salutem via est; hanc qui insistunt, Deique et Ecclesiæ præceptis ac legibus

obtemperant, ad illam quæ christianis hominibus proposita est felicitatem sine ullo errore perveniunt. Romæ , 1546.

Note (8), page 40.

Tous les revenus de Sadolet s'élevaient à seize cents écus d'or.
C'était toute sa fortune ; car la vigne qu'il avait à Rome , et dont il
est question dans sa correspondance, ne devait pas donner grands
produits. Toute sa famille était à sa charge. « Pendant dix ans que
je suis resté dans mon diocèse , dit-il dans une lettre adressée à
Paul III, je dépensais tous les ans mes revenus annuels, si bien
qu'à la fin il ne me manquait et ne me restait rien ; car je n'ai jamais
eu le goût de faire des économies. » Sa charité était inépuisable. Il
disait quelquefois : « Je ne sais pas comment tout cela se fait, je
regarde dans mon bûcher, pas le plus petit sarment ; dans ma
bourse , pas une obole , et voilà que je trouve une bûche dans un
petit coin et une pièce d'or dans une doublure ; il y a là quelque bon
ange qui me joue un tour. » Voyez AUDIN , l. c.

On raconte qu'il était choisi pour arbitre dans les différends des
habitants de Carpentras et des nombreux étrangers qui affluaient
alors, comme aujourd'hui , dans cette ville les jours de marché. On
avait confiance en sa profonde connaissance du droit civil , en
l'équité de ses jugements. Le vénérable prélat rendait la justice
sous les arbres de son jardin , comme saint Louis sous les chênes
de Vincennes.

Note (9), page 47.

Ce fut au commencement de janvier 1536 que Sadolet fut, à sa
grande surprise, nommé cardinal.

Heri, *écrit-il au duc de Ferrare,* heri in me nihil cogitans, ac
ne cupiens quidem, sed præter omnem opinionem meam, creatus
sum cardinalis. Cujus honoris magnum onus et splendidum, meis
tamen humeris perquàm gravaret, non enim videtur meæ fortunæ
tenuitas id posse perferre. Sed tamen feram ut potero. Etsi copiis

opibusque deficiat, in eo elaborabo ut fide, integritate, amoreque in rempublicam muneri meo satisfaciam. Ex Urbe, x calend. januarii 1536. Herculi duci Ferrariæ.

Neque hilariter possum, neque tristibus etiam verbis ad te scribere : quod in altero animus repugnat, in altero hominum opinio atque judicium. Qualecumque tamen id sit quod mihi accidit, scribere te volo me his proximis comitiis à Paulo III Pont. Max. in amplissimum ordinem S. R. E. cardinalium esse cooptatum. Quod sit ne lætandum, nec ne sit, equidem ignoro. Scio enim alios hujuscemodi occasiones vitasse, et nunc quidem certè quod factum est, neque ex voluntate mea, et præter omnem expectationem factum est. Ac singularis quidem Pont. Max. voluntas declarata est adversùm me, qui judicavit eo honore me dignum, quo forsitan non sum dignus, vel potiùs planè non sum. Quis enim est tàm arrogans qui audeat ipse de se facere judicium dignitatis? Sed quod ego sine ambiguitate, et sine ullo errore judico, onera quæ eum honorem consequuntur, mihi ità gravia sunt, ut non videam quo pacto possim ea sustinere ac ferre. Romæ, calend. januarii 1537. Ep. Petro Bembo.

Note (10), page 58.

Si le cardinal Sadolet quitta son diocèse profondément regretté des habitants de Carpentras, la douleur qu'il éprouva de se séparer de ses bien-aimés diocésains ne dut pas être moins profonde. « Je vis au milieu de ces peuples, écrivait-il en 1539, les aimant d'un amour paternel, et, comme il me semble, en étant également aimé. Ces sentiments d'une mutuelle affection rendent la vie heureuse, surtout quand on les rapporte à Dieu et au souverain bien : *quæ amoris consensio vitam beatam facit, præsertim cùm est ad Deum et ad summum bonum relata.* »

D'autres causes, dont il fait valoir toute la force dans sa correspondance avec le Pape, qui le pressait de revenir à Rome, le retenaient à Carpentras au milieu de sa famille, qu'il avait réunie autour de lui et dont il était l'unique soutien. Ces causes, il les expose dans ses lettres au neveu du Pape, à cet Alexandre Farnèse, qui paraissait ne pas en tenir compte, au Pape lui-même, à ses amis, qu'il

chargeait de les faire valoir auprès de Paul III. L'extrait suivant de
la lettre qu'il écrivit à ce sujet à Alexandre Farnèse fera connaître
les motifs qui, joints à son besoin de repos, à sa santé, aux infir-
mités de la vieillesse, le retenaient à Carpentras.

« Cur enim istùc (Romam) venire non possim, causæ partim
necessariæ sunt, partim habent in se honestatem et laudem. Necessitas in confitenda non nihil pudoris affert, ingenuis præsertim animis : quam tamen necessitatem vos intelligere, etiam tacente me
potestis. Nec tamen propterea ambio à vobis quicquam, aut flagito.
Sed si ego ea natura præditus sum, ut nemini velim sumptui esse
et oneri, decet vos quoque ea esse benignitate, ut me commodum
meum sequi, et vestræ liberalitatis insignibus ornatum, ubicumquè
sim, duplicem vobis habere gratiam patiamini, et maximi honoris
ac beneficii, quod in me contulistis, et summæ benignitatis, qua
me morem mihi gerere, et meo obsequi animo, indulgentissimè
permittatis. Sed, ut dixi, necessitas verecundiam quandam habet :
Honestas est prædicabilior. Dico igitur me hùc manere non invi-
tum : quòd inter amantissimos versor, et multa quotidiè ex me commoda atque adjumenta his populis proveniunt; quod diurnis noctur-
nisque meis cogitationibus hoc consequar, ut et pace atque concordia
eos contineam, et propulsem hinc impios qui veritatem catholicæ
religionis conantur evertere, quorum, nisi ego hùc venissem, magna
jàm copia his locis existeret. Nunc meis vigiliis atque curis fit, ut
illi non modo ad nos, sed ne ad vicinos quidem nostros se audeant
conferre..... Itaque cum his paucis diebus diploma ad me pontifi-
cium esset allatum quo datur mihi in lutheranos inquirendi atque
animadvertendi potestas : accepi equidem illud venerabundus et
gratulans; gratiasque de eo Summo Pontifici egi, qui tantum mihi
honoris suo judicio detulerit, quas etiam à te, Farnesi optime,
meis illi verbis agi cupio, idque ut facias rogo. Sed quod ad usum
istius potestatis pertinet, equidem si necesse erit, utar; dabo operam tamen ne sit necesse. Nam quibus ego armis libentiùs utor, ea
ut leniora sunt ad opinionem atque aspectum, ità ad convincendos
improborum animos longè sunt validiora, cùm non terror ab illis,
neque supplicium, sed veritas ipsa, sed christiana imprimis man-
suetudo, confessionem erroris, corde magis quàm ore prolatam
exprimit.... Carpent., calend. augusti 1539. Alexandro Farnesio
cardinali.

On vient de voir dans la lettre précédente les deux principaux

motifs qui retenaient Sadolet dans son diocèse : d'abord la situation de sa fortune, que son désintéressement scrupuleux et sa grande libéralité avaient obérée; ensuite le besoin qu'avaient ces peuples de sa présence pour les défendre de l'hérésie luthérienne. Il n'eut jamais recours pour cela aux pouvoirs extraordinaires dont il était revêtu; sa bonté, sa vigilance, son indulgence éclairée suffirent pour les maintenir dans le giron de l'Église. Il eut le rare bonheur, dans ces temps de troubles et de dissensions religieuses, d'être honoré, aimé même des ennemis de l'Église, quand, par ses éloquents écrits, il cherchait à les convertir. Aussi bien il serait difficile de trouver dans tout le seizième siècle une âme plus noble, plus belle, plus pure, plus tendre que la sienne. Plus on étudie ce grand homme dans sa vie, dans ses écrits, dans le témoignage de ses contemporains, plus on l'aime, plus on l'admire. Il faut franchir tout un siècle pour rencontrer un homme qui lui ressemble, et cet homme, c'est Fénelon. Sadolet est le Fénelon du seizième siècle.

On raconte que les malheureux habitants de Cabrières, se voyant menacés par les troupes que le vice-légat d'Avignon avait envoyées contre eux, eurent recours à l'intercession de Sadolet, qui réussit à faire discontinuer les hostilités. Il avait certes bien raison de dire à Alexandre Farnèse que sa présence était nécessaire au milieu de ces peuples qui l'adoraient, auprès desquels personne ne pouvait le remplacer, pas même son neveu, ce Paul Sadolet devenu son coadjuteur depuis l'année 1536, si digne pourtant de lui succéder; mais que ne recommandaient, comme son oncle, ni l'expérience de l'âge, ni les services rendus. Nonobstant toutes ces bonnes raisons, le Pape le pressait sans cesse de retourner à Rome. « Je ne demande pas mieux que d'obéir, écrivait Sadolet à son ami Jean Toletan, mais l'argent me manque absolument, et je suis sans moyens de m'en procurer. »

L'extrait suivant de cette lettre prouve combien ses prévisions étaient fondées, lorsqu'il écrivait à ses amis que la charge de cardinal était trop lourde pour sa fortune.

« Moi qui n'avais jamais possédé d'argent comptant, qui n'avais aucun meuble de luxe, qui avais coutume de dépenser entièrement mes revenus annuels, qui s'élèvent à environ seize cents écus d'or, tous frais déduits, accablé tout à coup par la grandeur de charges nouvelles et de nouvelles dépenses, j'ai été obligé de faire d'énormes

dettes; et puis il m'a été impossible de dégager mon patrimoine, il
m'a fallu faire tant de voyages, me transporter si souvent d'ici, de
là, de Rome en France et de France à Rome, que maintenant, tous
mes bagages étant usés et détruits, non-seulement je n'ai plus de
chevaux, de mules, de vêtements et d'équipages pour faire la route,
mais je n'entrevois pas même l'espoir et le moyen de me les procurer. Je n'ai rien sous le ciel qui soit à moi, qui m'appartienne,
qui, s'il me faut emprunter, ce qui, dans ce temps-ci, est chose
fâcheuse, puisse être donné en gage et en garantie à un créancier,
excepté une seule vigne que j'ai à Rome, et qui n'est pas même
libre de créances. Ces difficultés, le Souverain Pontife ne les ignore
pas, lui qui a souvent montré qu'il s'intéresserait à ma position et
qu'il l'aiderait de quelque bénéfice ecclésiastique; car tout autre
genre de subside ne me plairait pas. Puisqu'il ne l'a pas encore
fait, non à la vérité par sa volonté, qui est très-bonne pour moi,
mais à cause des malheurs des temps, il est juste qu'il me pardonne, si, pressé par la nécessité à laquelle, disent les anciens
philosophes, cèdent les choses divines, je ne peux pas me rendre
à Rome; car j'ai bien la volonté d'obéir, mais la faculté m'en a été
tout à fait ravie. » Carpent., xiv calend. februarii 1544. Joan. Tole-
tano, episc. Burgensis card.

Comme, sans tenir compte de ces raisons, le Pape ne le pressait
pas moins de revenir à Rome, Sadolet se décida à lui écrire pour
la dernière fois une assez longue lettre dans laquelle il lui fait l'histoire abrégée de sa vie passée. Il rappelle d'abord au Souverain
Pontife que sous Léon X et Clément VII il avait rempli des fonctions dans lesquelles il aurait pu s'enrichir honnêtement, mais
qu'il n'y avait jamais pensé et que la plupart du temps il avait
rendu gratuitement service à l'État, aux Romains et aux étrangers,
parce que la nature ne lui avait pas donné l'amour du gain, *quod
in me*, dit-il, *nullam cupiditatem quæstus atque lucri natura ingenuerat*. J'étais absent, ajoute-t-il, quand Léon X me nomma
évêque, et Votre Sainteté se souvient que je refusai tant que je
pus cette dignité, et que j'ai toujours préféré aux honneurs une
vie tranquille et privée. Ce n'est pas comme honneurs que je les
considérais alors, mais comme entraves à ma liberté, *compedes
liberioris vitæ*.

Peu d'années après, je vins dans mon diocèse, désireux d'y rési-
der toujours. Cependant Clément devint pape. Il me pressa vive-

ment de me rendre auprès de lui, et je revins à Rome. Je ne pouvais qu'obéir à un Pontife qui m'avait tant obligé. Mais au bout de quatre ans, je retournai dans mon église. C'est ainsi que nous en étions convenus, et il me tint généreusement parole. Peu de temps après, Rome fut prise et saccagée; toute ma fortune périt, soit dans un précédent naufrage [1], soit dans cette calamité de Rome. Quand ai-je montré le moindre désir d'augmenter mon patrimoine? Je dis, moi, que dans ce moment-là, que jamais auparavant, ni même dans la suite, je ne me suis trouvé muni d'argent, de vêtements, d'argenterie, de meubles somptueux; et j'affirme que je ne l'ai point désiré. C'était une sottise peut-être, et pourtant je me plaisais à sentir mon âme libre de ces désirs.

Pendant dix ans que je suis resté dans mon diocèse, je dépensais chaque année mes revenus annuels, si bien qu'à la fin de l'an il ne me manquait ni ne me restait rien, car je n'ai jamais eu le goût de faire des économies. Pendant ce temps-là Votre Sainteté a mérité d'être élevée à l'honneur du Souverain Pontificat, et deux ans après, je pense, elle m'a appelé à Rome. Je me suis rendu auprès d'elle, comme je le devais, et elle m'a incontinent élevé à l'ordre suprême des cardinaux de la sainte Église romaine. Elle-même connaît en cela la raison de son jugement; en ce qui me regarde, je ne me suis jamais trouvé aucun mérite ni aucune vertu qui me rendît digne d'une aussi haute opinion de sa part et d'un si grand honneur. Ma reconnaissance en est d'autant plus grande. Elle est même si grande, que, si je donnais ma vie pour votre honneur, pour votre dignité, je ne payerais qu'une faible partie de ce bienfait.

Comme j'étais tombé malade, Votre Sainteté, qui connaissait mes nombreux besoins, se laissant aller à sa haute libéralité, me fit un don magnifique d'une somme considérable en numéraire, et d'une pension de cent écus d'or par mois sur sa cassette. Je restai presque stupéfait d'une si singulière et si extrême bonté, d'une

---

[1] Le navire qui transportait les domestiques de Sadolet, ses livres et sa collection de manuscrits et d'objets d'art, ne put aborder en France, parce que la peste s'était déclarée à bord. Il dut faire naufrage sur des côtes inhospitalières, car il n'en entendit plus parler. Ainsi tout ce qu'il avait emporté de Rome fut perdu, à l'exception de quelques livres qu'il avait avec lui. Il avait donc raison d'écrire à son ami Frédéric Fregose, qui le secourut de sa bourse, et lui envoya des livres dont il avait grand besoin : *Veni in Galliam nudus rerum omnium, tanquàm ex naufragio in terram ejectus.*

telle générosité. Il faut que je m'arrête un peu ici, Saint-Père, moi qui eus l'âme si dure, si sauvage, pour oser refuser un don si honorable, et qui m'était certainement utile et nécessaire! Je prie maintenant, je supplie Votre Sainteté de me le pardonner. Ce n'est certes ni par méchanceté ou par orgueil dans ma conduite et dans mon caractère, que je suis tombé dans une telle sauvagerie, mais parce que depuis longtemps auparavant j'avais résolu de me contenter pour vivre de mes revenus sacerdotaux; et de ne rien recevoir au delà, de quelque côté que me vînt l'argent. Que j'aie bien ou mal fait, ce qui est certain, c'est que dans la suite je n'ai pas eu de secours pour pouvoir supporter le poids d'une si grande dignité.

Dans cette situation, je demande à Votre Sainteté ce qu'il me convient de faire. Si, dans le principe, j'avais eu à ma disposition les ressources pour soutenir ma nouvelle dignité, je ne me serais jamais éloigné de votre personne. Certes, je ne nierai pas, si j'ai ma liberté de jugement, que je préférerais à tous les honneurs, à toutes les richesses, cette vie oisive consacrée aux lettres; mais l'affection, le devoir, le désir même de vous témoigner ma reconnaissance m'auraient toujours attaché à vous. . . . .

. . . .
Que si je m'estimais assez pour croire que mes soins et l'autorité de ma personne dussent avoir à Rome quelque utilité, j'irais comme je pourrais; je ne fuirais ni l'humiliation, s'il fallait l'endurer, ni la faim, s'il fallait la souffrir, ni la mort, s'il fallait s'y exposer, pour la dignité du siége apostolique et de Votre Sainteté. » Carpent., XII calend. febr. 1545; Jacob. Sadolet. Paulo III, Pont. Max.

Le Pape n'insista pas moins sur le besoin qu'il avait de Sadolet à Rome, auprès de lui, dans le sacré collége. Il s'agissait de préparer les questions qui devaient être traitées devant le futur concile, et Paul III n'ignorait pas de quel poids, de quelle influence pouvaient être la science, la sagesse de Sadolet dans la réunion des cardinaux. Ce fut là sans doute l'unique raison qui le fit revenir à Rome.

Nous donnons ci-après le texte latin de l'intéressante lettre de Sadolet au pape Paul III.

Jac. Sadoletus cardinalis Paulo III Pontifici Maximo. S. P. D.

Accepi Sanctitatis tuæ litteras, per quas illa dignum me duxit, quanquam nullius admodum pretii hominem, perindè tamen ac si momenti alicujus futura sit præsentia isthic mea, ob hæc reipúblicæ tempora, ad urbem Romam accersere. In quo quantùm mihi officii onus impositum sit, sanè intelligo. Sed ego paucis ante diebus scripseram amplissimo cardinali Farnesio, rogans eum et obsecrans ut si quid tale accideret, ut vocarer : mihi ipse apud Sanctitatem tuam testis esset, cupidum me quidem esse parendi et obtemperandi. Sed ob domesticas multas magnasque difficultates, hoc tempore nullo modo venire posse. Quem quidem qua diligentia atque humanitate est, officio functum esse non dubito. Etsi non videtur egere hæc causa apud Sanctitatem tuam, testibus. Sed tamen quoniam sæpè hoc jàm contigit, ut vocarer : egoque majorem in eo voluntatis tuæ quam incommodorum et difficultatum mearum rationem habui, iisque proptereà etiam magis nunc oppressus teneor : cogor nunc necessariò omnem meam causam eidem Sanctitati tuæ breviter exponere audaciùs fortassè, quàm aut humilitati meæ, aut summæ illius amplitudini conveniat. Sed opinor illa admirabilis humanitas, quæ tuam maximè ornat augetque dignitatem, faciet, ut quod audacter agere videor, id nec temerè, nec inopportunè agam. Dico igitur non latuisse Sanctitatem tuam meorum præteritorum cursum omnem temporum. Nemo enim te neque ad intelligendum acutior, neque ad judicandum sapientior unquàm fuit. Non latuit ergo te cùm fungerer negotioso et sat honorifico munere apud duos Summos Pontifices, magnamque ex eo pecuniam magnasque divitias honestè comparer possem : neglexisse tamen multòque maximam illius temporis partem gratis me reipublicæ et urbanis, advenisque omnibus servivisse, quòd in me nullam cupiditatem quæstus atque lucri natura ingenuerat. Pronuntiatus sum à Leone episcopus cùm essem absens. Hoc quoque meminit profectò Sanctitas tua recusasse me illud onus quoad potuerim, et quietam ac privatam vitam honoribus semper præferre cupiisse. Honores enim ego tùm, non honores, sed tanquàm compedes liberioris vitæ esse existimabam. Non multis post annis veni ad ecclesiam meam, cupidissimus in ea perpetuò manendi. Factus est Clemens Pontifex, is statim vehementer à me contendit, ut me ad eum conferrem. Itaque Romam reversus sum. Non potui enim Pontifici optimè de me meritò operam et obsequium meum denegare. Anno illius quarto in ecclesiam meam redii. Sic enim fueram cum illo pactus, in quo ille mihi egregiè fidem suam praestitit. Urbs non multò post capta et direpta est : meae fortunae et anteà naufragio, et tùm quoque iterum in urbis calamitate omnes disperierunt. Adhuc quis fuit locus, ubi aliquod meum apparuerit studium, rem meam familiarem augendi et amplificandi? At ego dico, neque tunc me, neque unquàm anteà, neque adeò etiam post, aut pecunia, aut veste, aut argento, aut lotiore aliqua supellectili ornatum instructumque fuisse, sed nec desiderasse me ista confirmo. Stultè fortassè, sed tamen solutum animum ab his cupiditatibus habere valdè me juvabat. Tantùm annis illis decem, quibus in mea ecclesia commoratus sum, reditus annuos meos quot annis integros expendebam : ità ut, vertente anno, nec deesset mihi quippiam, nec superesset. Non enim ullum unquàm omninò coacervandae pecuniae studium me tenuit. Interim Sanctitate tua ad summum pontificatus honorem meritissimum sublata, secundo, opinor, anno ab ea accitus sum : ad quam, ut debui, statim veni, continuòque sum ab ea in amplissimum ordinem Sanctae Romanae Ecclesiae cardinalium cooptatus : cujus sui judicii rationem ipsa novit. Equidem quod ad me attinet, nec meritis ullis, nec virtutibus meis dignum me tàm honorifico ejus judicio et tàm eximio honore unquàm arbitratus sum. Quò etiam major tibi à me gratia debetur; ac prorsùs tanta, ut si vitam pro tuo honore dignitateque profundam, ne minimam quidem partem ejus beneficii sim consecuturus. Accessit cùm ego aegrotarem, cognossetque Sanctitas tua multis rebus me egere, ut suo illo excelso et liberali animo commota, magnificentissimum donum mihi mitteret, praesentem pecuniam satis grandem, et praetereà subsidium centenum aureûm nummûm in menses singulos ex fisco suo constitueret. Qua ego tàm singulari et eximia benignitate, ab liberalitate penè attonitus permansi, atque hic est locus, Pater Sancte, in quo ego aliquantùm haereo : qui tam duro et agresti animo tùm fui, ut potuerim illud honestissimum, mihi quidem certè opportunissimum et necessarium donum recusare. De quo etiam nunc rogo et deprecor Sanctitatem tuam mihi ut ignoscat. Non enim profectò aut perversitate ingenii, aut moris naturaeve contumacia in id rusticitatis sum lapsus : sed quod diù antè statueram, meorum sacerdotiorum fructibus duntaxat vivere, nihil pecuniæ extraordinariæ capere, quodcùmque aut undecùmque unquàm mihi obvenisset. Itaque constantiam illius meæ sententiæ retinere volui. Quod sive rectè egi, sive perperàm, certè nihil unquàm posteá sum assecutus, quod ad sustinendam molem hujus tanti honoris, mihi auxilio esse posset. In hoc ergò statu meo, consulo ipsam Sanctitatem tuam quid me agere par sit. Si habuissem à principio subsidia huic tuendo honori necessaria, nunquàm ego ab ejus latere discessissem. Non inficiabor equidem, si meum sit judicium liberum, me hanc ociosam et litteris deditam vitam, omnibus honoribus et divitiis antelaturum esse : sed amor, officium, ipsaque cupiditas referendæ gratiæ, affixum me tibi semper tenuisset. Nunc tenuibus fortunis, perexiguis facultatibus, re idonea nulla satis instructus, quomodò isthùc veniam, ne cogitare quidem possum. Quod si tanti ipse me facerem, ut meam isthic operam, præsentemque auctoritatem vel mediocriter utile fore arbitrarer, venirem utique quoquomodo possem : nec indignitatem, si esset perferenda : nec famem, si esset patienda : nec mortem, si esset obeunda, pro Sedis Apostolicæ et tuæ Sanctitatis dignitate refugerem. Sed cùm in tanto cœtu prudentissimorum, et doctissimorum patrum, mea opera potiùs supervacanea futura sit, ego autem impotens omninò adveniendum isthùc sim : rogo, oro, obtestorque Sanctitatem tuam, velit aliquandò mearum difficultatum graviumque detrimentorum aliquam rationem ducere. Si occasio dederit, ut aliqua ejus liberalitate, aliquibus subsidiis ecclesiasticis sublever, non expectabo donec accersar. Egomet enim adero, meque tuæ Sanctitati ità adjungam, ut nulla deindè ab ejus conspectu et comitatu fortuna me unquàm separatura sit. Nunc si non venero, cum iter mihi jàm toties per Italiam faciendum sit, inter tot notos et propinquos et ad eam urbem accedendum, in qua apparatus, impensæ domestica onera meis pusillis facultatibus planè intolerabilia sunt : spero æquissimum animum tuum justissimam excusationem meam boni consulturum, mihique hic manendi veniam daturum. Quod si ad concilium, si modò id futurum est, accedere me oporteret, qua de re ad eundem Farnesium scripsi, nulla harum rerum et difficultatum me impediret. Nam et per ignotos liberum ac sine rubore iter, et in concilio frugalitas laudi potiùs esset. Quod Sanctitati tuæ puto accuratè esse considerandum. Nam si in Germania futurum est concilium, verumque est id, quod à

multis mihi nuntiatur, meum nomen apud illas gentes non omninò
esse contemptui, cum suspicer magnos in Sanctitatis tuæ, et Sedis
Apostolicæ dignitatem, seditiosorum hominum fore impetus, possem fortasse illic esse, Deo juvante, idoneus ad prohibendum aliquid et moderandum, si eò sponte mea venirem, quò etiam alii
cardinales, Galli præsertim, privato suo nomine ituri dicuntur.
Sed de hoc, ut dixi, Sanctitas tua, si videbitur, cogitabit : cujus
voluntati omnes meas rationes cogitationesque permitto. Ego quicquid sum, quantulùmque possum et valeo, Deo primùm omnipo-
tenti, ejusque sanctissimæ christianæ fidei : deindè Sedis Apostolicæ et tuæ Sanctitatis nomini, honori, dignitatique devoveo totum
ac dedico. Quo in eodem officio multos doctiores, graviores, pru-
dentiores habitura est Sanctitas tua : fideliorem quidem certè, et
officiosiorem quàm me, neminem. Deus Sanctitati tuæ omnia sua
vota optataque secundet.

Carpent., XII calend. febr. M. D. XLV.

<hr>

Note (11), page 67.

De liberis rectè instituendis liber. Venetiis, per J. Antonium et
fratres de Sabio (1533), in-8°, et posteà (1534), Parisiis, apud
Simonem Colinæum, deniquè Lugduni (1535), apud Sab. Gryphium,
in-8°. E latino in italicum versus, Venetiis, 1745, in-12.

Ex tot editionibus satis constat librum, etsi fuerit de stylo repre-
hensus à Bembo, cui victricibus argumentis responsum est per
epistolam à Tiraboschio primùm relatam, inter pulcherrima Sadoleti opera jure numerari.

Jàm ex ipsis operum inscriptionibus constat Sadoletum fuisse
poetam, philosophum, oratorem, theologum, omnium deniquè
humanarum litterarum cultorem; fuit etiam Pontificum ab epistolis,
et secretis, et consiliis; legatus ad reges, episcopus, ut ait, pastor
populorum, et ut verum dicam, omnibus suæ ætatis procellosæ
in rebus ecclesiasticis, politicis, et litterariis ferè versatus. Quod si
quis omnia illius viri facta et scripta penitùs vellet pernoscere,
memoriæque mandare, vereor ne vita viresque unius non suffi-
ciant.

Jam breviter in unum colligamus quod in universum de Sadoleto sentiendum nobis videatur. Scriptorem in eo reperias haud semel verbosiorem, et, si creditur Bembo, forsàn emendatiori, minùs emendatum, sed elegantissimum semper et perlucidum. Vir doctissimus idem fuit superbiæ expertissimus, sexdecimo sæculo theologus catholicus, in hæreticos tamen humanissimus; veritatis semper amantissimus, et orator sapientissimus et poeta. Cujus in vultu pax et benevolentia, studium ardens et in omnes sempiterna caritas. Æquissimus et mansuetissimus arbiter, hominum quos pacis vinculo jungebat, furores placando, omnibus animæ plagis quasi emolliens oleum instillabat. Summi in omni genere viri discordias, famamque et gloriam suam ab eo pendere voluerunt. Quem verò plurimi fecerunt hæretici homines et mirati sunt catholici, imitatus est nemo. Vir eximius et singularis, natus ad Ecclesiæ splendorem et humani generis felicitatem episcopus, prior ille Fenelo omnium virtutum laudem vivus meruit et post mortem consecutus est. — Victor Perrin, de Jacobo Sadoleto exquisitio historica.

Note (12), page 74.

Paul Sadolet, fils d'Alphonse, qui était frère du cardinal Sadolet, fut nommé, jeune encore, coadjuteur de son oncle par Clément VI en 1536, dans un voyage que ce pape fit à Marseille. Il fut également nommé recteur du Comtat Venaissin, charge qu'il exerça de 1540 à 1547; son oncle étant mort, il s'en démit. Après avoir gouverné le Comtat avec une prudence consommée, et son église avec beaucoup de douceur et de charité, Paul Sadolet finit ses jours le 26 février de l'an 1572, extrêmement regretté. Voyez Fornery, *Histoire manuscrite du Comtat Venaissin*, musée Calvet, à Avignon. ·

— Paulus meus, et idem tuus (te enim semper ferè habet in ore) mirificè litteris bonis deditus est : quas etiam sequuntur mores boni. Itaque tantos progressus facit, ut mihi ipsi magistro judicium ejus in meis scriptis, non modò exquirendum, verùm etiam extimescendum videatur. Eum ego confido (Deus ità conata juvet) et meæ et vestrum, qui illum amatis, expectationi cumulatè satisfacturum esse, atque in eam partem maximam, quam tu, Pice, rectè probas. — Jacob. Sadolet. Joan. Francisco Pico, Mirandulæ comiti, x calend. aug. 1530.

— Is (Paulus Sadoletus) mihi adjutor in hac regenda ecclesia, et successor datus est à Clemente VII Pont. Max.; ejusque rei diploma habemus Massiliæ confectum, nobisque perliberaliter, et sine pretio ullo traditum, quod te scire volui. — Idem Frederico Fregose, vi calend. junii 1536.

— Quòd mihi extremis tuis litteris gratularis quòd dignum et benè meritum successorem mihi delegerim, id etsi ego feci bono (ut videbar) consilio adductus : tamen actiones meas tibi probari mirabiliter lætor. Etenim tum maximè nostris operibus delectamur, cùm ea ab optimo quoque laudari intelligimus. Utinàm Deus nostra consilia fortunet. Nos certè id expectavimus ut in ipso amore nostro et judicio, majores tamen virtutis partes, quàm consanguinitatis existerent. — iv calend. apriliis 1536. Maffeo Volaterrano episcopo Cavallicensi.

TABLE.

PRÉFACE. 4

VIE DU CARDINAL SADOLET, par Antoine Florebelli.. 15

TRAITÉ D'ÉDUCATION DU CARDINAL SADOLET. 67

PIÈCES JUSTIFICATIVES.

NOTICE SUR LE CARDINAL POL. 307

LETTRE DU CARDINAL POL A SADOLET relative au Traité
d'éducation. 308

Texte latin de la lettre du cardinal Pol. 315

RÉPONSE DE SADOLET A LA LETTRE DU CARDINAL POL. . . . 320

Texte latin de la réponse de Sadolet à la lettre du cardinal Pol. 322

LETTRE DE PIERRE BEMBO relative au Traité d'éducation de
Sadolet. 326

Texte latin de la lettre de Pierre Bembo. 330

LETTRE DE PIERRE BEMBO A SADOLET relative à leur amitié. 333

Texte latin de la lettre de Pierre Bembo. 336

NOTES. 339